危機の時代と「知」の挑戦

下

長谷川雄一
吉次公介
スヴェン・サーラ
［編著］

論創社

危機の時代と「知」の挑戦（下）◉目次

危機の時代と「知」の挑戦（上）◉目次

危機の時代と「知」の挑戦（下）

序論

吉次公介

「戦後最も困難な時期」

東日本大震災が日本を襲った二〇一一年、長年にわたって日本の音楽界をリードしてきた浜田省吾は、震災後に行われたコンサートで、一九八〇年代以降の日本の歩みを振り返りつつオーディエンスにこう語りかけた(1)。

そして今年三月一一日。間違いなく、戦後最も困難な時期にこの国はあると思います。しかし、これを乗り越えて、いつの日にか、多くのことを克服して、次の世代に、そのまた次の世代に、何かを残していけるのかどうか、そんなことを考えなきゃいけない二〇一一年だったような気がします。

社会問題を鋭く捉える曲を多く作り、J・S・ファウンデーション（J.S. Foundation）という基金を設立して社会貢献に取り組む浜田らしいメッセージだったといえよう。

山積する内政上の課題

東日本大震災から七年を経た二〇一八年現在、日本はいまも「戦後最も困難な時期」の最中にある。内政上の課題として、まず思い浮かぶのは、巨額の財政赤字である。バブル経済崩壊後、日本経済は苦境にあえぎ、一〇年、そして二〇年が失われた。日本政府の国債発行額は増加の一途を辿り、二〇一八年現在、日本の財政は「先進国で最悪」と言われる危機的状況に陥っている[2]。財政再建の必要性が強く指摘される一方、景気回復を重視する安倍晋三政権は赤字国債への依存を深め、国の借金は約一〇七九兆円、国民一人当たり八五〇万円を超えた[3]。少子高齢化が進み、社会保障費が膨張するなか、巨額の財政赤字をいかに改善するのか。安倍政権はその展望を示すことができていない。

バブル崩壊の後遺症は、財政の悪化だけではない。バブル崩壊後の日本経済の停滞を打破するべく、二〇〇一年に発足した小泉純一郎政権は新自由主義的な「構造改革」を断行した。「自民党をぶっ壊す」「構造改革なくして景気回復なし」と叫び、郵政民営化や規制緩和に邁進する小泉に、多くの国民が期待した。だが、小泉の「構造改革」には強い副作用があった。非正規雇用の拡大に象徴されるように、貧富の差が拡大したのである。かつて「一億総中流」と呼ばれた日本は、「格差社会」へと変容した。アベノミクスが想定するような、大企業が富めば滴がこぼれるように中小企業や地方にも恩恵が及ぶという「トリクルダウン」に期待をかけるのか、あるいは立憲民主党が主張するような「分厚い中間層」の再生をめざすのか。「格差社会」への向き合い方が問われている。

また、東日本大震災は、資源小国である日本のエネルギー政策の問題点を浮き彫りとした。巨大な地震と津波に襲われた福島第一原子力発電所で、深刻な事故が発生し、広範な土地が放射能で汚染されたのである。原発の「安全神話」が脆くも崩壊し、脱原発への動きが加速したが、日本政府は原発を発電コストが安く安定している「重要なベースロード電源」と位置づけている。[4]だが、事故が発生した場合の環境汚染や電力会社が背負う巨額の賠償金、さらには「核のゴミ」の最終処分の難しさなどに照らせば、エネルギー政策における原子力発電の位置づけは、慎重に検討されねばならないだろう。

バブル崩壊後の閉塞感、東日本大震災のショック、そしてグローバリゼーションの反作用としてのナショナリズムの高まりで、社会が「右傾化」「保守化」していることも看過できない。在日韓国・朝鮮人へのヘイト・スピーチが問題となり、「ネトウヨ（ネット右翼）」が跋扈するインターネット上では、他国への情緒的な批判やリベラル勢力に対する「反日」「売国奴」といったレッテル張りが横行し、社会が分断されている。

こうした日本社会の「右傾化」「保守化」は、民主党政権の挫折と二〇一二年の第二次安倍政権の発足という政治の動きと軌を一にしている。自民党内でも保守的で「右寄り」とされる安倍の歴史認識に関する発言や靖国神社への参拝、国家の権力を強める色彩が濃い自民党の憲法改正草案などの中に、戦前的価値への回帰を看取する論者は多い。我々は、いかにして、多様性を認め合う社会を作り、自由や民主主義を守っていくべきなのであろうか。

厳しい国際環境

今日の日本をとりまく国際環境も、容易ならざるものがある。「戦争の世紀」と呼ばれた二〇世紀が終わり、二一世紀を迎えたとき、明るい未来を期待した人も少なくなかったかもしれない。しかし、その希望は粉々に打ち砕かれた。二〇〇一年九月一一日、米国同時多発テロが発生し、「テロの時代」が幕を開けたのである。

日本も、「テロとの戦い」と無関係ではなかった。日本国民がテロの犠牲になるばかりでなく、「平和国家」を標榜してきた日本が「テロとの戦い」にどう向き合うかが問われたのである。対米協調を重視する小泉政権は、米国からの協力要請を受けて、二〇〇一年一一月に成立したテロ特措法に基づくインド洋への自衛隊の派遣、二〇〇三年に制定されたイラク特措法による自衛隊のイラク派遣へと踏み込んだ。しかし、自衛隊のイラク派遣に対する国民の批判は強く、「テロの時代」における日本の国際的役割について国内でコンセンサスが形成されたとは言い難い。

東アジア情勢も予断を許さない。二〇一八年現在、風雲急を告げているのは北朝鮮の核開発である。北朝鮮は、核開発を「予想以上に速いペース」（趙明均・韓国統一相）で進めており、二〇一七年一一月二九日に発射した新型の大陸間弾道ミサイル（ＩＣＢＭ）は、米本土を射程に収める性能を有すると指摘された。[5] 安倍政権は、対話ではなく圧力を重視するアプローチをとり、米国のドナルド・トランプ政権も二〇一七年一一月に北朝鮮を再び「テロ支援国家」に指定した。南北対話が始まり、米朝首脳会談も予定されているが、朝鮮半島情勢の行方は見通せない。さらに、日本にとっては、拉致被害者の救出も喫緊の課題だが、打開策は見えないままである。

中国の軍事的台頭と海洋進出も、懸念材料である。国内総生産（ＧＤＰ）で日本を追い抜き、米国に次ぐ世界第二位の「経済大国」となった中国は、軍事費を急増させ、海洋進出を活発化させている。また中国は、南沙諸島をめぐってベトナムやフィリピンと、そして尖閣諸島をめぐって日本と鋭く対立している。領土問題はナショナリズムを強く刺激し、対立がエスカレートしやすいため、関係国の冷静な対応が求められる。さらに日中関係を難しくさせているのは、歴史認識問題である。小泉や安倍の靖国参拝、日中双方におけるナショナリズムの高まりが、問題を複雑にしている。

領土問題と歴史認識問題でこじれているのは、日中関係だけではない。本来であれば、東アジア情勢に対処するうえで緊密に連携すべき韓国との関係も、刺々しいものとなっている。従軍慰安婦問題に象徴される歴史認識問題をめぐる日韓の対立は、深刻である。二〇一五年一二月に安倍政権と朴槿恵政権は慰安婦問題の「最終的かつ不可逆的」な解決で合意したが、朴政権が退陣し、日韓合意に批判的な文在寅政権が発足したことで、事態は進展していない。在韓国日本大使館前に設置された慰安婦像の撤去は実現せず、毎年八月一四日を「日本軍慰安婦被害者をたたえる日」とする法律が二〇一七年一一月に韓国国会で可決されるなど、問題が沈静化する見通しは立たないままである。

竹島をめぐる日韓の対立も続いている。日韓双方とも挑発的な行動は慎むべきところだが、二〇一二年八月に、支持率低迷に苦しむ李明博大統領が竹島に上陸したように、韓国の政治指導者が竹島を「政治的パフォーマンス」に利用する場合もある。日韓両政府が国民のナショナリズムを煽ることなく、建設的な対話を試みる必要があるだろう。

テロの脅威や複雑な東アジア情勢に対処するうえで、日本政府は日米関係の強化に力を注いでいる。二〇一五年四月の訪米時、安倍は日米を「希望の同盟」と称した。確かに、小泉政権による「テロとの戦い」における対米協力、安倍政権による集団的自衛権の行使容認で、日米の軍事協力の幅は急速に広がった。日本は安全保障面で米国に一方的に依存しているという「安保ただ乗り」論的な米国側の不満は、一定程度解消されたであろう。

しかし、日米防衛協力の拡大は、両刃の剣でもある。戦後日本外交に対しては、しばしば「対米追随」「対米従属」との批判が浴びせられるが、もしそれが事実だとすれば、アメリカの戦争、とりわけベトナム戦争やイラク戦争のように国際的正当性が認められない戦争に日本が「巻き込まれる」リスクが高まってしまうのである。日本が集団的自衛権の行使容認に踏み切った今、日本外交の構想力や日米協力のあり方がこれまで以上に問われることになるだろう。

さらに指摘すべき日米関係上の重大な問題として、沖縄米軍基地問題がある。米海兵隊普天間飛行場の移設問題は、辺野古移設に反対する沖縄県側の反対で暗礁に乗り上げており、「危険性除去」は一向に進んでいない。また、米軍による事件・事故は、沖縄はもとより本土の米軍基地周辺住民を苦しませているが、日米地位協定の「不平等性」も是正されていない。国家安全保障のための日米安保が、基地周辺住民の安全を脅かし、基本的人権を侵害するというジレンマを、いかに解消するのか。この問題を放置したままでは、日米関係は脆弱性を抱え続けることになるだろう。

次の世代のために

二〇一五年、浜田省吾は一〇年ぶりとなるオリジナル・アルバム『Journey of a Songwriter（旅するソングライター）』を発売した。おそらくそれは、次の世代に何を残すかという問いに対する、浜田の回答であった。一曲目の「光の糸」で、浜田は「波打ち際　跳ねる子ども達の笑い声に包まれ　このかけがえのない静かな世界を　守ることを誓う　心に強く」と歌う。そして彼は、「アジアの風」に、次のようなメッセージを込めた。(6)

透き通る真夏の青空を　切り裂いた白い光　黒い雨　あれはいつ？
氷雨降る早春の午後　押し寄せる高波に砕けた未来
あまりに多く血が流された　とてつもない悲しみが襲った
あまりに尊い犠牲払った　充分すぎるくらい学んだ……違うか？

では、我々研究者は、困難に満ちたこの時代に、果たして何を次の世代のために残すべきなのであろうか。その答えは一様ではなく、ただ一つの絶対的な正解があるわけでもない。研究者ひとりひとりが、自らの良心と良識に照らして、模索するほかあるまい。そして、本書に収められた論文は、各執筆者が後世に伝えるべき何かを模索し、たどり着いた答えを示したものである。しかし、本書は「通過点」に過ぎない。我々研究者は、これからも、世界や日本が幾多の困難を克服するための「挑戦」を続けなければならないのである。

註

（1）浜田省吾『On the Road 2011, The Last Weekend』DVD、SME Records、二〇一二年。
（2）『日本経済新聞』二〇一七年一〇月二四日。
（3）日本経済新聞二〇一七年一一月一〇日（https://www.nikkei.com/article/DGXLASFL10HRI_10112017000000/）二〇一七年一一月二八日閲覧。
（4）『朝日新聞』二〇一六年六月一八日。
（5）*Washington Post*, 2017/11/29.（https://www.washingtonpost.com/world/north-korea-fires-missile-for-the-first-time-in-more-than-two-months/2017/11/28/0c136952-d46c-11e7-9461-ba77d604373d_story.html?hpid=hp_hp-top-table-main_nkoreamissile-2p%3Ahomepage%2Fstory&utm_term=.92e58032e6c0）Visited on 2017/11/30.
（6）浜田省吾『Journey of a Songwriter』CD、SME Records、二〇一五年

第1章　新自由主義と憲法第九条への自衛隊明記

菊池英博

序節　危機の所在

この論文で日本が直面している「経済的危機」と「政治的危機」を説明する。大前提としてここで指摘する危機の根源は「アメリカの対日年次改革要望書」と「憲法第九条への自衛隊明記」にある。問題は前者について日本のメディア（全国紙、テレビ、ＮＨＫ）がほとんど報じないことである。これこそ恐るべきことであって、国民が知らされないうちに、日本が貧乏になって行く。また後者についても、日本の論調が正鵠を欠いていると思われる。こうしていつの間にか日本が戦争に巻き込まれる。これは正に国家として最大の危機である。

表0-1　名目GDPの国際比較

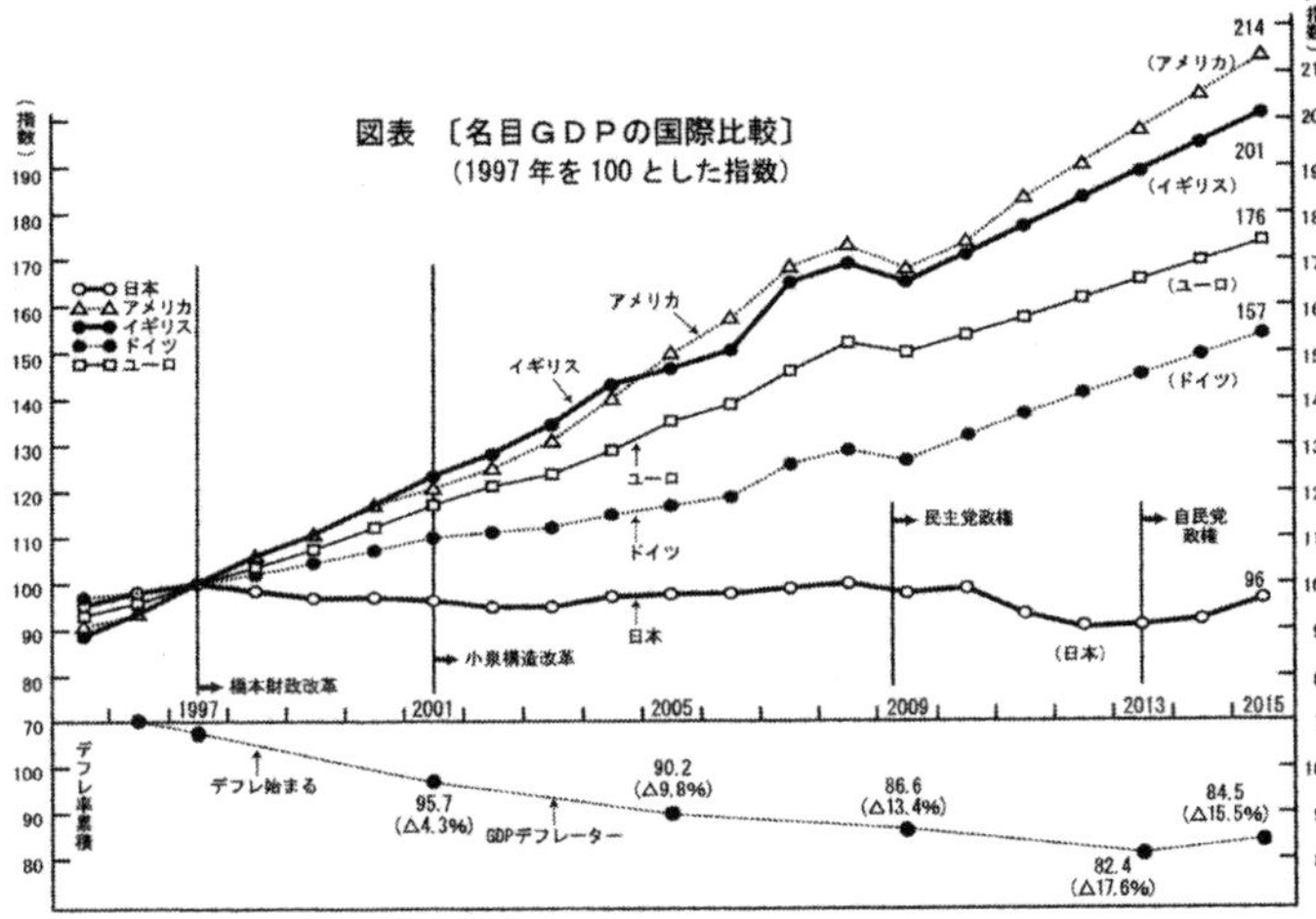

〔出所〕①GDPの国際比較のデータはOECDによる(2015)
②GDPデフレーターは内閣府国民経済計算(2016)

1　日本経済の長期停滞と国富の流出

経済成長の指標である名目GDP（国内総生産）の推移を経済協力開発機構（OECD）の統計でみると、日本だけが低成長であり、日本のデフレが始まった一九九八年の前年を一〇〇として国際比較をすると、日本だけが依然としてマイナスである（二〇一五年で九六）。この間　米英は二倍になっており、ドイツが一・六倍、ユーロ地域で一・八倍になっている（表0－1「名目GDPの国際比較」）。日本だけが経済規模が「五％のマイナス」である。このグラフの一番下に左の軸から右下に低下しているグラフがデフレの推移を表している。このGDPデフレーター（物価の総合指数）でみると、過去一六年間の累積デフレ率は一七・六％に達しており、一九九七年の名目GDPが五二一兆円であるので、その一七・八％にあたる九二兆円の需要が不足していることになる。日本の国民一人あたりの名目GDPの国際比較をみると、日本は一九九四―九五年と二〇〇〇年では第三位であった。ところが二〇〇一年からの小泉構造改革によって、二〇〇八年には一九位まで落ち込み、二〇一六年では一八位である。さらに身近なデータでは、日本国民の平均給与は一九九七年の四六七万円から継続して下落し、二〇一三年には四一四万円（正規社員四七三万円、非正規社員一六七万円）にまで落ち込んでいる（国税庁調査）。国民の平均給与は名目GDPに比例して下がっていることが分かる。これに伴い国の税収が減り、財政赤字が拡大している原因はここにある。二一世紀に入ってからの特徴は、非正規社員が急増して、現在では社員総数の四〇%が非正規社員である。このうち「正規社員になりたくてもなれない社員」が八〇〇万人ほどいるといわれており、これが大きな社会問題である。

（1）民間も政府も設備投資の不足で成長しない（公共投資は回収超過）

経済を成長させる原動力は「設備投資」であって、企業家や政府が設備投資を実行することによって雇用を生み、付加価値が生産されて所得が生まれる。経済成長をもたらすのは「純投資」（新規の設備投資から減価償却＝投資の回収を控除したネットの投資が純投資）である。現在の日本では民間投資は「純投資」が若干増えているが、勢いが乏しく、公共投資は二〇〇七年から回収超過である（表0−2「官民ともに投資が不足している」参照）。従来から日本では、公共投資が出ると民間投資が誘発されて増加し、新規の民間投資が新たな雇用や関連投資を引き起こして経済が成長し、新たな公共投資を誘発してきた。デフレの長期化で民間も政府も投資不足になってしまった。デフレ

表 0-2　官民ともに投資が不足している

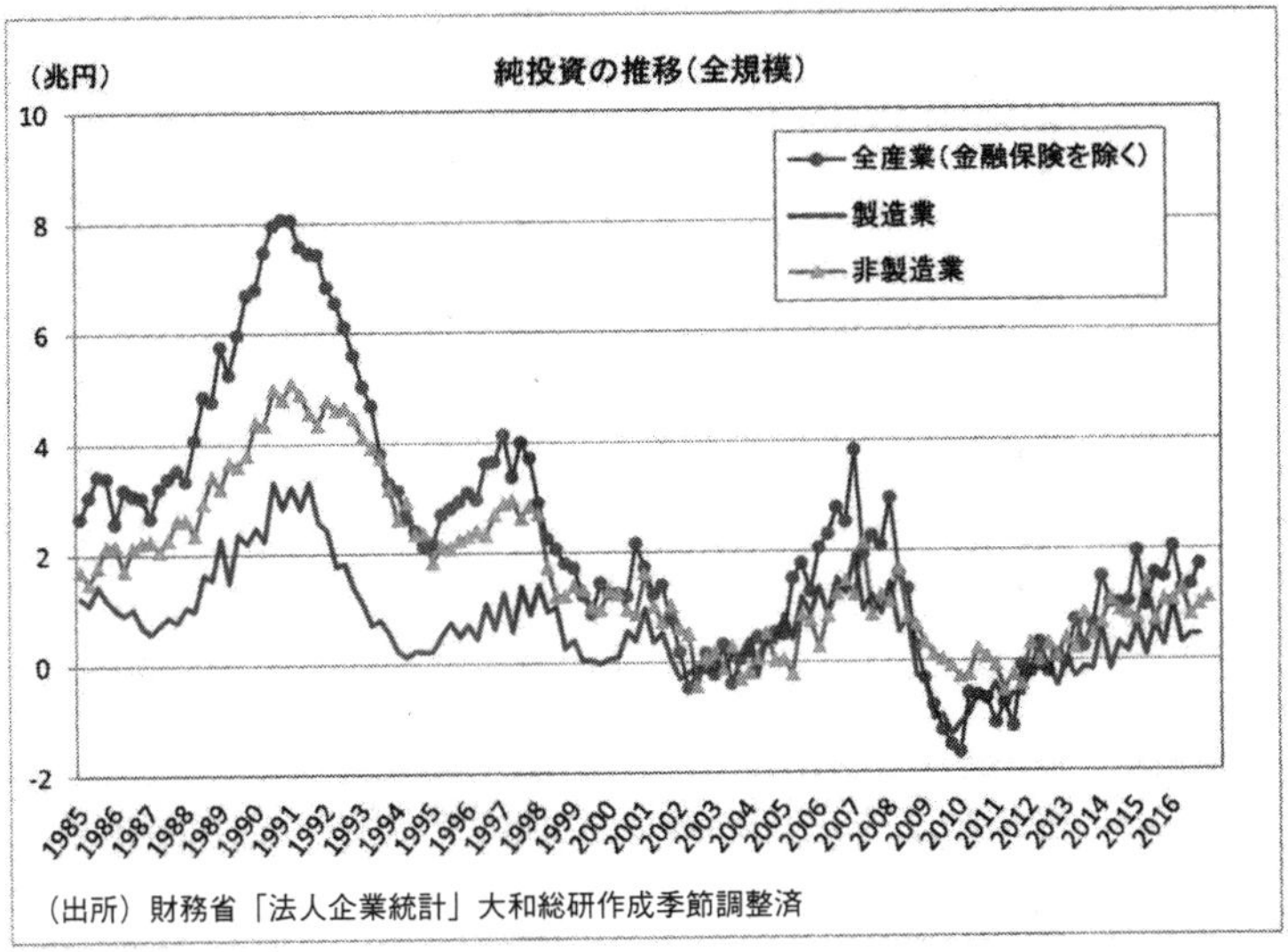

(出所) 財務省「法人企業統計」大和総研作成季節調整済

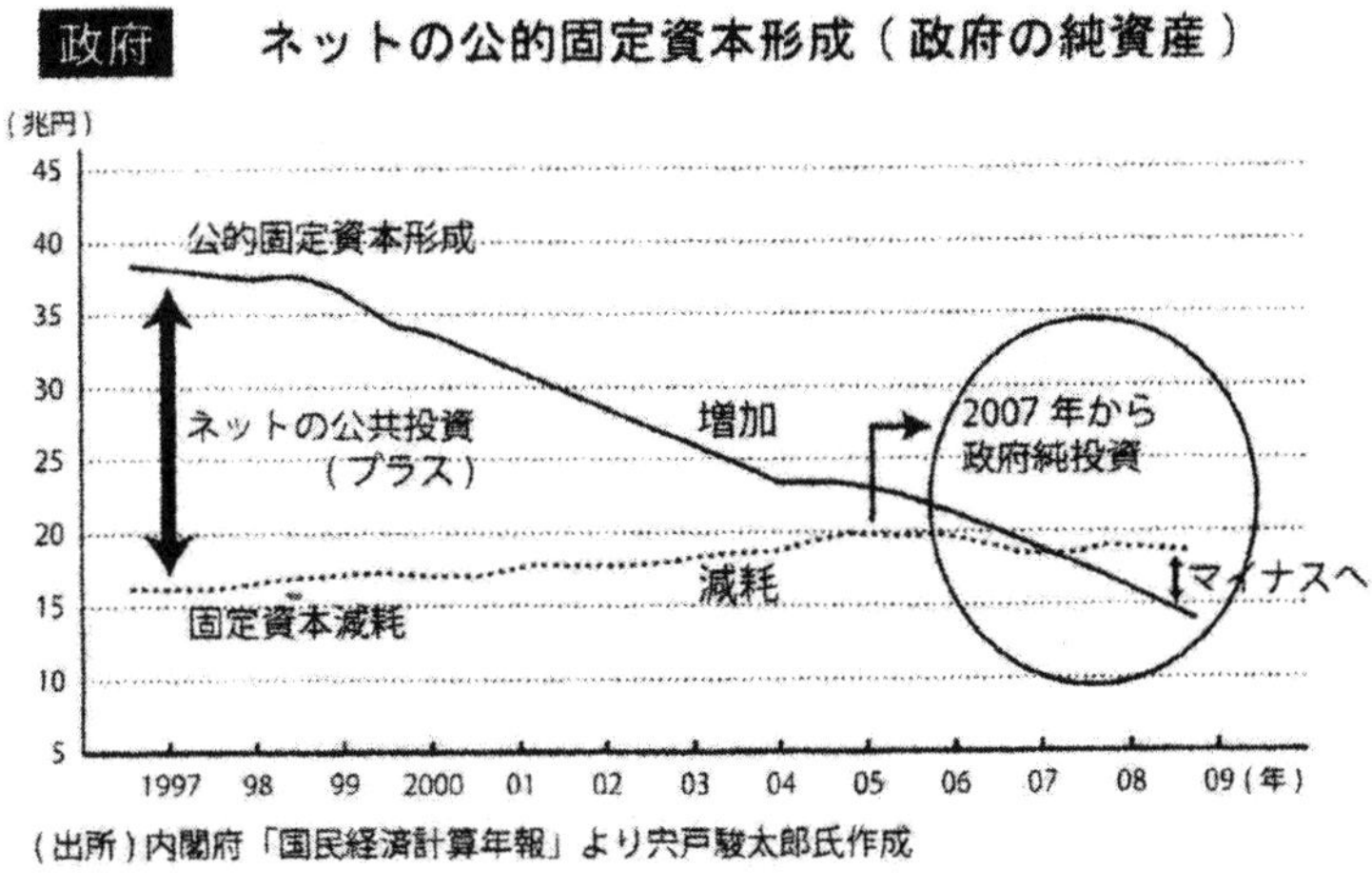

(出所) 内閣府「国民経済計算年報」より宍戸駿太郎氏作成

の現状では、まず政府が公共投資を増やして民間投資を誘発することが先決である。

(2) 国富が海外へ流失

二〇〇一年からの小泉構造改革からデフレが深刻になり、国内で余った資金（原資は国民の個人預金と企業の投資回収資金）は海外へ流失している。小泉構造改革が始まる前の二〇〇〇年から二〇一三年までの一三年間に、国民（個人、家計、民間非営業法人の合計）の金融資産は二四二兆円も増加したが、国内では一一四兆円しか使われずに残りの一二八兆円は海外へ流れたのである。ここから政府が購入した米国債は七四兆円と推測されている（財務省は政府短期国債を発行して得た円資金でドルを調達し、全額米国債へ投資されたと推計する）。残りの五二兆円は民間の海外投資であり、この資金が日本国内に投資されておれば日本経済は間違いなく成長したはずである。さらに郵政民営化で「ゆうちょ銀行」が日本国債の購入を止めて外債（米国債）の購入に投資先を変えており、国富流失が促進されるであろう。

(3) 日本は世界一の対外純債権国なのに長期デフレ

日本は世界一の純債権国であり、現在の日本は有史以来の最も裕福な国である（表0－3「日本の対外資産と負債、純資産」参照）。対外純資産は三四九兆円もあり、このうち一四三兆円は外貨準備（アメリカ国債）に投資されているものの、残りは日本で自由に使える資金である。なぜ日本は自分の金融資産を自分の国のために使わないのか。その原因は第一章で述べる新自由主義（グロー

表0-3　日本の対外資産と負債、純資産

（兆円）

（出所　財務省データ）

資産	2016/12	2015/12比	負債	2016/12	2015/12比
直接投資	159	+7	直接投資	28	+3
証券投資	453	+30	証券投資	324	+4
金融派生	43	△2	その他投資	251	+31
その他投資	200	+19	金融派生商品	45	±0
外資準備	143	△6			
合計	998	+48	合計	648	+38
			純資産	349	+9

（注）①外資準備143はほとんど米国債投資であるので売却出来ない。
②直接投資159は、企業の海外進出に伴うもの。

バリズム）というイデオロギーで緊縮財政政策を採ってきたからである。

2　憲法第九条へ自衛隊を明記

二〇一七年八月二九日に、北朝鮮が発射したミサイルが北海道の襟裳岬上空を通過した。その翌日（三〇日）に北朝鮮の最高指導者である金正恩は、「ミサイル発射作戦で日本に積年の恨みを晴らした」と発言し、このニュースは世界中に流れたのである。このミサイルによって日本人が気がついたことは、北朝鮮が日本の軍事上の敵国になってしまったことである。北朝鮮の建国の父である金日成は「日本は敵国ではない、早く平和条約を結んで経済援助が欲しい」と言っていた。２代目の金正日も同様な意見であったが、米国の北朝鮮に対する軍事攻撃が噂されたときに、「日本にある米軍基地から北朝鮮を攻撃するのであれば、北朝鮮はその米軍基地を攻撃する」と言っていた。

ところが二〇一七年四月に、カール・ビンソン（米空母）が海軍自衛隊との共同訓練を誇示したために、金正恩は「日本が米軍とともに北朝鮮を攻撃するのであれば、日本国が軍事的に標的になる」ことを日本国民に知らしめたのである。

安倍晋三首相は二〇一四年七月一日の閣議で「集団的自衛権の行使を容認する」決定を行った。集団的自衛権とは、「同盟国が他国から攻撃を受けた時は、自国に対する攻撃と同じであると判断して、攻撃相手国に反撃する権利」を言う。従来の法制局の見解は、「日本は集団的自衛権の権利を持つが、憲法第9条で行使できない」ということであった。現行憲法では、第二章「戦争の放棄」の第九条で、「日本国民は、正義と秩序を基調とする国際平和を希求し、国権の発動たる戦争と、武力による威嚇又は武器の行使は、国際紛争を解決する手段としては、永久にこれを放棄する。②前項の目的を達成するために、陸海空軍その他の戦力は、これを保持しない。国の交戦権は、これを認めない」と規定している。安倍はこの見解を変えて、「集団的自衛権の行使を限定的に容認する」との閣議決定を行った。

安倍は閣議決定後の記者会見で、「外国をまもるために日本が戦争に巻き込まれることは有り得ない」と述べたが、三年後にこの発言をくつ返す事態に遭遇したのである。二〇一七年五月三日（憲法記念日）に安倍は、「憲法第九条は不変のまま、③項に自衛隊を明記したい」と言い出した。これは新たな危機ではないか。

第1節　新自由主義という妖怪

バブル崩壊後の一九九〇年頃から日本の政治・経済・社会全体が、従来とは違った雰囲気の中で変質していることを感じている国民が多いのではないか。とくにマスメデイア（全国紙とNHKを含むテレビ）が異常なほどに日本を卑下し、アメリカを礼参する傾向が見られた。しかも多くの国民がどのような流れなのかが分からないうちに雰囲気に取り込まれて行く。つまり目に見えない「一匹の妖怪」が徘徊し始めていたのであり、日本国民が気付かないうちに呑み込まれていったのである。この妖怪が新自由主義（グローバリズム）というイデオロギーである。

1　創始者ミルトン・フリードマンの理念

妖怪の創始者はミルトン・フリードマン（一九一二―二〇〇六）という経済学者である。東欧からニューヨークに移民してきたユダヤ人（本人が自称）の子供で、シカゴ大学教授として一九七〇年代に新自由主義（Neo Liberalism）というイデオロギーを打ち立てたのである。

（1）新自由主義の基本的理念と骨格

①市場万能主義

これがフリードマンの基本的な考えで、「自由な市場には、価格機能によって、資源の最適配分ができるようになるから、自由市場が富をもっとも効果的に配分する」「その目的を貫徹するために経済活動を可能な限り自由にすべきである」と、彼は主張する。ここから「自由化」「規制緩和」という政策が出てくる。

②「小さい政府」

市場万能主義を実現するためには、政府機能を縮小して「小さい政府」にし、累進課税を止めて富裕層に減税し、社会保障制度を廃止すればよい。そうなれば富裕層に富が集中するので、富裕層がその富を消費したり投資したりするから、経済が成長して国家が栄えるという。この理由付けのために、「トリクル・ダウン」という理論を作り上げた。「トリクル・ダウンと」は「滴り落ちる」という意味で、「経済政策は所得を再配分することではなく、所得を創造するためにあるべきである、所得を創造するのは富裕層（ここでは大企業も入る）だから、富裕層に富を集中すれば富裕層が消費し投資するので、中間層以下の人びとは〝おこぼれを頂戴できる〟」という理論である。さらに経済学者・ラッファーは「国民は所得税が引き下げられると従来よりもよく働くので税収が増える」という理論を唱え、所得税減税の援護射撃をした。これが「ラッファー理論」である。さらに、富裕層に有利になるためには累進課税を引き下げる必要があり、そのためにフリードマンは「フラット税制」を提唱した。「フラット税制」とは、「所得の高低に関係なく、税率は一律（例えば一〇％）であることが望ましい」という見解で、累進課税を否定して所得税の最高税率を引き下げさせるための理由付けである。したがって、この税制を実現して行けば　富裕層と大企業の税負担が減り、低所得者と中小企業の税負担は増えるから、貧富の格差と所得格差は拡大して行くのは当然である。新自由主義者は、国民はすべて自己責任で生活すべきであると主張して社会保障制度を否定し、政府の医療費補助などもってのほかだ、と拒否する。

「大きい政府」の基本政策は、政府が財政支出にとって需要を拡大して雇用を維持拡大することであり、社会保障制度を強化することである。一方「小さい政府」の主張は、財政政策による需要喚起と雇用の維持拡大を否定し、社会保障も否定するから、減税で企業の体力を強化しようとする。だから「供給サイドの経済学」と言われる。「小さい政府」の主張者は、「企業活動を活性化させることが優先されるべきであり、経済は供給サイドの強弱で決まるので、産業政策は必要なく、規制緩和と減税をすれば供給サイドが強くなる」と主張する。これが新自由主義者の主張する供給サイドの経済学である。

③ **金融万能主義**（マネタリズム）

この考えは「経済成長は金融政策だけで行うべきであり、財政政策は使うべきではない」という主張である。「小さい政府」にするために税率を下げて富裕層にマネーを渡し、税収が減少した政府は国債を発行して不足分を調達することになる。こうして金融市場が活性化し、株と債券のマネーゲームで経済を活性化すればよい、という理論である。

(2) フリードマンは大恐慌の解決手法を偽装

フリードマンは、「大恐慌は当時の連邦準備制度（中央銀行、ＦＲＢ）が市場に潤沢に資金を出さなかったために起こった（中央銀行犯人説）」とＦＲＢを攻撃し、「大恐慌を解決したのは、金本位制を停止して管理通貨制にしたFRBが市場に資金を潤沢に放出したからである」「だからニューディール政策で経済を活性化したのは、財政支出で有効需要を創り出して経済を復活させたのではなく、金融が潤沢になったからだ」と論じる。このように主張することによって、「財政支出は必要ない（小さい政府）、金融緩和で景気は回復する（バブル奨励）」と言う市場原理主義者の論述を正当化しようとする。

しかし、フリードマンのいう「大恐慌の原因は中央銀行の資金供給が不十分であったからだ（中央銀行犯人説）」と「大恐慌を回復させたのは、財政支出で有効需要を喚起したからではなく、金融を大幅に緩和したからだ（金融緩和回復説）」という主張は、ともに事実に反する見解であって、マネタリズムを誇張するための偽装であることが明らかになっている。金本位制を採用していた当時でも、アメリカは豊富な金（ゴールド）を持っていたので、FRBは金融機関の国債や有価証券を購入して市場にマネーを潤沢に流していたことが確認されている。[1] さらに、「どんなデフレでも金融を緩和すれば解消する」というフリードマンの考えは、「大恐慌のデフレを解消したのが、財政支出による有効需要創造にあった」という事実を、あえて否定するための主張であり、「（財政支出の結果として）市場に供給されたマネーだけを取り上げて、FRBがマネーを市場に放出したから、大恐慌が解決した」と主張する。このようにフリードマンは、「小さい政府」と「金融万能主義」を主張するマネタリズムを作り上げるために、大恐慌の原因と解消策の実体を偽装して、マネーゲームを行う理論を作り上げたのである。

（3）バーナンキFRB前議長が偽装に気が付いた

一九八〇年以降の世界はこの偽装理論によって大きく振り回されてきた。フリードマンの事実誤認の事実は、当時の経済金融情勢をしっかりと分析すれば間違いなく分かることである。FRBの議長を務めたベン・バーナンキ（在任期間は二〇〇六—一四）はマネタリズムの信奉者で、二〇〇二年に子ブッシュ大統領が開催したフリードマンの誕生祝賀会で挨拶し（当時、FRB理事）、「あなたは正しい、大恐慌はFRBが引き起こした。あなた方のおかげで我々は二度と同じ誤りを繰り返さないだろう」とフリードマンの主張を称賛していた。ところがバーナンキは、FRB議長として二〇〇八年九月に大恐慌以来の株価大暴落後の米国（リーマン・ショック）を救済するために、金融を大胆に緩和した。それでも、実体経済を好転させるには至らず、彼はFRB議長を辞任する直前に、「量的緩和の経済効果は理論的に証明されていない」と周囲に打ち明けたと報ぜられている[2]。フリードマンの信奉者であるバーナンキが、自ら招いた金融危機（リーマン・ショック）の対策として採った超金融緩和が経済効果を発揮していないと判断したことは、極めて興味深いことである。つまり、「大恐慌は当時のFRBが引き起こした（中央銀行犯人説）」というフリードマン理論に対して、バーナンキが疑問を呈したのである。バーナンキはようやくフリードマンの偽装に気が付いたと言えよう。今後の金融政策を左右するうえで、大変興味深い発言である。

2　新自由主義政権が誕生した背景

（1）福祉型資本主義に対する富裕層の反発

第二次世界大戦に勝利したアメリカは、大恐慌の反省から自由放任資本主義がもたらした弊害を除去し、経済成長と経済的平等を両立させることによって豊かな社会を樹立することに成功した。法人税と所得税はともに累進税制とし、資本家の富を労働者にも公平に分かち合い、福祉型資本主義の時代に入ったのである。こうして一九五〇―六〇年代のアメリカでは、中産階級と呼ばれる社会的中間層が大幅に増え、ベビーブームを起こし、新規投資が雇用と所得を生み、消費の拡大が投資を呼ぶという好循環で経済が成長し、累進課税とインフラ投資による官民協調で、安定した社会を形成してきた。こうした繁栄を支えてきたのがケインズ学派の経済学である。ケインズ経済学の特徴は、「市場主義を維持しつつも、政府が総需要管理を適切に行う政策をとって市場に介入して雇用を維持拡大して行けば、景気変動を調整でき、税制を含む分配政策によって、国民を平等にできる、そうすれば経済が一段と発展する」という政治経済思想である。

しかしアメリカの伝統的富裕層にとっては、資本家への富の配分が縮小している要因を何とかして撤廃し、福祉型資本主義を潰して、富裕層への富の配分を増やすような政治経済理念を求めていたのである。この富裕層の代表格がネオ・コンサーバティブ（新保守層、ネオコン）と呼ばれるグループであり、彼らはフリードマンの新自由主義を政治経済理念とすれば、資本家の利益配分を多くできると考え、福祉型資本主義を潰して新自由主義型資本主義をつくろうとしたのである。つまり、ネオコンと新自由主義者が結託して、福祉型資本主義の打倒を狙っていたのである。

（2）スタグフレーションを理由に新自由主義者が政権を奪取

こうした背景のなかでアメリカは、一九六〇年代後半から一九七〇年代にかけて、ベトナム戦争による財政赤字と石油危機による輸入インフレで、経済が低迷して失業率が上昇した。これは「不況下のインフレ（スタグフレーション）」という現象で、初めて起きた現象であった。ケインズ学派が主張していた政策は、「公共投資を増やして民間投資を引き出して行けば失業率が下がり、物価（インフレ率）は上昇する」という考えであって、「インフレ率と失業率はトレードオフ（逆方向に向かう）の関係にある」と考えていた。

スタグフレーションに陥ったアメリカでは、「景気振興策として金利を下げると需要は増加して雇用が増え、物価（インフレ率）は上がる」という現象が生ずる筈なのに、ここでは「従来なら下がるはずの失業率が下がらずに逆に上がる局面が出てきた」のである。石油とベトナム戦争への出費が従来の経済効果を生まなくなってきた。こうしたなかで、カーター大統領（民主党）は一九七九年一〇月に連邦準備制度理事長にポール・ボルカー（元財務省）を指名した。彼はインフレ抑制を優先して、「失業率が上がってもインフレを抑えよう」と考え、通貨供給量を絞って高金利政策を取り入れたのである。

この結果、失業率は上昇して一九八二年には一〇・五％まで跳ねあがったが、インフレは鎮静化し、一九八〇年末には一三％だったインフレ率は一九八四年には四％台まで低下した。つまり、雇用を維持しようとするケインズ派の政策では、なかなか抑えられなかったインフレを、雇用維持を放棄したマネタリスト的な発想（通貨量調整）で抑えたのである。これが大きな転機になってアメリカの政策は、「政府が需要喚起政策を取って雇用を維持拡大して行こうとする需要管理政策」から、「金融政策を中心とした経済政策に転換して行くマネタリズム中心の政策（新自由主義）」に転換して行くことになり、「**雇用を犠牲にしてもインフレを抑えよう**」としたのである。

（3）「破壊せよ、そこに利権がある」

新自由主義を信奉する政治家、経営者、学者らの目的は、規制緩和や自由化、税制改革（法人税と所得税の最高税率の引き下げ）によって従来の政治経済体系を破壊し、そこに新しい政治経済体制を樹立しようとすることであり、それによって新しい利権を確保することであった。彼らの合言葉は、「破壊せよ、そこに利権がある」であり、その利権を確保することである。新自由主義者は破壊後の政治経済体制といったビジョンは全く持っていない。あえて破壊による混乱を求め、そこで利権を確保して私腹を肥やすことである。彼らはレント・シーカーと呼ばれ（レントは利権）、ポストを求める政治家、新たな商権や利権を狙う経済人、政権におもねる御用学者などが含まれる。新自由主義政権は自由化、規制緩和と称して新たな利権を確保しようとして行動するのである。

3　新自由主義政策三〇年の帰結

(1) イギリスはサッチャーイズムで福祉国家を破壊

イギリスの保守党党首サッチャーは、一九七九年の下院議員選挙で、停滞している経済情勢を打開するために、「小さい政府」と「規制緩和」「政府の市場への介入を制限」「政府の国民への金品の無償供与停止」などの政策を掲げて大勝した。首相に就任したサッチャーは、大企業に有利な大幅な減税と規制緩和、強硬な反労働組合政策をとって、従来の経済政策を大転換させる政策を採った。その結果、社会は混乱し、組合はストライキで対抗し、製造業は低迷して失業率が上昇し、社会的に混乱が生じた。この中で、サッチャーが力を尽くしたのはロンドン金融資本市場（外国為替市場と株式市場）の活性化であり、製造業の停滞で縮小している労働者の雇用機会を金融関連事業で吸収しようとした。産業別の雇用者数の比率を見ると、一九八〇―八四年では製造業二二％・金融業一二％であったが、二〇〇五年には製造業一一％・金融業一九％になり、製造業が衰退して金融業が活況になった。しかし、製造業の失業者をすべて金融業で吸収することはできなかった。

サッチャーは、「小さい政府」にするために、財政支出面で医療関連費用や社会保障費、教育費を削減し、とくに医療費予算を大幅に削減したために国民皆健康保険制度が破壊され、病院の閉鎖、優秀な医師の海外移住などによって、世界に冠たる医療システムが崩壊してしまった。さらにサッチャーは法人税を減税し、高額所得者への累進課税を軽減するなどによって、実体経済の成長と税収の増加を期待した。しかしトリクル・ダウン理論は機能せず、財政赤字が拡大した。そこでサッチャーはやむなくポール・タックス（人頭税）を持ち出し、国民一人ひとりに課税しようとした。ポール・タックスは中世の王様が実施した悪税であって、国民は猛反対し、一九九〇年に辞任せざるを得なかった。サッチャーの辞任こそ、新自由主義がもたらした必然的な結末であると言えよう。

(2) アメリカはレーガノミクスで債務国へ転落

アメリカのネオコンは、フリードマンが主張する新自由主義・市場原理主義が富裕層の利益を増加させる理論的根拠になると歓迎し、一九八〇年一一月の大統領選挙では共和党のレーガン候補の政治経済政策の根幹に新自由主義理念を位置づけたのである。勝利したレーガンは一八八一年一月に大統領に就任し、二月一八日に議会で演説した。

その内容は、①「小さい政府」にするために、社会福祉関連予算を削減する、「強いアメリカ」を作るために軍事費を増加する、所得税の最高税率を引き下げる。②経済面での規制を大幅に緩和し、とくに環境問題などの社会的規制を撤廃する、③金融規制を緩和して安定的な金融政策を実現する、という政策である。まさに、「トリクル・ダウン理論」「フラット税制」「ラッファー理論」などの理屈に沿った「供給サイドの経済学」の具体化であった。さらに③では、マネタリズムの考えに従って、インフレ抑制のために通貨量を抑制して「ドル高」政策をとってインフレ率を低下させる政策を取った。これらの政策が「レーガノミックス」と称せられ、戦後の福祉型資本主義を破壊し、富裕層中心の新自由主義型資本主義への歴史的な政策転換であった。

レーガンは「ストロング・アメリカ」を作るために軍事拡張政策を優先した。財政支出面では、国民の福祉や国内開発、教育関連費などの支出を削減して軍事費に振り向けた。予算では軍事費は公共投資であり、政府の需要喚起政策であり、雇用増加政策である。まさに軍事ケインズ政策である。「供給サイドの経済学」の実現として、富裕層と大企業への大胆な減税を実行した。前任のカーター時代までは、「個人所得税は一四―七〇%、法人税の最高税率は四六%」であった。これに対してレーガンは、個人所得の最高税率を七〇%から徐々に下げ、一九八五年からの第二期には二八%まで下げた。法人税は最高税率を四六%から三四%まで引き下げ、さらに減価償却期間の短縮などで、実質的に大幅な減税を実行した。しかし、「トリクル・ダウン」は全く機能せず、税収は激減し、財政収支は大幅な赤字に陥ってしまった。

新自由主義による財政政策では、「妥当な税率によって政府に入るべき税収」を「極端な減税によって富裕層と大企業の収入」になる政策を採ったために、「国家の税収」が「負債（国債）に転嫁してしまったこと」が財政赤字の最大の原因である。さらに金融政策によって、マネーサプライの伸びを抑制してドル高政策を採ったことによって、米国の製造業は海外移転を増やし、完成品の輸入が増加した。加えて景気回復による輸入増加で貿易収支が赤字、所得収支（金利や配当金の収支）も赤字になり、経常収支の赤字が拡大した。こうしてアメリカは、双子の赤字（財政収支と貿易収支）に陥り、一九八五年には対外純債務国に転落し、一九一八年以来六七年間維持してきた「世界の債権者」の地位を失ってしまったのである。これを起点として、アメリカは世界の覇権国家としての地位に陰りが生じ、今日に至る凋落が始まった。これこそ、新自由主義・市場原理主義政策の帰結であり、今日に至るアメリカの苦悩と悲劇の始まりはここにある。

現在のアメリカ連邦政府が発行する国債の保有者別内訳（二〇一三年九月）をみると、国債の四一％は政府内保有（年金基金と中央銀行が保有）であり、五九％が民間保有で、このうち外国人投資家は全体の三四％（民間保有の五七％）であり、外国人保有分の二一％を中国が保有している。つまり大雑把にいえば、アメリカの国債発行総額の約四割はアメリカ政府と中央銀行の保有であり、約六割が民間保有である。この民間保有のうち外国人保有が約六割であり、この外国人保有の約二割を中国が保有している。アメリカの中国に対する外交姿勢はこの事実に左右されていると言わざるを得ず、新自由主義政策で富裕層と大企業の税率を大幅に下げた結果招いた米国の大失敗である。二〇一三年三月に中国を訪問したオバマ政権のケリー国務長官が、「アメリカは中国を必要としており、中国はアメリカを必要としている」（We need you, you need us）と明言しており、両国は共存共栄を確認し合っている。一九八〇年代に極端な新自由主義政策を採らなければ、アメリカは今日ほど凋落することはなかったであろう。新自由主義の敗北である。

（3）「一％の富裕層と九九％の貧困層」に分裂

新自由主義三〇年の米国の社会で、格差がどのように拡大してきた推移を最新の「議会予算局」の統計で見ると、「上位一％の最富裕層」の所得がＧＤＰに占める比率が一九八五年にはＧＤＰの一二％であったのに、二〇一〇年では二五％に二倍以上増加している。また保有資産でみると「上

表1-1　米国における所得の階層別伸び率

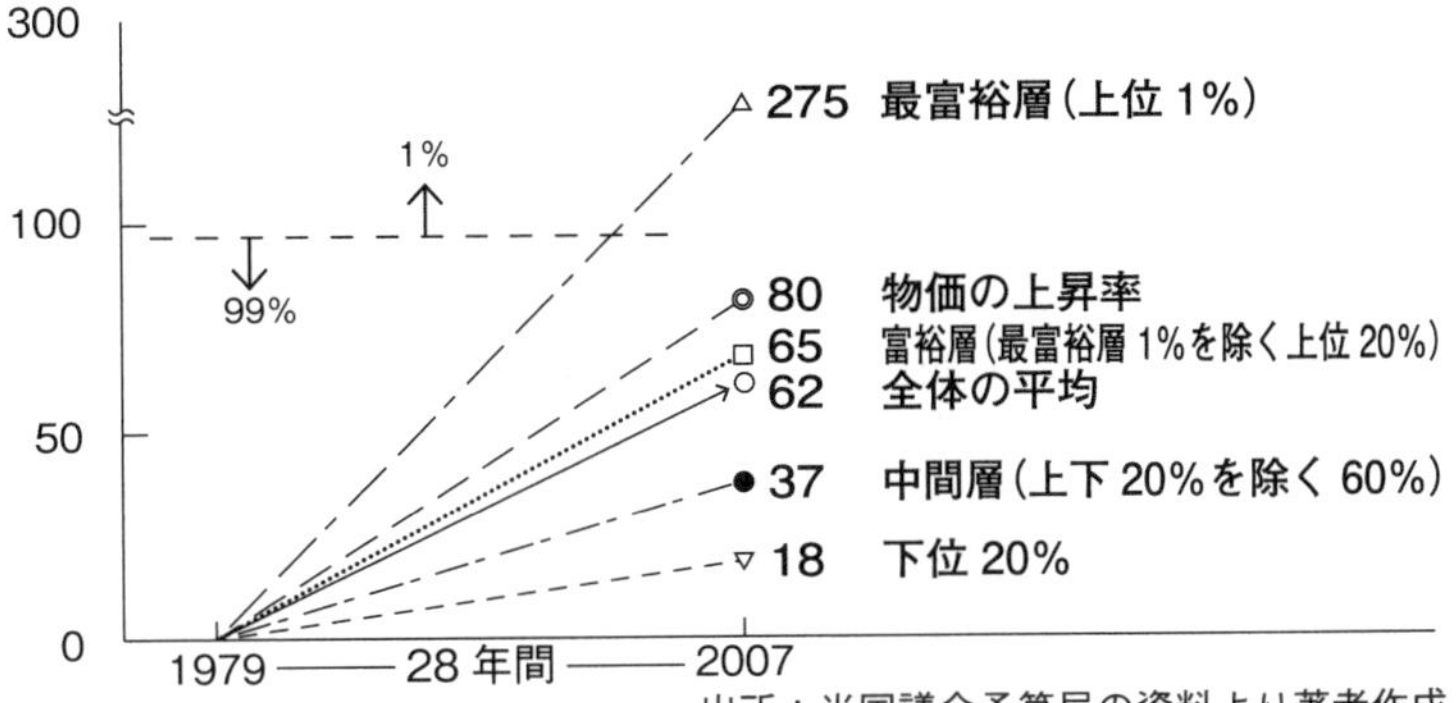

出所：米国議会予算局の資料より著者作成

位一%の最富裕層」は一九八五年には保有資産総額の三三%であったのに二〇一〇年では四〇%に増えている。さらに過去二八年間（一九七九―二〇〇七年）の所得の伸び率を見ると、表1―1「米国における所得の階層別伸び率」のようになる。

ここで驚くべきことは、この二八年間で物価の上昇率（インフレ率）は約八〇%であるのに、所得の全体の平均の伸びが六二%であるから、平均値の所得では物価上昇を下回っていることである。物価上昇を上回っているのは、「最富裕層（上位一%）」だけである。「富裕層（最富裕層一%を除く上位二〇%）」ですら、所得の伸び率は六五%であって、インフレ率約八〇%を下回っており、さらに中間層（上下二割を除く六割の層）の所得上昇率は三七%に過ぎず、まさに中間層の没落といわざるを得ない。下位の二〇%は二八年間でわずか一八%しか所得が増えおらず、子ブッシュの時には最低賃金が八年間も据え置かれていたことが大きく影響している。新自由主義三〇年の歴史が物語るものは、福祉型資本主義を打破して貧者の富まで富裕層に集中しようとする「富の再分配」政策だったということである。[3]

（4）新自由主義政策採用で世界の成長率が低下

新自由主義が政権に採用された一九八〇年代前後の経済成長を比較すると、次のような数字が得られる。「先進国の平均成長率」は「一九六〇年から一九八〇年までが三・二％」・「一九八〇年から二〇一〇年までが一・八％」となり、「発展途上国の平均成長率」は「一九六〇年から一九八〇年までが三・〇％」・「一九八〇年から二〇一〇年までが二・七％」となる。[4]この数字で分かるように、「ビズネスに自由さえ与えれば、富も雇用も創出され、最大の成長がある」という新自由主義者の主張は、過去三〇年のデータで否定されている。成長しない理由は、①株主優遇の資本主義であるために、経営者が技術革新投資を怠る、②短期利益の最大化が経営者の課題であるので、コストカットを重視し、雇用を不安定にする、③制御不能の金融商品で金融市場が混乱し、一国の通貨まで翻弄され、経済政策が攪乱される、④発展途上国は産業育成を否定されるので、成長が抑制される、等が挙げられる。こうしたなかで、国家として新自由主義政策を採らない中国とインドは安定した成長を継続している。

（5）ワシントン・コンセンサス（二一世紀の帝国主義）

一九九三年一月に就任したアメリカのクリントン大統領は、冷戦終了後に初めて大統領に就任した人物で、新たな対日戦略を構築した。クリントンは国内では、積極財政で内需拡大政策を採って財政再建に成功し、対外的には新自由主義を基本とするワシントン・コンセンサス（ワシントンでの合意）と呼ばれる外交政策を樹立したのである。ワシントン・コンセンサスとは、ソ連邦崩壊によって世界で唯一の覇権国家となったアメリカの新しい外交方針の基本的な政策理念であり、IMF（国際通貨基金）と世界銀行を巻き込んだアメリカの世界制覇の手段である。この主たる内容は、財政赤字の是正・補助金削減などの緊縮財政・税制改革（累進課税の緩和）・金融改革・競争力のある為替レート・貿易自由化・資本取引の自由化（外資導入の促進）・国営企業の民営化・規制緩和・所有権の確立（外資の保護）からなっている。当初の適用対象としては発展途上国を考えており、東アジア通貨危機などでIMFに借り入れを依頼してくると、これらを条件として新自由主義を浸透させようとするものであった。

（6）東アジア通貨危機からTPPへ

一九九七年から一九九八年にかけての東アジア通貨危機は、アメリカが仕掛けた戦略であり、各国（タイ、韓国、インドネシア、マレーシア、フィリピン）に自由化と規制緩和を迫り、金融市場を自由化させた。そこでアメリカを中心とした投機筋は、先物市場（通貨の引き渡しの時期を一か月から一二か月先にする契約）を利用して当該通貨の売り契約（ドルの買い契約）をし、経済情勢の悪化によって当該通貨が下落した時点で決済し、ドルを買い取る（ドルでその国の資産を収奪する）政策を実行した。こうして、アメリカは冷戦中に東アジアに蓄積された富をかなり奪い取ることに成功した。「この次は日本だ」というのが彼らの合言葉で、これがTPP（Trans-Pacific Partnership, 環太平洋経済連携協定）である。

以上の実績で分るとおり、新自由主義は当初から「実証性に乏しい政治的スローガンにすぎなかった」（ジョセフ・スティグリッツ、コロンビア大学教授、ノーベル経済学賞受賞）

第2節　新自由主義による日本改造計画

1　小泉構造改革

（1）対日年次改革要望書による要求書

「自民党をぶっ潰す」と威勢のいい言葉を発してマスコミに囃された小泉首相の構造改革の実態は、アメリカからの「対日年次改革要望書」を具体的に実現することであった。一九九三年七月に日本の宮沢喜一首相とクリントン大統領が合意した「日米間の新たな経済パートナーシップ」という書面がある。この「年次改革要望書」は英語では、Annual Reform Recommendations であって、本来は米国政府の「毎年の日本政府に対する勧告書」と訳すのが正確な日本訳である。この文書は外務省の邦訳で「要望書」とされているが、内容は「勧告書」というよりも「強い要求」である。この文書は、在日米国大使館のホームページに公開されている外交文書である。在日米国大使館では、毎年、「年次改革要望書」の最新版を、日本記者クラブで配布し、内容の説明（ブリーフィング）まで行っていた。それにも拘わらず、日本の政府も大マスコミ（全国紙、テレビ、NHK）もこの内容を報道せず、日本国民には公開されていなかったのである。この存在を初めて明らかにしたのが、関岡英之著『拒否できない日本―アメリカの日本改造計画が進んでいる』（文春新書、二〇〇四）であり、これほど重要な公文書が実に一〇年間も日本国民に知らされることなく、アメリカの要望に従って日本政府が日本の改造計画を進めてきていたのである。この外交文書の存在が明らかになった時に、多くの自民党の国会議員が驚き、日本国民は驚愕の至りであった。

構造改革のスローガンは「小さい政府」「均衡財政」「自己責任」「官から民へ」「市場原理主義」であり、時価会計の導入（デフレの日本に導入させて企業を弱体化させる）、司法制度改革（裁判員制度の導入、ただし刑事事件に限る）、大店法の改訂（外資のスーパーが日本に進出しやすくするために、大手スーパーの郊外店舗拡張を認可させた、これで小売り商店は廃業に追い込まれてシャッター通りに落ち込んだ）、労働基準法の改訂（人材派遣の自由化―一九九六年には労働者派遣法の改訂によって、派遣の対象業種を二六に増やした）、一九九九年には一部を除き、原則自由とした。さらに安倍内閣の二〇〇四年の改訂で派遣労働の期間を一年から三年まで延長し、従来、除外されていた製造現場や社会福祉施設での派遣労働も認め、派遣受け入れの許可や届出を事業所単位から事業主単位とした。この改訂を契機として企業は正社員を減らし、派遣労働の割合を増やして、実質的な賃金の引き下げを可能にしたのである。さらに政府は法改正によって、経営者による従業員の解雇をやりやすくし、非正規社員を製造業にも認め、税制面では法人税の減税・消費税の増税を実現してきた。

(2) 郵政民営化法案の成立

アメリカからの最大の要求は郵政公社の民営化であり、これが小泉構造改革の本丸であった。新自由主義政策を採り入れて対外債務国に転落したアメリカが、国債の安定購入先として目を付けたのが郵貯マネーであった(5)。小泉純一郎の郵政民営化法案は二〇〇五年八月に参議院で否決されたため、小泉は衆議院を解散した。選挙結果は自民党の大勝に終わり、郵政民営化法案は衆参両院で可決され、郵政公社は二〇〇七年一〇月に民営化されて日本郵政株式会社となった。

(3) 政権交代による郵政民営化法案の改正

二〇〇九年九月には民主党・社会民主党・国民新党の連立政権が発足した。その後、二〇一一年三月一一日には東日本大地震が発生し、その復興財源として日本郵政会社と金融二社の株式売却益を充てようとする意見が出てきた。二〇一二年になって国民新党の亀井静香代表と公明党の斎藤鉄夫幹事長代行が話し合い、「郵政事業、貯金業務、簡易保険業務を一体化して郵便局で行うこと」「日本郵政には三事業を全国津々浦々まで展開すること(ユニバーサル・サービス)を義務付けること」「二〇一七年までに金融二社の株式を完全に市場に売却するという条項を削除し、金融二社の株式の三分の一は政府が保有すること」という改正案を作成し、自民党と協議することになった。しかし自民党内では、「金融二社の株式の三分の一は政府が保有すること」という点では反対が多く、結局、「最終目標として金融二社の株式は完全売却を目指す」という努力目標にならざるを得なかったのである。この改正案では「二〇一七年までに政府保有の金融二社の株式を全額売却すべし」という条項が削除されていたので、国民の資産が市場に投げ売りされる危機は回避できた。**政権交代は日本国家を救ったのである**[5]。

2 安倍成長戦略

安倍晋三内閣が進める経済政策のうち、「成長戦略」は新自由主義理念にもとづく破壊活動である。規制緩和と称して国民生活のセーフティネットまで破壊し、そのうえで「日本を世界で一番企業が活躍しやすい国にする」「人件費を一割削減する（経団連の要望）」というのが安倍成長戦略である。とくに農業改革は在日アメリカ商工会議所から日本政府宛の要望書が発行されている。この外交文書が国民に公表されていないため、国民が知らないうちに取り返しのつかない破壊を受けることになるであろう。戦後最大の危機であると言っても過言ではない。

(1) 税法破壊——法人税減税

法人税を減税しても経済は成長しない

安倍首相は「日本を企業が儲けやすい国にする」と宣言し、代替財源を考えずに、法人税減税を先行させている（今後二年間で現在約三五％の実効税率を三・二九％引き下げるという）。しかし法人税を引き下げても経済が活性化し税収が増える実績はどこにもない。新自由主義者の主張は、法人税を引き下げれば①「日本へ外資を呼ぶことが出来る」という。しかし、日本は世界一の対外債権国であって外資導入は必要ない。②「法人税を下げれば企業の海外移住を止められるし、出ている企業が戻ってくる」という。しかし、輸出企業が生産拠点を海外に移しているのは人件費が安いこと、その地域での需要に応じやすいことが根本的な原因であって、法人税率には関係ない。③「法人税を下げれば設備投資と雇用が増える」。しかし、一九九〇年まで遡って検証しても、この事実は確認されない(6)。

④「日本の法人税は国際的に高すぎるから国際競争力強化のために下げるべきである」。これこそ事実に反する見解であって、法人税を支払っている企業は全体の三割に過ぎないうえに、大企業は「租税特別措置による政策減税」や「受け取り配当金益金不算入制度」などの優遇税率の恩恵を受けており、日本の法人税の実効税率は極めて低い。例えば、実行税率（負担率）は三井住友ＦＧ—〇・〇〇一％、ソフトバンク—〇・〇〇〇三％、みずほＦＧ—〇・〇九七％、三菱ＵＦＪＦＧ—〇・三〇六％、ファーストリテイリング—六・九一％、丸紅—七・一二％、みずほ銀行—八・六三％、第一三共—一一・一七％、キリンＨＧ—一二・五〇％である(7)。

（2）労働法の破壊——「労働時間管理から経営裁量労働制へ」

安倍首相の企業の利益優先の方針は、従業員（労働者）の所得を削減することであり、そのために労働法を改正（労働者にとっては改悪）しようとしている。そのために①「派遣法の改訂」では、「最長三年間」だった派遣期間を撤廃する一方、一人の派遣労働者が企業の同じ部署で働ける期間を三年に制限する。こうすれば派遣労働者のままで次の派遣労働に移して派遣のままで繰り回せることになる。次に②「残業代ゼロ法案」では、「高度プロフェッショナル制度の創設（残業代ゼロ）」

と「企画業務型裁量労働制の対象者拡大法案」がある。経営側が職務内容によって残業時間の対象になる業務を制限することが出来る法案である。さらに③「金銭解雇自由法案」では、経営者側が労働裁判で負けても、経営者は「カネを払うからやめてくれ」という一方的な解雇通知が出来ることになり、労働者側にとっては極めて不利な法律である。

（３）医療破壊――「混合診療による国民皆保険の崩壊」

日本では「保険診療」と「保険外診療」（厚生労働省が認めていない医術・薬品を使う）があり、「保険外診療」を使った場合には、すべての診療が保険の対象外となる。この制度が日本国憲法のもとで合法的であることは、すでに最高裁の判決で認められている（二〇一一年一〇月二三日の最高裁判決）。しかしアメリカは、執拗に混合診療を要求しており、「選定療養」（二〇〇六年から実施されたもので、個室の差額ベッド、予約診療など例外的に認められる費用）に加えて、「選択療養」（患者が希望すれば厚労省が認可していない医薬品でも一定のプロセスを踏んで保険対象医療として認可される）が認められた（二〇一四年四月）。この「選択療養」が求められると、高額な輸入医薬品が健康保険で支払われることになり、健康保険が破綻に向かうであろう。すでにこの兆候が出ている。これがアメリカの狙いである。

（４）「戦略特区」という国家主権の破壊

国内で日本の法律が適用されない「経済特区」を作り、「ミニ独立政府」として機能させ、一層の規制緩和を進めようとするものである（二〇一三年一二月、「国家戦略特区法」成立）。この特区は戦前の上海に設置されていた租界と同じであって、特区内では日本の国家主権が排除されている。「戦略特区」法は、アメリカの要求で作られた法案であって、この法律の主な内容は、①労働基準法改訂による解雇を自由にする雇用契約の合法化（解雇自由化）、②混合診療の拡大と外国人医師・看護師の日本医療への参入（日本の医師・看護師免許の適用を除外する）、③公設民営学校（教育基準の自由化、日本の教育の破壊）、④大都市建物の容積率など土地利用規制の見直し（住民の生活環境を破壊）、⑤農協の崩壊と農業の資本主義化促進（農協を崩壊させてその保有資産を民営化させる）等であり、いずれも伝統的な日本の社会経済システムの崩壊と破壊を狙い、外資の利益と富の収奪を優先させるために、まず、特区内では日本政府からの治外法権的な扱いを認めさせようとするものである。これは「主権の破壊」であり、日米両国の新自由主義者の行動である。

（5）農業改革　農協を破壊して農協マネーを狙う

安倍晋三内閣が打ち出した農業改革は在日アメリカ商工会議所の日本政府宛の要求書から来ている。同会議所は政府宛の公式文書で「ＪＡグループは、日本の農業を強化し、かつ日本の経済成長に資する形で組織改革を行うべき」（二〇一五年五月まで有効）、「全中と農協を解体し、農業部門と金融部門に分離する、農業部門は大規模農業が可能になりように規制を緩和し、株式会社組織に変更する、金融部門は金融庁の傘下に組み入れ、競争原理を入れて、ほかの金融機関と平等な扱いにする」というものである。こうした手法は、郵政公社を民営化するよう書面で要望してきたと同じ内容であって、ＪＡバンクとＪＡ共済を解体させて民営化させ、アメリカがその金融資産（預金と共済＝保険で市場規模約三〇〇兆円）を収奪することを狙った要求である。まさにアメリカの大農業経営者の利権とウォール街の金融資本の活動を拡大するための提言である。さらに、「ＪＡグループの金融事業を金融庁の規制下にある金融機関とするように要請する。もしこれが確立されなければ、ＪＡグループの金融事業を制約すべきである、こうしたことが認められないのであれば、ＪＡグループ全体に独占禁止法の特例が適用されていることを見直すべきである」と脅しをかけている。(8)

第３節　憲法第九条への自衛隊明記の背景と日本の危機

１　自民党改憲案と自衛隊明記案

自民党の憲法改正草案では、現行の第２章「戦争の放棄」の第９条を破棄して、新たに第九条の一「平和主義」、二「国防軍」を設けて「我が国の平和と独立並びに国及び国民の安全を確保するために、内閣総理大臣を最高指揮官とする国防軍を保持する。…第３項以下省略」と記載されている。つまり、明確に国防軍と明記し、「専守防衛を放棄した軍隊」をつくることを目的としている。

ところが安倍晋三首相は、二〇一七年五月三日（憲法記念日）に「第十九回公開憲法フォーラム」（日本会議が主導する「美しい日本の憲法をつくる国民の会」などの改憲集会）で、「二〇二〇年を新しい憲法が施行される年にしたい」と表明した。改正項目としては第九条を挙げて、「一項、二項を残しつつ、自衛隊を明文で書き込むという考え方は国民的な議論に値する」との考えを示したのである。

憲法改正、とりわけ第九条の第二項「陸海軍を保持しない」「交戦権は認めない」の放棄を念願とする安倍晋三が、なぜ現行第九条を維持した上で第三項に「自衛隊を明記する」（自衛権の認可）考えを示したのか。第二次大戦後の世界平和維持政策を研究してきた私が直感で思ったことは、「戦勝国は絶対に九条を破棄させないな」「しかし日本封じ込めを担う米国は、極東アジアの覇権を維持するために、日本の自衛隊を米軍の指揮下で活用しよう（傭兵として利用しよう）」「安倍が憲法改正をしたがっているのであれば、自衛隊を憲法に明記させよう」「そうすれば、日本は集団的自衛権の行使を閣議決定で容認しているので、米軍の指揮下で自由に使える」ということである。個人的直感であるが、「憲法第九条に自衛隊明記」という案は、米国筋から発した見解ではなかろうか。いずれ、確証が得られるであろう。

2　第二次世界大戦終了後のドイツと日本の封じ込め

(1) ドイツ封じ込め

第二次世界大戦後の戦後秩序の目標は、ドイツと日本を封じ込めて二度と侵略戦争を起させないようにすることであった。一九四五年五月七日にドイツは連合軍（英、米、仏、ソ連）に全面降伏した。ヤルタ会談の申し合わせで、ドイツは米・英・仏・ソ連邦の四か国に分割占領された。その後、英米仏の占領地は一九四九年五月にドイツ連邦共和国（西ドイツ）として、ソ連占領地はドイツ民主主義共和国（東ドイツ）として、それぞれ独立した。しかし実態は、一九九〇年に統一するまで、四か国の占領下にあったのである。西ドイツは一九四九年に制定された基本法（統一するまでの仮の憲法）を制定し、一九五五年の総選挙で再軍備が決まり、NATO（北大西洋条約機構、ソ連の侵攻を防御するための軍事同盟）に加盟した。

ドイツ封じ込め政策の基本は、基本法の制定に当たって、ドイツに軍事主権を与えなかったことである。最初は西ドイツに対して、基本法（憲法）の前文では「①連邦は、法律により、その主権的権利を国際機関に委譲することができる」と規定し、第24条で「世界平和の秩序維持のため主権的権利の国際機関への委譲」することが明記されている。「主権的権利」とは国家が持つ絶対権利で、軍隊に対する指揮権などを言う。この規定は占領軍が西ドイツ基本法に入れさせた規定であるが、統一後のドイツ基本法にも明記されている。

つまりドイツは、再軍備し統一した現在でも、国際機関の許可なしに自国の軍隊を動かすことはできない。ドイツとフランスは、「二度と絶対に戦争しない」という誓いをして和解しており、それを具体化したものがNATOへの西ドイツの加盟許可であり、EU（欧州連合）の形成、統一後は共通通貨ユーロの構築である。両国とも、戦争したくてもできないように制度上も和解している。

(2) 日本封じ込め

敗戦後の日本の封じ込めにあたったのは米国であり、一九四六年の新憲法の制定（翌年五月三日施行）、一九五一年九月の平和条約（サンフランシスコ条約）の締結（一九五二年四月発効）と同時に日米安全保障条約の制定である。同時に締結された日米政府間協定で、日本の政権が交代しても日米関係（主として駐留軍の治外法権）が根本的に変わらないように規定されている。さらに憲法第九条と日米同盟は、日本が再軍備をして再びアジア諸国を侵略しないように、東アジアの安全保障上の要になっている。日本が集団的自衛権の行使を容認することは、間違いなく極東アジアの安全保障に悪影響を与える。

第4節　二一世紀を生き抜く日本の国家論

1　イギリスとアメリカで顕現した新自由主義の自滅

イギリスのEU離脱をポプュリズムであると軽蔑する見方が多い。しかし私は、そう思わない。新自由主義を継続すると経済が自滅することへの危機感から、英国民が自国を救ったのである。イギリスではリーマンショック後の二〇〇八年から五年間で実質所得が八％も低下しており、移民流入による低賃金が全体の所得を抑えている。デフレの時に低賃金移民が増加すれば国民所得はさらに下がり、マイナス成長になる。経済が成長するときには低賃金の移民は労賃の高騰を抑えて経済成長に繋がるが、デフレ経済の時には逆である。新自由主義政策を継続すれば自滅するイギリスを救ったのが、国民である。新自由主義政策を採って所得格差がアメリカに次いで拡大しているイギリスでは、内需振興策を進め、移民は必要な分だけに入国させる政策に転換すべきであろう(9)。

一方アメリカでは、債務国としての国家の危機を訴え、貿易自由化がもたらす弊害を糾弾し、国内の雇用を奪うことになるＴＰＰに反対していたドナルド・トランプが大統領に当選した。彼を支持する国民は新自由主義の犠牲者たちであり、新自由主義を採り入れたレーガン政権以来三〇数年たったアメリカは、分裂国家の様相を呈し、まさに新自由主義の自滅現象が顕著になっている。

2 新自由主義理念からの決別

新自由主義理念による方針か、福祉型理念による方針か、の判断基準は、その政策や方針が、「資本の利益優先か」「従業員の利益優先か」にある。小泉構造改革以来、新自由主義理念が日本に蔓延し、さらに安倍成長戦略では、それを法制化して固定しようとしている。しかし、新自由主義の理念を強行して行けば経済が破綻し、国家が分裂して行くことがイギリスとアメリカで証明されている。したがって、現在の安倍成長戦略を停止させることが国益になるのである。

3 絶対平和主義宣言

安倍の政治理念は「新自由主義理念によるアメリカ迎合」と「集団的自衛権の行使の容認」であり、軍事面での米国従属である。この政治経済感覚は、二〇年から三〇年遅れたアナクロニズムである。二一世紀を生き抜くには、日本はどのような国家観が必要なのであろうか。

(1) 世界はGゼロ時代で米中は共存共栄

アメリカの政治学者でコンサルティング会社「ユーラシア・グループ」を率いるイアン・ブレマーは「(現在の世界では)世界秩序を維持したり、グローバルな問題を解決したりするために必要なリーダーシップを発揮できる政治力が存在しなくなった」と言い、これをGゼロ時代と表現した[10]。

オバマ政権第二期の国務長官ジョン・ケリーは、「米国は中国を必要とし、中国は米国を必要としている」(二〇一三年四月の中国訪問時)と発言し、アメリカは中国と共存せざるを得ないという現実路線を示している。こうしたなかで、日本が中国脅威論をかざして中国包囲網政策を展開すれば、日本だけが孤立して行くであろう。

(2) 絶対平和主義宣言(集団的自衛権行使の放棄宣言)

現下の国際情勢から見て、日本にとって「二一世紀を生き抜く最適な国家観」は「絶対平和主義」である。「絶対平和主義」とは、「絶対に戦争しない国」「絶対に武力を行使しない国」「絶対に武器で人を殺さない国」「自衛隊は専守防衛に限定する国」「自衛のための防衛力は強化する国(核武装はしない)」である。

そこで、「絶対に戦争をしない国、侵略をしない国、憲法第九条を遵守する国であることを国際的に確認する」ためには、日本が「永世絶対平和国家宣言」をすることが望ましい。そのためには、第一に「集団的自衛権の行使を認めた閣議決定を破棄する」、第二に「これに伴い、集団的自衛権の行使を容認した結果として法制化された部分を削除する(法律は国会で凍結し廃案にする)」。

この提案に対しては、日米安全保障条約のもとでこれが可能かどうかを疑問視する声が出てくるであろう。しかし、日本が集団的自衛権行使の一環として米軍に従軍する姿勢は、東アジアのバランス・オブ・パワーを崩すことになり、局地戦争から世界大戦に発展する危険が生じるであろう。すでに米国と北朝鮮との関係次第で、日本が破滅の危機にさらされているのであるから、米国に粘り強く折衝して、集団的自衛権の行使を停止すべきである。現在の集団的自衛権行使を容認する決議は、二〇一四年七月一日の閣議決定で行われた。そこで、今後の政権が閣議決定で「集団的自衛権行使は容認できない」と決議すれば、集団的自衛権の行使容認を拒否できる。

「永世平和国家宣言」はまさにスイスの「永世平和主義」と同じ理念である。スイスの永世平和主義の国家理念は「専守防衛が基本理念」であり、第三国での紛争には関与しない理念である。スイスはこの理念で永世中立主義を貫いている。こうすれば、中国も韓国も、そのほか多くの国々が抱いている「日本が戦前の軍国主義国家に逆戻りするのではないか」「また戦争を吹っかけてくるのではないか」という懸念を払拭することが可能になる。日米安全保障条約は維持継続する。日本は憲法第九条を堅持し、専守防衛に徹する。「第九条」はノーベル平和賞候補（二〇一四年）に挙がるほど国際的に高く評価されており、国際社会が向かう指針である。日本が「絶対平和主義」宣言をすれば、世界のどこかで紛争が起きた時には、すぐさま戦争停止と和平交渉を提言でき、国際的な平和主義国家として評価も上がるであろう。

註

（1）本山美彦『金融権力』岩波新書、二〇〇八年、一三〇—一三一頁。
（2）「ファイナンシャル・タイムス」二〇一三年一〇月一三日。
（3）David Harvey, *A Brief History of "NEOLIBERALISM*, Oxford Univ. Press, 2005.（邦訳デヴィッド・ハーヴェイ『新自由主義』渡辺治監訳、作品社、二〇〇七年）。
（4）エマニュエル・トッド、ハジェン・チャン、柴山桂太、中野剛志、堀茂樹、藤井聡『グローバリズムが世界を滅ぼす』文春新書、二〇一四年、八一頁。
（5）菊池英博、稲村公望『ゆうちょマネーはどこへ消えたか』彩流社、二〇一六年。
（6）鶴田廣巳「法人税減税は必要か—税率引き下げ競争をやめ財政基盤強化へ国際協力を」『週刊エコノミスト』二〇一四年一一月四日号。
（7）富岡幸雄『税金を払わない巨大企業』文春新書、二〇一四年（「二〇一三年三月期—二〇一四年三月期の二期分通算」の数字）。
（8）（5）参照。
（9）拙稿「私見卓見」『日本経済新聞』二〇一六年九月二六日。
（10）イアン・ブレマー『「Gゼロ」後の世界』北沢格訳、日本経済新聞社、二〇一二年。

第2章　冷戦後における「安保構造」の持続と変容

吉次公介

「希望の同盟」の虚実

二〇一五年四月、訪米した安倍晋三首相は米連邦議会で「希望の同盟へ」と題する演説を行い、安全保障関連法（以下、安保法）の整備で「日米同盟は、より一層堅固になります。それは地域の平和のため、確かな抑止力をもたらすでしょう」と述べた。冷戦終結後に「同盟漂流」が懸念された日米安保体制は、いかに「希望の同盟」と称されるに至ったのだろうか。また、日米安保体制は本当に「希望の同盟」と呼ぶほどの強固な基盤の上に立っているのであろうか。

本章は、日米安保体制の重要な柱である在日米軍の運用のあり方と、自衛隊による対米協力に焦点を当てて、冷戦後における日米安保体制の展開を跡付け、その現状と課題を明らかにするものである。

その際、冷戦期に形成された日米安保体制の構造、すなわち「安保構造」の持続と変容という観点からアプローチする。「安保構造」の要素としては、①日米安保体制の特質である「物（在日米軍基地）と人（米軍）との協力」という「非対称な相互性」、②在日米軍の事件・事故によって国民が犠牲になるという意味での「危険性」、③沖縄核密約に象徴される「不透明性」、④日米地位協定に見られる「不平等性」に注目する。[1]それによって、長いスパンのなかで、冷戦後における日米安保体制の新展開が有する歴史的意義を浮き彫りとすることができるだろう。

第1節　安保再定義と新ガイドライン

1　湾岸戦争と日米安保体制

冷戦終結後の一九九〇年八月二日、イラクがクウェートに侵攻し、世界に衝撃を与えた。一九九一年一月、多国籍軍を編成したアメリカは「砂漠の嵐」作戦を敢行し、速やかにクウェートの独立を回復した。この湾岸戦争で、アメリカにとってイラクは冷戦後の新たな脅威となった。また湾岸戦争は、日米安保体制にも重大な影響を及ぼした。栗山尚一外務事務次官は、湾岸戦争は日米安保体制にとって安保改定以来の「最初で最大の危機」であり、日本の対応次第では「日米同盟の存続」が問われる事態だったと述べている。[2]

日本政府は一九九〇年八月五日に対イラク経済制裁を決定したが、その後の対応は後手に回った。アメリカから「人的貢献」が求められる中、八月末、日本政府は一〇億ドルの拠出を決めた。護憲派の海部俊樹首相は、「武力による威嚇や武力行使からは離れたところで、西側諸国の一員として、また日米同盟の同盟国として、するべきことと、できることを実行していくしかない」として[3]、人的貢献には踏み込まなかった。一〇億ドルの拠出に対するアメリカの反応は非常に厳しく、日本は九月に三〇億ドル、さらに一九九一年一月には九〇億ドルの追加支援に踏み切った。

総額一三〇億ドルにものぼる財政支援にもかかわらず、日本はアメリカから「too little, too late（少なすぎ、遅すぎる）」と批判された。さらに戦争終結後にアメリカの新聞に掲載されたクウェート政府の感謝広告で、日本への言及がなかったことから、「資金協力だけでは国際社会から評価されない」との議論が急速に広がり、日本政府は「湾岸のトラウマ」に囚われた。ただし、本当にクウェートが日本の資金提供を評価していなかったのかは議論の余地がある。まず、クウェート政府が日本に謝意を示さなかったわけではない。また、九〇億ドルのうちアメリカが受け取ったのは一兆七九〇億円であるのに対し、クウェートには六億三千万円しか渡っていなかった[4]。さらに、ドイツは資金提供のみであり、フィリピンも多国籍軍に参加しないなど、アメリカの同盟国の対応が分かれたことも留意されてよい。

結局、日本政府は、資金提供だけでは国際社会に評価されないとして、人的貢献に踏み切る。一九九〇年九月の日米首脳会談でブッシュから日本の後方支援に期待すると告げられた海部は[5]、戦争終了後、海上自衛隊の掃海艇をペルシャ湾に派遣したのであった。これは、自衛隊にとって初めての海外派遣であり、戦後日本の安全保障政策の大転換であった。特筆すべきは、外務省に、自衛隊を出さねば日米安保体制がゆらぐとの認識があったことである。「日米同盟は、円の力だけで支えられるのか」との問題意識をもつ栗山次官は、「日本は平和をカネで買おうとする国」と思われれば、「日米同盟は形骸化することは間違いない。アメリカは、そんな国のために、いざというときに国民の血を流す気には、とうていなれないからである」との危機感を持っていた。[6]

湾岸戦争後、日本国内では、小沢一郎自民党幹事長の「普通の国」論に代表される「国際貢献」論が高まったが、それも「湾岸のトラウマ」を背景とする対米協力という側面を持っていた。[7]「国際貢献」論の高まりは、一九九二年六月の国際平和協力法に結実した。そして、一九九二年九月のカンボジアＰＫＯへの参加を皮切りに、自衛隊は海外での活動を始めたのであった。

日米安保体制史における湾岸戦争のもう一つの意義は、冷戦後の在日米軍にとって中東が極めて重要な活動領域であることを示した点である。第七艦隊、海兵隊、嘉手納の空中給油機、横田の輸送機が湾岸戦争に参加したが、日本政府が「極東」およびその周辺を超えた地域への在日米軍の出動を問題視することも、事前協議を求めることもなかった。既に、冷戦下の一九七〇年代末、イラン危機やイラン・イラク戦争の際、在日米軍の行動範囲は中東へと拡大していた。[8]湾岸戦争は、在日米軍のグローバル化を加速させるものだったが、冷戦後における在日米軍の役割について、国民的議論が高まることはなかった。

2　安保再定義

（1）「同盟漂流」への懸念

冷戦終結後、日本の政治も大きく変動した。一九九三年八月、「政治改革」を掲げた非自民の細川護熙連立政権が発足し、「一九五五年体制」が幕を閉じたのである。細川政権期、冷戦後の日米安保体制に大きな影響を与える出来事が発生した。核開発を進める北朝鮮が一九九三年三月にNPT脱退を宣言したことで緊張が一気に高まり、アメリカにとって北朝鮮がイラクと並ぶ冷戦後の新たな脅威となったのである。一九九四年春、北朝鮮攻撃を検討するアメリカは、防衛庁に内々に一〇〇〇以上の項目について協力を要請したが、日本にできることはほとんどなかった。その後、何とか危機は収束したが、日米両政府内には、朝鮮半島有事に際して自衛隊が米軍の後方支援をしなければ「日米安保同盟関係自体が維持不可能になる」との認識が広がった[9]。

非自民連立政権が瓦解すると、一九九四年六月に村山富市・社会党委員長を首班とする自民党、社会党、新党さきがけの連立政権が発足した。自社さ政権の誕生は、日本の安全保障論議を大きく変容させた。村山が国会で「自衛隊は憲法の認めるもの」と述べ、さらに「日米安保を堅持」すると明言し、「非武装中立」という社会党の方針を大転換させたからである。社会党の政策転換は、冷戦後における日米安保体制強化の背景となった。

一九九四年八月に村山に提出された細川前首相の私的諮問機関・防衛問題懇談会の報告書は、日米安保体制史における重要な節目となった。報告書が、多角的安保体制の確立の必要性を日米安保体制の強化よりも先に説いていたことに衝撃を受けたアメリカ政府が、日米安保体制強化に向けて動き始めるのである。多角的安保体制の模索は、日米安保と相反するものではなかったが、アメリカ政府内には、日本の「アメリカ離れ」を懸念する声が広がった。

深刻な貿易摩擦もあって「同盟漂流」が懸念される中、ジョセフ・ナイ国防次官補を中心に対日政策の再検討が進められ、一九九五年二月に「東アジア戦略報告（ＥＡＳＲ）」が発表された。それは、日米関係は「最も重要」であると述べ、地域の安定のためにアジア太平洋に米軍一〇万人のプレゼンスを維持することを明らかにした。ＥＡＳＲは、その後の「防衛計画の大綱」の見直し作業や、安保再定義へと結びつく、冷戦後の日米安保体制の方向性を定めるものとなった。

ＥＡＳＲ発表後、日米両政府は「安保再定義」に着手する。駐米大使となった栗山によれば、それは「『冷戦が終わったのになぜ安保条約が必要なのか』という日米両国民の疑問に答えるためのもの」であった[10]。事実、世論調査では、国民の日米安保に対する支持がやや低下していた。一九九〇年五月二九日の『朝日新聞』の世論調査では、安保条約が「日本のためになっている」とする回答は四八％に止まり、一九八八年一〇月の調査における五三％から減少していたのであった。

（2）安保再定義と新ガイドライン

安保再定義の作業が進むなか、防衛庁は、アメリカとの協議も踏まえつつ、「防衛計画の大綱」の見直しを進めた。そして一九九五年一一月、新たな「防衛計画の大綱」（以下、07大綱）が発表された。07大綱は、陸上自衛隊の定員削減などの「効率化」をはかる一方で、国際協力を重要な任務と位置付けた。また、アメリカの懸念を払拭するべく、日米安保体制の重要性を強調した。最も重要な点は、「周辺事態」が発生した場合は「日米安全保障体制の円滑かつ効果的な運用を図ること等により適切に対応」すると明記されたことであった。「周辺事態」は、この後、日米安保体制の重要なキーワードとなる。

一九九六年四月、ウィリアム・J・クリントン大統領が来日し、村山から政権を引き継いだ自民党総裁の橋本龍太郎首相と「日米安全保障共同宣言」を発表した。そこで両首脳は、日米安保体制は「アジア太平洋地域において安定的で繁栄した情勢を維持するための基礎である」と表明する。安保再定義によって、日米安保は、アジア太平洋地域の安定を維持するための「政治的、軍事的重石[11]」という、共産主義封じ込めに代わる新たな役割を与えられたのであった。

また、安保再定義には「日米防衛協力のための指針（ガイドライン）」の見直しも盛り込まれた。一九九七年九月に合意された新たなガイドライン（以下、97ガイドライン）は、日米防衛協力を①平素の協力、②日本有事、③「周辺事態」に分けたが、最も重要なのは「周辺事態」への対処であった。日本の安全に重大な影響を及ぼすような「周辺事態」が発生し、在日米軍が日米安保条約に基いて行動した場合、日本は物資の輸送や補給といった「後方支援」を実施することになったのである。これによって、旧ガイドラインで棚上げされていた「極東有事」における日米協力のあり方が定められたのであった。

97ガイドラインの決定後、その実効性確保のために、日本政府は一九九九年五月に周辺事態安全確保法をはじめとするガイドライン関連法を制定した。一九九八年八月に北朝鮮が発射した弾道ミサイル・テポドンが日本上空を横切り、太平洋に落下したテポドン・ショックが、ガイドライン関連法の成立を後押しした。「周辺」とはどこかが論点となったが、政府は「周辺」は地理的な概念ではなく、事態の性質を表すものだと説明した。この政府見解に対して、自衛隊は地球の裏側まで出動するのかとの批判が出されたが、小渕恵三首相は一九九九年一月二六日の衆議院予算委員会で、中東やインド洋は想定されないと明言した。

かくして、「物と人との協力」による「非対称な相互性」という日米安保体制の特質は「対称的な相互性」に近づいたが、ガイドライン関連法に対する日本国民の評価は割れた。一九九九年三月一九日の『朝日新聞』の世論調査では、ガイドライン関連法案に賛成が三七%、反対が四三%であった。反対の理由としては、五一%もの人が「アメリカの戦争に巻き込まれる恐れがある」と回答した。

また、安保再定義は日米中関係を緊張させた。中国は一九九二年の領海法で尖閣諸島を自国の領土と定め、その後も海洋調査活動を活発化させて日本側の反発を招いていた。日米両政府はこうした中国の動きを意識していたが、安保再定義は中国を対象としたものではなかった。だが、NATOの東方拡大への警戒感や、安保再定義の直前に台湾海峡危機が発生して米中関係が緊張したことから、中国は日米安保体制の強化に強く反発した。(12) こうして日米中は、一九九〇年代後半から、「安全保障のジレンマ」に陥ることになる。(13)

第2節　激変する米軍基地問題――普天間移設問題の始まり

1　少女暴行事件の衝撃――顕在化する「危険性」と「不平等性」

冷戦終結後、アメリカの同盟国で米軍基地問題が深刻化し、同盟体制が揺らぎをみせていた。一九八七年に民主化した韓国では、一九九〇年代に入ると米軍による犯罪への関心が高まり、二〇〇二年に米軍の装甲車が少女二名を轢殺する事件が発生すると世論が沸騰した。反基地感情の高まりを受けて、米韓両政府は二〇〇一年に四〇〇〇万坪以上の米軍基地を返還することに合意し、二〇〇五年には梅香里射撃場が閉鎖された。フィリピンでも一九九一年に調印された米比友好協力安全保障条約を上院が批准せず、クラーク、スービック両基地が返還された。イタリアでも、一九九八年に米軍機がゴンドラのケーブルを切断してスキーヤー二〇名の犠牲を出したことで、反基地感情が高まった。

そうした中、一九九五年九月、沖縄で米海兵隊員三名が白昼に女子小学生を暴行するという凶悪犯罪が発生し、沖縄県民はもとより多くの日本国民が激怒した。アメリカ側は謝罪したものの、地位協定を根拠として被疑者の引渡しを拒否した。米軍基地の「危険性」と地位協定の「不平等性」を白日の下に晒したこの事件によって、米軍基地問題は激変することになった。ＥＡＳＲ以来、在沖米軍基地の固定化への懸念を強めていた大田昌秀沖縄県知事は、九月、駐留軍用地の強制使用にかかわる調書への代理署名拒否を表明し、日本政府への抵抗に打って出た。県と政府の協議は不調に終わり、村山首相が大田を提訴する事態となった（この裁判は、一九九六年八月に政府側が勝訴した）。また、一〇月に開催された県民大会には八万五〇〇〇人もの県民が参加し、県内では、米軍基地の整理縮小と地位協定改定を柱とする「負担軽減」要求がかつてないほど高まった。

危機的状況に直面した日米両政府は、まず地位協定の運用改善に取り組んだ。「日米関係をもう少し平等、主体的な立場に立って自主的にやれる方向」に進めるべきだと考えていた村山は地位協定改正に前向きだったが[14]、河野洋平外相は消極的であった。ウォルター・モンデール大使に「協定改定を何度も申し入れたが『絶対にできない』との返事だった」と河野は振り返っている[15]。一〇月、日米は、重罪に限って日本側への早期身柄引き渡しを認めるとの運用改善で正式に合意したが、運用改善という消極的な対応に批判が集中した。また、「危険性除去」のための取り組みとして、日米は、在沖米軍基地の整理・縮小について議論する「沖縄に関する特別行動委員会（ＳＡＣＯ）」を設置した。

日米両政府の取り組みにもかかわらず、日米安保体制への国民の支持は低下した。一一月一二日の『朝日新聞』の世論調査では、日米安保条約の維持に「賛成」との回答は六四％に止まった。日米安保が「日本のためになっている」との回答は四二％であり、九二年調査の五二％から一〇％も下落した。他方、多くの国民が「負担軽減」を求める沖縄の声に共感を示した。

2　普天間移設の合意と「たらい回し」への反発

橋本首相は、沖縄米軍基地問題に強い関心を寄せ、精力的に取り組んだ。焦点は、米海兵隊普天間基地の返還であった。大田との会談を経て、橋本は普天間返還を考慮するようになったが、外務省や防衛庁は日米関係を損なうとして反対であり、官邸も慎重論が大半であった。結局、一九九六年二月のサンタモニカでの日米首脳会談の最後に、クリントンが沖縄について率直な話を聞きたいと水を向けた際、橋本は「咄嗟の判断」で普天間返還に言及した。アメリカ側は橋本が普天間返還に言及することを予想していたらしく、クリントンは驚くこともなく聞いていたという。[16] そして、四月一二日、橋本とモンデールは、沖縄県内での代替施設建設を条件として、普天間基地を返還するとの合意を発表した。代替施設の建設地が論点だったが、一二月のＳＡＣＯ最終報告は沖縄県の東海岸を候補地とし、一九九七年一一月に政府は名護市辺野古への移設方針を表明したのであった。

普天間返還合意は沖縄県民にとって朗報ではあったが、県内移設は「基地のたらい回し」に他ならず、名護市では受け入れの是非をめぐり議論が混乱した。一九九七年一二月に実施された名護市住民投票では受け入れ反対が多数を占めたが、比嘉鉄也市長は代替施設受け入れを表明して辞任する。比嘉の辞任後、大田は受け入れに反対する意向を表明したが、一九九八年二月の市長選では、受け入れ賛成派の岸本建男が当選した。一九九八年の沖縄県知事選挙では、辺野古への移設を容認する稲嶺惠一が、自民党の支持を受けて大田を破った。二〇〇〇年七月、小渕首相の尽力で沖縄サミットが開催され、クリントンが沖縄を訪問したが、新たな動きにはつながらなかった。

3　広がる本土と沖縄の「温度差」

普天間返還の発表後も多くの国民が「負担軽減」を求める沖縄側の姿勢に理解を示した。大田は、「負担軽減」策の一環として海兵隊の撤退を求めるが、一九九七年四月二六日の『朝日新聞』の世論調査では、大田の姿勢を支持するとの回答が八〇％に達した。

だが、時間の経過とともに世論に変化が生じる。まず、日米安保への国民の支持が回復に向かった。一九九七年五月一二日の『朝日新聞』の世論調査では、日米安保の維持に「賛成」との回答が七六％となり、一九九五年一一月の調査より一二％も上昇した。また、米軍基地問題に関する本土と沖縄の「温度差」が広がり始めた。一九九七年三月二六日の『読売新聞』の社説が、不安定要因が多いアジア太平洋地域で「有力な抑止力である在日米軍の削減を唱えるのは、冷静で現実的な判断とは言えない」と主張し、米海兵隊の削減を求める沖縄県側の姿勢を「情緒的な反応」と批判したのは、象徴的であった。米軍基地周辺住民の米軍削減要求を「情緒的」と批判し、抑止力を理由に米軍削減に反対するなど、本土の基地被害が深刻だった冷戦期には見られなかった論調であった。

かつては、日本本土においても膨大な米軍基地が存在し、深刻な基地被害が広がっていた。冷戦後も被害がなくなったわけではないが、米軍基地の整理・縮小が進んだ本土では米軍基地問題は後退していた。そうしたなかで沖縄の基地被害がクローズアップされたため、米軍基地問題が沖縄固有の問題であるかのように見なされたのであった。

第3節「テロとの戦い」と日米安保体制

1　9・11とテロ特措法

二〇〇一年九月一一日、アメリカで同時多発テロが発生し、ジョージ・W・ブッシュ大統領は「テロとの戦争」を宣言した。犯行グループのアルカイダが潜むアフガニスタンへの報復攻撃を考えるアメリカは、日本にも協力を求めてきた。その際、アメリカ政府関係者が用いた「ショウ・ザ・フラッグ」という言葉が、人的貢献を求めるアメリカの姿勢を象徴する言葉として広がった。外務省では「湾岸を繰り返すな」が合言葉になり、外務省幹部は「日米関係にとって最終テストになる」との危機感に突き動かされた[17]。「日米関係が良ければ良いほど、中国、韓国、アジア諸国をはじめ世界各国と良好な関係を築ける」との信念を持つ小泉純一郎首相は[18]、迅速に対米支持を表明し、海上自衛隊派遣を含めた「七項目の措置」を九月一九日に発表した。そして、九月に訪米した小泉は、新法制定による自衛隊の後方支援を表明し、ブッシュもそれを歓迎した。小泉の側近だった飯島勲の眼には、この会談で両首脳の「緊密な関係は決定的なものとなった」と映った[19]。

アフガニスタンのタリバン政権が、同時多発テロの容疑者であるビン・ラディンとアルカイダのメンバーの身柄引き渡しを拒否したため、一〇月八日、アメリカはアフガニスタンへの攻撃を開始した。小泉はブッシュにアメリカを支持する考えを伝え、二九日には立法まで二七日間、わずか六二時間の審議でテロ対策特別措置法を成立させた。この法律に基づき、アメリカをはじめ各国の艦船への給油のために海上自衛隊がインド洋に向かい、二〇〇三年にはイージス艦も派遣された。また、航空自衛隊の輸送機も輸送任務にあたった。外務省によれば、テロ特措法による協力は「日米同盟の強化という観点からも大きな意義を有している」のであった[20]。テロ特措法は、戦後復興支援を目的とするPKO法とも、日本「周辺」を対象とする周辺事態法とも異なるものであった。十分な議論を経ることなく、日本は「周辺」を超えたインド洋で、有事における自衛隊の対米協力に踏み込んだ。これは、自衛隊の米軍に対する後方支援がグローバル化する端緒となった。

日本の対米協力は、海上自衛隊のインド洋派遣だけではなかった。まず、同時多発テロの一〇日後にキティホークが横須賀を出港する際、アメリカの求めに応じて、海上自衛隊の護衛艦が随伴した。これは、集団的自衛権の行使にあたるおそれがある行為だったが、防衛庁は、防衛庁設置法の「調査・研究」に基づく行動だと強弁した。また日本は、アフガニスタン戦争にあたり、事前協議なしに空母キティホーク戦闘群が横須賀から出撃することを容認した。さらに、パキスタンなどアフガニスタン周辺国に対する緊急経済援助も、対米協力の一環として実施された[21]。

2　イラク戦争とイラク特措法

北朝鮮、イラン、イラクを「悪の枢軸」と呼んだブッシュ政権は、二〇〇三年三月、大量破壊兵器の拡散防止という名目で、イラク攻撃に踏み切った。アメリカの軍事行動の国際法上の正当性が疑われたため、世界各地で反戦・反米デモが拡大し、日本でもアメリカへの批判が高まった。だが、小泉は即座にアメリカ支持を打ち出し、武力行使への不参加と戦後復興への協力を表明した。また、横須賀のキティホーク、沖縄の海兵隊、三沢のF16戦闘機部隊などがイラクに出撃したが[22]、小泉は問題視しなかった。国会で、キティホークの出動は事前協議の対象ではないかとの質問が出たこともあったが、小泉は在日米軍の「移動」にすぎないとかわした[23]。アメリカにとって死活問題であり続けてきた在日米軍基地の自由使用は、冷戦後も維持されたといえよう。

戦闘は短期間で終わったが、大量破壊兵器は発見されず、アメリカがイラクを攻撃した正当性と戦争の大義は失われた。それでも、日本はアメリカを支え続けた。二〇〇二年一〇月の日米安全保障事務レベル協議で、リチャード・ローレス国防次官補代理は「ブーツ・オン・ザ・グラウンド」と発言し、自衛隊のイラク派遣を求めた[24]。二〇〇三年五月の日米首脳会談では、ブッシュが「目に見える貢献」を要求し、小泉は「国力にふさわしい貢献」を約した。両者は「世界の中の日米同盟」の強化で一致したのであった[25]。

そして二〇〇三年七月、イラク復興支援特別措置法が成立した。憲法とのかねあいから、イラクでの自衛隊の活動は、現に戦闘が行われておらず、今後も戦闘行為が行われないと認められる「非戦闘地域」に限定され、武器使用は正当防衛および緊急避難に該当するときのみに許された。かくして、国連の要請も、受け入れ国の同意も、停戦合意もない外国領域で初めて自衛隊が活動することになった。イラク特措法は「対米支援法」だと批判されたが、政府はイラク復興支援に関する安保理決議を前面に押し出し、国際社会の総意に基づく支援だと反論した[26]。国会では「非戦闘地域」

とはどこかが厳しく問われたが、小泉は「私に聞かれたって分かるわけない」、「自衛隊の活動している地域は非戦闘地域」と開き直った[27]。そもそも、「戦地」であるイラクに戦闘地域と非戦闘地域があるといった議論に合理性はなかった。

アメリカのイラク攻撃の正当性が失われてもなお、日米同盟を重視する小泉は自衛隊のイラク派遣にこだわった。また、電撃的な小泉訪朝で一定の前進があったとはいえ、北朝鮮の核開発や拉致問題をめぐって日朝関係が停滞する中、日本がアメリカを支援しなければ、北朝鮮問題でアメリカの協力が得られないとの考えが、小泉や政府関係者にはあった[28]。だが、朝鮮半島有事でアメリカが日本を助けるとすれば、それがアメリカの国益にかなうからであり、日本のイラク支援とは直接関係しないはずであった。

国内での批判を押し切って、小泉は自衛隊の派遣に踏み切った。小泉は当初、米軍の後方支援を想定していたが、世論の批判を受けて、人道的な復興支援が自衛隊の任務となった。二〇〇三年一二月に航空自衛隊の先遣隊が出発し、二〇〇四年一月以降に航空自衛隊と陸上自衛隊の本隊が出発した。陸上自衛隊はサマワに駐屯し、航空自衛隊は日本からの支援物資だけでなく、多国籍軍要員の輸送を行った。のべ五五〇〇名の自衛官が参加した自衛隊のイラク派遣は、これまでにないほどリスクが高く、『朝日新聞』や『毎日新聞』の世論調査では反対が賛成を上回ることが多かった[29]。小泉はイラクへの自衛隊派遣の必要性について、日米同盟と国際協調という言葉をくり返したが、説明責任を果したとはいえなかった。

アメリカの占領が終わり、主権がイラクに委譲されると、米英豪比韓などが参加する多国籍軍が編成された。憲法との整合性を考慮して、これまで自衛隊が多国籍軍に参加したことはなかったが、二〇〇四年六月にブッシュと会談した小泉は、ODA活用と自衛隊のイラク駐留継続・多国籍軍参加でイラク再建に協力する意向を示し、ブッシュもそれを高く評価した。そして小泉は、「イラクが自らの力で立ち上がろうとする時に多国籍軍だから参加してはいけないという理由にはならない」として、多国籍軍への自衛隊の参加を閣議決定したのであった。[30]

自衛隊のイラク派遣は単なる国際貢献ではなく、「日米同盟強化のための方策」であった。[31] 独仏などイラク復興支援に参加しない同盟国がある中、日本の協力はアメリカにとって大きな助けであった。また、「テロとの戦い」を通じて自衛隊の後方支援が中東に拡大し、自衛隊と米軍の統合運用に弾みがついたことは、日米安保体制がさらなるグローバル化に向かう「安保再々定義」というべき重大な意味を持っていた。[32] さらに、山口昇・元陸上自衛隊研究本部長によれば、対テロ戦争への自衛隊の参加は「日米同盟に固有の非対称性をできるだけ是正」する「同盟の『拡大均衡』」であった。[33] 小泉政権の対米協力で、「非対称な相互性」という日米安保体制の特質は、「対称的な相互性」へとさらに近づいたといえる。

小泉政権の前のめりの対米協力にもかかわらず、日米安保に関する世論が大きく悪化することはなかった。だが、アメリカが「誤った戦争」に踏み切った場合における対米協力の是非という重大な課題について、十分な国民的議論はなされないままであった。

3　ブッシュ政権の世界戦略と日本

(1)「パワー・シェアリング」の模索

ブッシュ政権の対日政策は「テロとの戦い」に大きく規定されたが、その原型は、知日派として知られるリチャード・アーミテージ元国防次官補が二〇〇〇年一〇月に公表した「アーミテージ・レポート」に求められる。そこでアーミテージは、日米安保体制を強化するために集団的自衛権の行使や有事法制の整備、ミサイル防衛協力の拡大などを要求し、日米関係を「バードン・シェアリングから、パワー・シェアリングへ」転換させるべきだと説いたのであった。アーミテージは国務副長官としてブッシュ政権に参画し、対日政策に深く携わる。

「アーミテージ・レポート」に歩調を合わせるように、小泉は、テロや北朝鮮の不審船問題を念頭に置いて、「備えあれば憂いなし」の掛け声の下、二〇〇三年六月に有事関連三法を成立させた。二〇〇四年六月には、自衛隊による米軍への役務・物品の提供、土地の提供などを可能とする米軍行動関連措置法を含む有事関連七法が成立した。外務省によれば、有事法制は97ガイドラインの実効性を確保するめの方策であり、日米安保体制の信頼性を向上させるものであった[34]。

また、二〇〇三年一二月、日米安保体制の効果的な運用に寄与するとして、小泉政権は弾道ミサイル防衛（ＢＭＤ）の導入を決めた。ミサイル防衛は相互確証破壊を崩し、軍拡競争につながるとの批判があったが、小泉政権にとってＢＭＤ導入は「同盟のシンボル」であった[35]。二〇〇四年一二月に見直された「防衛計画の大綱」（16大綱）は、日米安保体制の重要性を指摘すると同時に、新たな脅威や多様な事態への実効的対応を高めるためにゲリラ、島嶼防衛等への備え、そしてミサイル防衛に重点を置くことを明らかにした。

こうした小泉政権の取り組みを、アメリカも歓迎した。二〇〇六年六月、最後の訪米で小泉はブッシュと「新世紀の日米同盟」を発表し、「21世紀の地球的規模での協力のための新しい日米同盟」を宣言した。両首脳は、弾道ミサイル防衛、有事法制、「テロとの戦い」やイラク復興支援など「幅広い地球的規模の活動」で日米関係が強化されたことを高く評価したのであった。

小泉政権による日米安保体制の強化は、日米中関係にいかに作用したのだろうか。小泉政権の前半期、九・一一後の米中関係の好転もあり、安全保障問題における中国の比重はさほど大きくなかった[36]。だが、二〇〇四年に入ると、尖閣諸島への中国人活動家の上陸や、中国軍潜水艦による領海侵犯が発生し、日中関係は厳しさを増した。二〇〇五年二月の日米安全保障協議委員会（2＋2）の共同声明では、台湾海峡問題と中国軍の近代化が、日米が対応すべき問題として初めて明記された。中国はこの共同声明に強く反発したが、台湾海峡をめぐる日米安保関係の強化は、歴史問題を凌ぐ「もっともセンシティブな問題」であった[37]。また、中国の軍事的台頭に言及した16大綱やBMDも中国の日米に対する警戒感を高めさせ[38]、日米中の「安全保障のジレンマ」は解消されないままであった。

(2) 米軍再編

ブッシュ政権が軍事技術革命（RMA）を踏まえた「テロとの戦い」への対応として、世界規模での米軍再編に乗り出したことも、日米安保に大きな影響を及ぼした。米軍再編は、機敏で柔軟な世界展開を可能とする能力が重要であるとの認識に基づいており、在日米軍も地球規模の活動を担うことが期待された。また、米軍再編は日米安保体制の強化や沖縄の米軍基地問題と結びついた。二〇〇四年に沖縄国際大学に米軍ヘリが墜落する事件が発生し、米兵による殺人や放火も続発するなか、日米両政府は米軍再編の文脈のなかに沖縄の基地問題を位置づけ直したのであった。

二〇〇五年一〇月、日米は2＋2で「日米同盟：未来のための変革と再編」に合意し、日米安保体制が「世界における課題に効果的に対処する上で重要な役割」を果たしていると宣言した。また、「周辺事態」や日本防衛に備えて、日本が16大綱に沿って防衛態勢を強化し、かつ「日本の有事法制に基づく支援を含め、米軍の活動に対して、事態の進展に応じて切れ目のない支援を提供する」ことが明記された。在日米軍の再編については、キャンプ座間の司令部機能強化、空母艦載機の厚木から岩国への移駐、普天間基地の辺野古への移設、在沖海兵隊のグアム移転、沖縄における嘉手納以南の基地の返還、などが盛り込まれた。外務省によれば、この日米合意は、日米安保体制の「基盤を更に固めるとともに、日米同盟の今後の方向性を明らかにするもの」であった[39]。続いて二〇〇六年五月に「再編の実施のための日米ロードマップ」が合意され、二〇〇九年には在沖海兵隊のグアム移転に関する協定が成立した。

だが、米軍再編にはいくつかの大きな問題点があった。第一は、嘉手納以南の米軍基地の返還や海兵隊のグアム移転が、普天間基地の辺野古移設と「パッケージ」とされた点である。それゆえ、普天間移設が難航した結果、沖縄の「負担軽減」は一向に進まなかった。第二は、七〇〇〇億円を超えるとされる海兵隊のグアム移転の負担を、アメリカが日本に求めてきたことであった。第三は、米空母艦載機の移駐先となった岩国など「負担増」となる自治体や地域住民が激しく反発したことである。

ところで、米軍再編と直接の関係はないが、二〇〇八年にジョージ・ワシントンが原子力空母として初めて横須賀を母港とした。一九六四年の原子力潜水艦寄港、一九六七年の原子力空母の寄港などを通して、日米両政府は日本国民の「核アレルギー」緩和に努めてきた。そして、一九七四年の空母横須賀母港化を経て、ついに原子力空母の横須賀母港化が実現したのである。これは、在日米軍基地の自由使用を追求してきたアメリカにとって、重要なメルクマールであった。神奈川県や横須賀市は当初、原子力空母の母港化に反対したが、国民の関心は低かった。なお、二〇一五年一〇月には、原子力空母ロナルド・レーガンが横須賀に配備された。

第4節 「安保構造」への挑戦と挫折──民主党政権下の日米安保体制

1 「対等」な日米関係の模索

二〇〇九年の総選挙で民主党が地滑り的勝利を収め、鳩山由紀夫政権が発足した。鳩山は、一〇月の所信表明演説で「日本の側からも積極的に提言し、協力していける」ような「緊密かつ対等な日米同盟」をめざすと明言した。鳩山政権は、「不平等性」という「安保構造」の歪みを是正しようとしたといえるが、そこには、自民党政権の「対米追随」への批判のみならず、「対米自主」や日米「対等」を志向した祖父・鳩山一郎首相の影響もあったであろう。日米「対等」は自民党政権も掲げてきたスローガンだが、鳩山が、従来の「アメリカ追随型外交」を反省し、「いままでのような依存型外交ではなくて、自立型外交」をめざすべきだと論じていたため[40]、外交方針の転換があるのではないかと注目された。

鳩山は、日米安保は「日本外交の基軸」だと考えていたが[41]、鳩山政権発足後、日米関係は刺々しいものとなった。まず、後述のように、普天間移設問題が日米間の軋轢を引き起こした。また、鳩山が提唱する「東アジア共同体構想」がアメリカとの摩擦の種となった。この構想は、鳩山にとっては、アジア重視の表れであり、アジア諸国の信頼醸成をはかることで在沖米軍基地の縮小にも寄与しうるものだったが、中韓やＡＳＥＡＮを連携対象としたため「米国外し」の懸念を招いた[42]。加えて、鳩山政権が新テロ特措法の延長を行わず、二〇一〇年一月に自衛隊によるインド洋での給油活動が終了したことも、アメリカにとって歓迎すべきことではなかった。

2　密約の解明――「不透明性」の是正

鳩山政権は、沖縄返還時に交わされた沖縄核密約に象徴される「密約問題」の解明に取り組んだ。「開かれた外交」を掲げた岡田克也外相は、自民党政権が決して認めなかった「密約問題が国民の外交に対する不信感を高めており、日本の外交を弱くしている」と考えた。岡田にとって、密約問題は「国民の理解と信頼を基礎とする外交の展開にとって、まず解決すべき問題」であった[43]。だが、米政府内の対日政策担当者らは、民主党政権は「日米同盟を一体どの方向に持っていくつもりなのか」と憂慮していた[44]。二〇〇九年九月に岡田と会ったカート・キャンベル国務次官補は、密約調査について「いまの運用に影響があると困る」との懸念を表明した。岡田も、密約調査について「疑心暗鬼」となったアメリカが「新政権や私に対する不信感を持ち、密約問題の調査意図を勘ぐる局面も、あったかもしれない」と振り返っている[45]。

二〇一〇年三月、密約調査に関する有識者委員会が報告書を公表し、密約問題はかなり解明された。民主党政権は「不透明性」の是正に重要な成果を残したといえるが、密約にまつわる問題がすべて解決したわけではなかった。まず、将来における米軍による日本への核持ち込みについて、岡田は「時の政権が政権の命運をかけて判断すること」と述べ、その可能性を否定しなかった。また、一九六〇年に作成された日本への核兵器搭載艦の寄港に関する密約文書については、米国務省当局者が「文書を正式に破棄したわけではない」と述べ、岡田も「基本的に有効」と発言したのであった[46]。

3　普天間移設をめぐる迷走――「危険性」の継続

鳩山政権は、普天間基地を「最低でも県外」に移設するとの方針を掲げ、「危険性」という「安保構造」にも挑戦した。だが、辺野古への移設を既定路線と考えるアメリカ政府は、鳩山政権に不信感を抱いた。二〇〇九年一〇月に来日したロバート・ゲーツ国防長官は、鳩山らに辺野古への移設の必要性を強調した。一一月の日米首脳会談では、バラク・オバマ大統領が鳩山に現行案の推進を強く求めた。「必ず答えを出すので、私を信頼して欲しい（trust me）」とのオバマに対する鳩山の発言も空しく、鳩山政権は迷走する。まず、岡田や北沢俊美防衛相が辺野古移設に傾いていく。また、平野博文官房長官が徳之島への移設を模索したが、地元の猛反発などで挫折した。

結局、鳩山は二〇一〇年三月、「最低でも県外」発言を撤回して県内移設を明言し、仲井眞弘多知事に辺野古への移設方針を伝達した。五月の日米「共同発表」では辺野古移設推進が明記され、さらに鳩山政権は辺野古への移設を閣議決定した。鳩山は「『できる限り県外』という言葉を守れなかったことを、心からおわびしたい」と陳謝したが[47]、鳩山の変心は民主党政権にとって計り知れない打撃となった。

まず、辺野古移設に反発した社民党が、連立政権から離脱した。また、辺野古への回帰にあたり、鳩山が「学べば学ぶにつけ、海兵隊のみならず沖縄の米軍が連携して抑止力を維持していると分かった。浅かったと言われれば、その通りかもしれない」と発言したことで、首相としての資質が厳しく問われた[48]。最も深刻だったのは、鳩山に期待を寄せた沖縄県民の失望が非常に大きく、民主党政権への信頼が失墜したことである。仲井眞と政府の対話も困難を極めた。二〇一〇年の知事選で、選対本部長の翁長雄志那覇市長の進言をうけて、「県外移設」を公約に掲げて再選を果たす仲井眞は、辺野古への移設を簡単に受け入れなかった。

4　沖縄の犠牲による対米関係の修復

普天間移設問題での迷走と、首相自身の政治資金問題で鳩山が退陣すると、菅直人政権が発足した。菅は、就任後初の所信表明演説で「日米同盟を外交の基軸」とすると明言し、普天間の辺野古移設を推進する立場をとり、日米関係の修復に乗り出す。二〇一〇年一一月の日米首脳会談では、菅はオバマに「米国の存在、米軍のプレゼンスがこの地域で重要」と発言し、日米安保の意義を確認した[49]。二〇一一年三月の東日本大震災にあたり、米軍が被災地を支援する「トモダチ作戦」を実施したことも、日米関係の修復に寄与した。

菅の後を襲った野田佳彦首相は、韓国の李明博政権の対日強硬姿勢や、尖閣諸島国有化による対中関係悪化などに直面し、東アジア外交で苦しんだ。玄葉光一郎外相とヒラリー・クリントン国務長官のケミストリーの良さもあり日米関係は安定したが、問題はやはり沖縄であった。玄葉は「踏まれても蹴られても誠心誠意」沖縄に向き合うと発言し[50]、沖縄問題への意欲を示した。二〇一二年二月には、普天間移設と嘉手納以南の基地返還を「パッケージ」として進める従来の米軍再編計画が見直され、普天間移設の進捗状況とは無関係に嘉手納以南の基地の返還を進める「パッケージの切り離し」が行われたのであった。

また、二度にわたって、地位協定の運用改善が行われた。まず、二〇一一年一一月、在日米軍基地で働く軍属の公務中の犯罪に関し、米国が刑事訴追をしなかった場合、日本側が第一次裁判権を行使できるようになった。一二月には、公の催事における飲酒の場合も含め、飲酒後の自動車運転はいかなる場合であっても公務として取り扱わないよう、過去の日米合同委員会合意を改正した。これまでは、軍人・軍属が公的行事で飲酒した後の飲酒運転で起こした交通事故は「公務中」と見なされ、日本側が裁判権を行使することができなかったのである。

それでも、沖縄側の政府に対する不信感が払拭されることはなく、「危険性」除去も進まなかった。まず、仲井眞や辺野古への新基地建設に断固反対する稲嶺進名護市長の抵抗で、普天間移設は一向に進展しなかった。さらに、二〇一二年一〇月、開発段階で多くの犠牲者を出し、安全性に大きな疑念が持たれる新型輸送機オスプレイが、沖縄県民の強い反発を押し切って普天間基地に配備された。前原誠司前外相が「万一のことがあれば日米同盟が大きく傷つく」と森本敏防衛相に伝えたこともあったが、野田は「配備は米政府の方針でどうしろこうしろという話ではない」と突き放した。[51]

二〇一二年九月一二日の『ニューヨーク・タイムス』が「傷口に塩をすり込む行為」と論じるなどアメリカ国内にも慎重論があったが、日米両政府は、オスプレイの安全性は確保されており、その配備で抑止力が高まると強調した。だが、ほとんどの県民はオスプレイの危険性への懸念を払拭できなかった。さらに、輸送機にすぎないオスプレイがどの程度抑止力の強化につながるかは不明であった。

民主党政権期、普天間返還は進まず、むしろオスプレイの配備で県民の生命・財産に対する「危険性」は増した。菅、野田政権期の日米関係の安定は、沖縄の犠牲に基づくものだったといえる。「不平等性」「危険性」「不透明性」という「安保構造」を変革しようとした民主党政権の挑戦は、「不透明性」是正では成果を挙げたものの、大部分において挫折したのであった。

第5節　集団的自衛権の行使へ

1　集団的自衛権の行使容認

二〇一二年の総選挙で民主党は大敗を喫し、自民党が公明党と連立を組んで政権に復帰した。二〇〇六年の首相就任時に完遂できなかった「戦後レジームからの脱却」をめざす安倍晋三首相は、集団的自衛権の行使容認で日米安保の「双務性」を高め、日米同盟を「対等」にしようと考えた[52]。そして安倍は、安全保障環境の悪化を強調して、「積極的平和主義」のレトリックのもとで憲法解釈を変更し、集団的自衛権の行使容認へと突き進んだ。ただし、第二次政権が発足した後、安倍の口から「戦後レジームからの脱却」や「日米対等」という言葉はほとんど聞かれなくなった。安全保障環境の悪化を強調したほうが、集団的自衛権の行使に対する国民の理解を得やすいと判断したのであろう。

二〇一〇年代を迎えると、日本政府や多くの国民は中国の脅威を深刻なものと受け止めるようになる。まず、二〇〇一年から二〇一五年までの一五年間で六倍以上も増えた中国の国防費に注目が集まった。また、二〇一〇年になると中国は南シナ海の問題を妥協の余地のない「核心的利益」と位置づけ、強硬な態度をとるようになった[53]。さらに中国は二〇一二年秋頃から尖閣諸島への領海侵入を常態化させ、二〇一三年四月には尖閣諸島を「核心的利益」と公式に位置付けた[54]。そして野田政権による尖閣国有化で、日中対立の先鋭化が決定的となった。こうした中国の海洋進出は、日本の関心を南西諸島防衛へと向かわせ、オバマ政権によるアジア重視の「リバランス（再均衡）」の伏線となり、「中国自身が自国にとって回避したかったシナリオを導いてしまった」とも指摘される[55]。他方で、北朝鮮も瀬戸際外交を継続しており、日本政府はもとより、国民も北朝鮮を脅威とみなし続けた。

第二次安倍政権は、精力的に安全保障政策の見直しを進めた。二〇一三年一二月の国家安全保障会議（日本版NSC）設置を皮切りに、武器輸出三原則の見直しを行い、ODA改革では軍への支援に道を開いた。そして二〇一四年七月、ついに憲法解釈を変更し、集団的自衛権の行使を限定的に容認するとの閣議決定を行った。多くの国民が戦争に「巻き込まれる恐怖」を感じたが、安倍は、閣議決定後の記者会見で「外国を守るために日本が戦争に巻き込まれる」ことはあり得ないと述べた。

驚くべきことに、政府は集団的自衛権行使の合憲性の根拠として「砂川判決」を持ち出した。砂川判決とは、一九五〇年代に東京の米軍立川飛行場の拡張反対運動が激化した際に、最高裁判所で安保条約に基づく米軍基地の合憲性が問われたものであり、集団的自衛権の行使が争点になったものではない。しかも、米軍基地が違憲となることを恐れたダグラス・マッカーサー二世駐日大使が藤山愛一郎外相や、裁判長として判決を出した田中耕太郎最高裁長官に働きかけを行い、田中もマッカーサー大使に裁判の見通しを語っていた[56]。アメリカ側の介入で司法の独立が脅かされたおそれがある、いわくつきの判決を根拠とせざるをえないほど、安倍政権は苦しい立場にあったといえよう。

従って、安倍政権が憲法学者や司法関係者などから「憲法違反」「立憲主義の破壊」との強い批判を浴びたのは当然であった。二〇一四年六月二四日の『朝日新聞』の世論調査では、憲法解釈の変更の進め方は「適切」だとする回答が一七％、「適切ではない」との回答が六七％、また集団的自衛権の行使容認に「賛成」は二八％、「反対」は五六％であった。安倍政権は、集団的自衛権に関する国民的合意の形成に失敗し、国論を分裂させたのであった。

2　ガイドライン改定と平和安保法制

二〇一五年四月、ニューヨークで開催された2＋2でガイドラインが一八年ぶりに改定された。日本側の主な狙いは、尖閣諸島周辺での活動をはじめとする中国の海洋進出を牽制することであった。他方、同盟国の安全保障上の役割を強化する方針を示し、二〇一一年からアジア重視の「リバランス（再均衡）」を掲げるオバマ政権も、日本の役割拡大を歓迎した。新たなガイドライン（15ガイドライン）の主な内容は、①日本防衛について、平時から有事に至るまで「切れ目のない」対応をする、②「重要影響事態」において、自衛隊は地理的制約なしに米軍の後方支援を行う、③「存立危機事態」では日本は集団的自衛権を行使する、というものであった。

15ガイドラインで重要なのは、自衛隊の米軍に対する後方支援が地理的制約なしに地球規模で実施できるようになり、在日米軍の活動範囲、自衛隊の後方支援の両面において日米安保がグローバル化したことであった。また、限定的な集団的自衛権の行使で、自衛隊による米艦防護や機雷掃海などが可能となったため、日米安保体制の「非対称性」がさらに変質し、「対称性」へと近づいた点も見逃せない。他方で、憲法とのかねあいで集団的自衛権がフルスペックで認められたわけではなく、集団安全保障への自衛隊の関与が認められたわけでもないため、日米安保体制が「人と人との協力」による「対称的な相互性」へと完全に変質したとはいえなかった。

二〇一五年九月、安倍政権は15ガイドラインを実行するための国内法として、安保法すなわち重要影響事態法、武力攻撃・存立危機事態法、国際平和支援法、改正ＰＫＯ法などを成立させた。これで、「戦後レジームからの脱却」を目指す安倍にとって、残された課題は憲法改正という「本丸」だけとなった。

安倍政権は一連の取り組みで日米安保体制が強化され、抑止力が高まったと強調したが、重大な問題点を見逃してはならない。第一に、集団的自衛権の行使について国民的合意を得られていない。多くの学者、元内閣法制局長官や元最高裁判事などの司法関係者、若者が安保法に反対を表明した。九月二一日の『毎日新聞』の世論調査では、安保法成立を「評価しない」との回答が五七％、「評価する」は三三％にとどまった。

第二に、ベトナム戦争やイラク戦争のようにアメリカが「誤った戦争」を起こした場合、日本がどう対処するかについての国民的議論が深まっていない。このままでは、アメリカの「誤った戦争」に日本が協力し、違法な武力行使に踏み切ってしまう可能性も排除できない。柳井俊二元駐米大使は、アメリカが不適切な要求をしてきた場合には、日本が「主体的に決めればいいだけだ」と述べている。(57) だが、日米安保の歴史を振り返ると、アメリカの求めに応じて日本は対米協力を拡大させてきたのであり、現在の「歯止め」が将来も維持される保証はない。国民に対する説明責任を果たさず、密約でアメリカに協力してきた経緯もある。ベトナム戦争の際、「米国が困っているのに、日本がそっぽを向くことにより、日米安保体制にひびが入るということが心配」だとの理由で、「おつきあい」として対南ベトナム援助に踏み切ったように[58]、日米安保体制を守ることを最優先とした対応をとる可能性は本当にないのだろうか。

第三に、日米安保体制の「不透明性」が高まった。二〇一三年に安倍政権は、国家安全保障会議でアメリカなど他国との情報共有を強化するために特定秘密保護法を成立させた。そして政府は、自衛隊と米軍の連携を強化するために安保法と特定秘密保護法を一体運用する方針だといわれる。

第四に、日米安保体制の強化は日本の安全保障環境を好転させていない。集団的自衛権行使容認の閣議決定以後、中国の海洋進出や北朝鮮の挑発的態度が止むことはなく、むしろエスカレートしている。日米安保の強化に加えて、二〇一四年のフィリピンへの米軍回帰、二〇一六年の最新鋭ミサイル防衛システムＴＨＡＡＤの韓国配備決定など、アメリカはアジアの同盟体制を強化しているが、北朝鮮や中国との関係をいかに安定させ、「安全保障のジレンマ」を回避するかの展望は見えていない。相手国の武力行使を抑えるために「抑止」が一定の有効性を有するとしても、抑止力が国家間の諸問題を解決させるものではなく、結局は対話と妥協が必要であることを忘れてはならない。

3　沖縄米軍基地問題というアポリア

最後に指摘すべき日米安保体制の問題点は、米軍基地の「危険性」除去や、日米地位協定の「不平等性」是正が進まないことである。二〇一三年一二月、仲井眞が姿勢を大きく転換させ、地位協定を補足する新たな協定締結に向けた日米交渉の開始と、毎年三〇〇〇億円台の振興予算という条件のもと、辺野古への移設を受け入れた。安倍との会談を終えた仲井眞は、政府の提案を「驚くべき立派な内容」と絶賛し、「良い正月になる」と喜んだ。

だが、沖縄では仲井眞の変心への批判が噴出し、沖縄政治に大きな変動をもたらした。自民党沖縄県連の元幹事長で、仲井眞を支えてきた翁長那覇市長が、三選をめざした仲井眞に対抗して、二〇一四年の県知事選挙に立候補したのである。翁長は、日米安保体制や米軍基地の必要性を認めつつも、新しい基地を県内に作ることには断固反対するとの立場を鮮明にした。「イデオロギーよりもアイデンティティ」を掲げた翁長は、保守の一部と革新勢力が連携した「オール沖縄」の支持を得て、仲井眞に圧勝した。長きにわたって保革が対立してきた沖縄において、翁長知事の誕生は大きな地殻変動だったが、安倍政権の方針に変化はなかった。翁長は辺野古の埋め立て承認を取り消し、法廷闘争に突入したが、結局、沖縄県側の敗訴に終わった。

地位協定については、若干の改善がみられた。二〇一五年九月、在日米軍基地により厳しい環境基準を適用し、「米軍の運用を妨げない」範囲で日本側に汚染調査などでの立ち入りを認めるとした「環境補足協定」が成立した。二〇一六年に米軍属が女性を暴行・殺害する事件が沖縄で発生すると、日米は二〇一七年一月、地位協定でアメリカ側に優先的な裁判権を与えている軍属の範囲を明確化させる補足協定に調印した。だが、地位協定改正に向けた動きはなく、「不平等性」の大幅な是正への道筋は見えないままである。

留意すべきは、安倍政権期に入ってから、インターネットなどで沖縄側を厳しく批判する見方が表明されるようになり、本土の沖縄への態度が「無関心」から「敵視」へと変わりつつあるように見えることである。他方、沖縄県内では、日本政府への不信感から「独立論」が勢いを増しつつある。日米安保体制の「不平等性」と「危険性」は、本土と沖縄の分裂をもたらしているのである。

「逆ピラミッド」の安保体制

冷戦後、湾岸戦争、朝鮮半島危機、「テロとの戦い」、中国の軍事的台頭を背景として自衛隊による対米協力が一気に拡大した。在日米軍基地の提供に加えて、自衛隊による対米協力の機会が増え、「物と人との協力」による「非対称な相互性」を特質とする日米安保体制は、「対称的な相互性」に近づいたといえる。確かに、集団的自衛権の行使容認で、日米安保の「非対称性」へのアメリカの不満が一定程度解消され、抑止力が高まったという側面もあるだろう。「非対称性」の是正で日米が「対等」になるとの見方も存在する。

だが、日米安保体制の基盤は盤石ではない。まず、アメリカが誤った戦争を始めた場合、「人」を出せるようになった日本がいかに対応するかという重大な問いに対する回答は十分ではない。また、集団的自衛権の行使による日米安保体制強化についての国民的合意が成立しているとは言い難い。「安全保障のジレンマ」をいかに回避するかも定かではない。戦後日本を代表する現実主義者である高坂正堯が、日本の安全を確保するうえでは、アジアにおける緊張緩和が重要だと説いたことを想起すべきであろう[59]。

さらに、国民の基本的人権や「知る権利」を侵害する「危険性」「不平等性」「不透明性」という冷戦期から続く構造的歪みの是正が進んでいない。国防長官として一九九五年の沖縄少女暴行事件に対処したウィリアム・ペリーは、日米安保体制を不安定な「逆ピラミッド」と称したが[60]、それは現在も変わっていない。日米安保体制が、国民的な理解を得てピラミッドのような安定感を得るためには、日米両政府が十分な説明と情報公開で可能な限り「透明性」を確保し、地位協定を改定して「不平等性」を是正し、かつ沖縄をはじめとする在日米軍基地の「危険性」除去を進める必要がある。日米安保体制が、米軍基地周辺住民を含むすべての国民、そしてアジア全体にとっての「希望の同盟」となる日は来るのか。それは、主権者たる我々日本国民の選択にかかっている。

註

（1）日米安保体制の構造的特質については、拙稿「アジア冷戦のなかの日米安保体制」吉田裕ほか編『岩波講座　日本歴史』第一九巻、岩波書店、二〇一五年、及び拙稿「国民的『十字架』としての米軍基地問題」『世界』二〇一五年一〇月号。

（2）栗山尚一『日米同盟　漂流からの脱却』日本経済新聞社、一九九七年、一六―一七頁。

（3）海部俊樹『政治とカネ』新潮社、二〇一〇年、一一七頁。
（4）参議院決算委員会議録、一九九三年四月一九日
（5）宮城大蔵『現代日本外交史』中央公論新社、二〇一六年、一一頁。
（6）栗山、前掲書、三五―三六頁。
（7）柴田晃芳『冷戦後日本の防衛政策』北海道大学出版会、二〇一一年、七六―七七頁。
（8）梅林宏道『空母ミッドウェーと日本』岩波書店、一九九一年、三七―三九頁。
（9）秋山昌廣『日米の戦略対話が始まった』亜紀書房、二〇〇二年、一二六頁。
（10）同前、二六〇頁。
（11）同前。
（12）添谷芳秀『安全保障を問いなおす』NHK出版、二〇一六年、一三二―一四四頁。国分良成ほか著『日中関係史』有斐閣、二〇一三年、一八七、一九八頁。
（13）植木千可子『平和のための戦争論』筑摩書房、二〇一五年、一六七頁。
（14）村山富市『そうじゃのう』第三書館、一九九八年、一一三―一一四、一四九頁。
（15）『朝日新聞』二〇一五年一〇月五日、夕刊。
（16）五百旗頭真・宮城大蔵編『橋本龍太郎外交回顧録』岩波書店、二〇一三年、六五―六六頁。折田正樹『外交証言録　湾岸戦争・普天間問題・イラク戦争』岩波書店、二〇一三年、一九六―一九七頁。
（17）倉重篤郎『小泉政権一九八〇日』上、行研、二〇一三年、一六五頁。
（18）薬師寺克行『現代日本政治史』有斐閣、二〇一四年、一九六頁。
（19）飯島勲『小泉官邸秘録』日本経済新聞社、二〇〇六年、一二七頁。
（20）外交青書、二〇〇二年度版、第二章。
（21）島川雅史『アメリカの戦争と日米安保体制』第三版、社会評論社、二〇一一年、二五六頁。
（22）同前、三六九―三七九頁。
（23）衆議院予算委員会議録、二〇〇三年三月二四日。
（24）庄司貴由『自衛隊海外派遣と日本外交』日本経済評論社、二〇一五年、二二九頁。

(25) 森本敏編『イラク戦争と自衛隊派遣』東洋経済新報社、二〇〇四年、二六四頁。
(26) 同前、二六九—二七〇頁。
(27) 後藤謙次『平成政治史』第二巻、岩波書店、二〇一四年、二八八、三三一頁。
(28) 宮城、前掲『現代日本外交史』一三八—一三九頁。
(29) 大石裕「世論調査と市民意識」『メディア・コミュニケーション』No.55、2005年。
(30) 後藤、前掲『平成政治史』第二巻、三四三頁。
(31) 森本、前掲書、二九〇頁。
(32) 五百旗頭真編『日米関係史』有斐閣、二〇〇八年、三一五頁。
(33) 山口昇「沖縄に海兵隊が必要な五つの理由」『中央公論』二〇一〇年五月号。
(34) 外交青書、二〇〇四年度版、第三章。
(35) 倉重篤郎『小泉政権一九八〇日』下、行研、二〇一三年、二二頁。
(36) 植木、前掲書、一八〇頁。
(37) 毛里和子『日中関係』岩波書店、二〇〇六年、二〇〇—二〇一頁。
(38) 国分良成・添谷芳秀・高原明生・川島真『日中関係史』有斐閣、二〇一三年、一九八、二一七頁。
(39) 外交青書、二〇〇六年度版、一三二頁。
(40) 鳩山由紀夫・菅直人『民益論』PHP研究所、一九九七年、一一二頁。
(41) 鳩山由紀夫『新憲法試案』PHP研究所、二〇〇五年、七六頁。
(42) 宮城大蔵・渡辺豪『普天間・辺野古　歪められた二〇年』集英社、二〇一六年、一二九—一三〇頁。後藤謙次『平成政治史』第三巻、岩波書店、二〇一四年、二四三頁。
(43) 岡田克也『外交をひらく』岩波書店、二〇一四年、二八—二九頁。
(44) 太田昌克『日米〈核〉同盟』岩波書店、二〇一四年、八六—八七頁。
(45) 岡田、前掲書、三三頁。
(46) 太田、前掲書、八八—九二頁。
(47) 浅野一弘『民主党政権下の日本政治』同文館出版、二〇一一年、三八頁。

(48)後藤、前掲『平成政治史』第三巻、二七九頁。
(49)同前、三四四頁。
(50)『朝日新聞』二〇一一年九月六日。
(51)後藤、前掲『平成政治史』第三巻、五〇〇―五〇一頁。
(52)安倍晋三『新しい国へ　美しい国へ　完全版』文藝春秋、二〇一三年、一三五頁。
(53)国分ほか、前掲書、二三五頁。
(54)読売新聞政治部『安全保障関連法』信山社、二〇一五年、六頁。『日本経済新聞』二〇一三年四月二六日。
(55)国分ほか、前掲書、二四〇頁。
(56)布川玲子・新原昭治『砂川事件と田中最高裁長官』日本評論社、二〇一三年。吉田敏浩『検証・法治国家崩壊』創元社、二〇一四年。
(57)読売新聞政治部、前掲書、二九九頁。
(58)吉次公介『池田政権期の日本外交と冷戦』岩波書店、二〇〇九年、二三一頁。
(59)高坂正堯『海洋国家日本の構想』中央公論新社、二〇〇八年、二一頁。
(60)船橋洋一『同盟漂流』岩波書店、一九九七年、五〇〇頁。

〔本稿は、科学研究費補助金・基盤Cの研究成果の一部を反映したものである〕

第3章　地位協定から日米関係を問う——刑事裁判権規定の形成過程

比屋定泰治

本稿の問題意識

二〇一六年七月五日、日米両国は、日米地位協定における米軍属の範囲を明確化すること等につき合意した。同年四月に沖縄県うるま市で発生した女性暴行殺害事件の被疑者が、元海兵隊員の米軍属であったことから、地位協定上の米軍人・軍属の「特権」に対する批判が高まっていた。右の日米合意はそれを鎮めるための対応であったが、地位協定の改正は行われず、合意を実施する補足協定が二〇一七年一月一六日に署名され即日発効した。米軍人等が関わる事件・事故が起きるたび、地位協定の問題点が指摘され、刑事裁判権規定を中心に改正要求が起こるが、これまで改正が行われたことはない。対米関係上、日本政府にとって協定改正は選択肢たりえないのが現状なのである。

本稿の目的は、日米地位協定の刑事裁判権に関する日米合意の検討を通じて、日本の対米姿勢を問うことにある。刑事裁判権については地位協定第一七条で規定されているが、本稿では、まず日米行政協定[1]にさかのぼり、その成立および改正の過程をたどる。行政協定は地位協定の前身であり、なおかつ地位協定第一七条は、行政協定第一七条（改正後）の文言をほぼそのまま引き写しているからである。なお、第一七条は多くの項からなるため、以下では、本稿の目的に資するものとして、刑事裁判権の配分、および、被疑者の身柄引渡し（条文上は「拘禁の移転」）を定める各項を主たる対象とする。

第1節　刑事裁判権に関する条文の形成過程

1　行政協定第一七条をめぐる攻防

交渉当事者から、「双方にとってあまり愉快なものではなかった[2]」と評される日米行政協定の締結交渉において、刑事裁判権は、日米両国が終盤まで主張を譲らなかった論点であった[3]。旧安保条約の第三条に基づく日米行政協定は、連合国軍による日本の占領・駐留が終了した後の、米軍の駐留条件を定めるものとされていた。ところが、平時における外国軍隊の大規模かつ永続的な駐留は、世界的にみてもかつて経験のない新しい現象であった[4]。とりわけ日本は、第二次大戦の敗戦まで、外国軍隊による占領・駐留を経験しなかった。そのため、長期にわたることが予想される米軍の駐留条件の決定は、まさに未知の領域を開拓するような作業であった。
ただし、作業の基本方針については、当初から日本の見解は定まっていた。それは、安保条約に基づいて日本に駐留する米軍には、国際法の原則に従って特権・免除を享有させる、というものであった。[5] 当時の研究によれば、かかる国際法上の特権・免除のうち、刑事裁判権については次の三つの考え方が存在した。[6] すなわち、平時に共同防衛のために駐留する外国軍隊構成員に対する刑事裁判権について、①一般国際法上の原則はいまだ存在しないという説、[7] ②派遣国が専属的裁判権を有するという説、および、③基地内犯罪および公務中の犯罪を除き、受入国が一般的に裁判権を有するという説、である。そして、このうち③の説を一般国際法上の原則とみなす見解が幅広い支持を得ていた。[8] 日本もこれに倣って、平時に駐留する外国軍隊が「国際法上通常享有する」特権・免除として、施設・区域内の犯罪行為および公務遂行上の犯罪行為についての裁判権免除を想定していた。[9]
ただし、国際法の原則は確認できたとしても、実際に問題となるのは、そこから導かれる細則、つまり、協定の具体的な文案を書き出すことであった。日本の事務当局は、その手がかりを求めて国際法の著作に広く当たったが、「学者の解説は原則論に終って細目協定の起草に役立たなかった」。また、先例たるべき他国間の協定は、たとえば講和条件の履行を監視する保障占領のような事例ばかりであり、平時に共同防衛の精神に立って行われる外国軍隊の駐留に関しては参考にならなかった。[10]
こうした閉塞状況を打破する契機となったのが、一九五一年六月一九日の「軍隊の地位に関する北大西洋条約当事国間の協定」[11]（以下、ＮＡＴＯ協定）の締結であった。同協定の締結を「天佑ともいうべき出来事」[12]ととらえ、これを手本として日本側の行政協定案は作成されることになった。ＮＡＴＯ協定第七条に定める刑事裁判権の方式（内容は後述）は、日本にとって「相互平等の立場に立ち最も理想的」[13]であり、かつ、先述した国際法の原則とも調和した。そのため、同方式を参照して日本案が作成されたのは、ごく自然な流れであった。

これに対して、米国から提示された協定案は、日本の立場からみて、全体的に「旧来の駐軍協定の色彩が強く」、安保条約に基づく米軍駐留の条件としては不適当な内容であった。とりわけ、刑事裁判権に関して、米国案では米軍人、軍属およびその家族に対する米国の専属的裁判権が規定され、日本の刑事裁判権は一切否定されていた。家族にまで及ぶ広範な免除は、占領下の法制そのままであり[14]、日本にとって受け入れがたかった。協定交渉の日本側代表を務めた岡崎外相は、米国側代表のラスク大使との会談において、「六年の間占領下にあって日本国民は独立を熱望している。占領の継続と思われることには非常に敏感になっている」と強調した。すなわち、米軍人等の犯罪について日本の刑事裁判権が一切行使できないという「占領の継続」を象徴するような規定では、国民の理解は到底得られないという判断が日本側にはあった。[15]

他方で、米国としてみれば、それまで占領軍として保持してきた特権的地位が、一夜のうちに平時駐留のための制限的な地位に激変してしまうことは現実的ではなく、そのショックを和らげる「中間措置」が必要であった。本国を遠く離れて極東に配属された米国の若者たちを、米本国と異なる法制度に直ちに服させることはできなかったのである。[16] さらに、米国議会上院の承認が得られず当時は未発効であったＮＡＴＯ協定の方式を採用することは、ＮＡＴＯ諸国に認めていない待遇を日本だけに与えることになり、それは論外であるという主張も根強いものがあった[17]。

日本側は、ＮＡＴＯ協定並みは無理だとしても、せめて一九四七年の米比軍事基地協定[18]（第一三条）の線までは日本の刑事裁判権を拡大しようと、交渉の最終盤まで粘ったが、米国を説得することはできなかった[19]。結局、ＮＡＴＯ協定が米国について発効すれば、行政協定第一七条はＮＡＴＯ協定の線で改正されること（仮にＮＡＴＯ協定の発効が遅れても、行政協定の発効後一年が経過すれば米国が同条の改正を考慮すること）が約束されたことをもって、日本としては、米軍人等に対する米国の専属的裁判権を「過渡期の規定として、辛抱すること[20]」にしたのである。その結果、一九五二年二月に署名された行政協定において、刑事裁判権に関する第一七条は次のような規定となった。

日米行政協定第一七条（抜粋）

1　一九五一年六月一九日にロンドンで署名された「軍隊の地位に関する北大西洋条約当事国間の協定」が合衆国について効力を生じたときは、合衆国は、直ちに、日本国の選択により、日本国との間に前記の協定の相当規定と同様の刑事裁判権に関する協定を締結するものとする。

2　1に掲げる北大西洋条約協定が合衆国について効力を生ずるまでの間、合衆国の軍事裁判所及び当局は、合衆国軍隊の構成員及び軍属並びにそれらの家族（日本の国籍のみを有するそれらの家族を除く）が日本国内で犯すすべての罪について、専属的裁判権を日本国内で行使する権利を有する。この裁判権は、いつでも合衆国が放棄することができる。

3　2に定める裁判権が行われる間は、次の規定を適用する。

（a）日本国の当局は、合衆国軍隊が使用する施設及び区域外において、合衆国軍隊の構成員若しくは軍属又はそれらの家族を犯罪の既遂又は未遂について逮捕することができる。しかし、逮捕した場合には、逮捕された一又は二以上の個人を直ちに合衆国軍隊に引き渡さなければならない。合衆国軍隊の裁判権からのがれ、且つ、施設及び区域外の場所で発見された者は、要請に基いて、日本国の当局が逮捕し、且つ、合衆国の当局に引き渡すことができる。

5　〈略〉前記の北大西洋条約協定がこの協定の効力発生の日から一年以内に効力を生じなかった場合において、日本国政府の要請があったときは、合衆国は、合衆国軍隊の構成員及び軍属並びにそれらの家族が日本国で犯した罪に対する裁判権の問題を再考慮するものとする。

こうした結果は、日本国内では非常に大きな落胆をもって迎えられ、政府は激しい批判を浴びた。[21]また、かかる規定が抱える問題点を実証するような事件も発生している。[22]このように、行政協定第一七条においては、「占領の継続」があまりにも明瞭に突き付けられていた。平和条約の発効によって回復するはずの日本の主権は、刑事裁判権に関しては、画に描いた餅としてすら与えられなかった。

2　行政協定第一七条の改正と地位協定への継承

一九五三年四月、米国議会上院においてNATO協定の審議が開始されるとともに、同国の批准が実現する見通しが明らかとなる。そこで日本は同月、行政協定第一七条一項の「日本国の選択」として、同条の改正要望を米国に正式に申し入れる。そして、同年八月二三日のNATO協定の発効をうけて、行政協定第一七条を改正する議定書が九月二九日に署名され、一〇月二九日に発効した。この議定書によって、行政協定第一七条はNATO協定の方式を取り入れた規定に置き換えられた。[23]その内容は次の通りである。

日米行政協定第一七条を改正する議定書[24]（抜粋）

前文〈略〉ここに、日本国政府及びアメリカ合衆国政府は、前記の行政協定第一七条の現行規定を廃止して、次の規定と置き換えることを合意した。〈略〉

3　裁判権を行使する権利が競合する場合には、次の規定が適用される。

（a）合衆国の軍当局は、次の罪については、合衆国軍隊の構成員又は軍属に対して裁判権を行使する第一次の権利を有する。

（i）もっぱら合衆国の財産若しくは安全のみに対する罪又はもっぱら合衆国軍隊の他の構成員若しくは軍属若しくは合衆国軍隊の構成員若しくは軍属の家族の身体若しくは財産のみに対する罪

（ii）公務執行中の作為又は不作為から生ずる罪

（b）その他の罪については、日本国の当局が、裁判権を行使する第一次の権利を有する。

5　（c）日本国が裁判権を行使すべき合衆国軍隊の構成員又は軍属たる被疑者の拘禁は、その者の身柄が合衆国の手中にあるときは、日本国により公訴が提起されるまでの間、合衆国が引き続き行うものとする。

この改正により、米軍人・軍属に対する刑事裁判権は、日本（人）に影響の及ばない行為、および、公務執行中の行為から生ずる罪については米国が優先権をもち、その他の罪については、すべて日本が優先権をもつことになった。また、米軍人・軍属の家族に対しては、いかなる場合でも日本の刑事裁判権が優先することになった。なお、米国が被疑者を拘束している場合には、その者が起訴された後に日本側に身柄が移されるという第五項（c）も、NATO協定と実質的に同一の内容である。つまり、日本の念願であった「NATO並み」の刑事裁判権の獲得が、ここに実現したのである。

その後、この改正後の規定は、ほぼそのまま日米地位協定第一七条に引き継がれた（変更点は、形式的な文言修正のほか、地位協定発効前の事件への不遡及を定めた第一二項の追加にとどまる）。その要因としては、安保改定に際して、新安保条約の締結に伴う技術的な修正を除き、在日米軍の特権には一切手を加えるべきではないという「現行行政協定に対する米軍部の執着ぶり」[25]も挙げられよう。しかし何より、NATO協定発効に伴う第一七条の改正によって、刑事裁判権条項は国際的な水準に到達したと考えた日本にとって、その更なる改正を求める理由はもはや存在しなかったのである[26]。対日占領と朝鮮戦争という特殊な状況下で「米側にとって有利な極めて一方的な協定[27]」を結ばざるをえなかった日本が、NATO並みの協定・規定を獲得目標としたことは、当時としてはごく当然のことと考えられたのであろう（このような目標設定の妥当性については後述する）。

第2節　刑事裁判権に関する密約の存在

民主党政権下の二〇一〇年、有事の際の沖縄への核持込みなどに関する四つの「密約」について、外務省が調査報告書を公表した[28]。このいわゆる密約問題とは別に、行政協定第一七条の改正の際に、刑事裁判権についても日米間で密かに合意が交わされたことを示す文書が二件、米国の機密指定が解除された文書の中から発見され、二〇〇八年に公表されている[29]。そこで、刑事裁判権に関する合意が実際に存在したのかを、そして、それが現実の裁判権の行使に与えた影響の有無も含めて、検証しておく必要があろう。

1　米軍人等の身柄引渡しに関する密約

文書の一つは、日米合同委員会の行政協定裁判権小委員会刑事部会の議事録（一九五三年一〇月二二日付）である。この議事録に記された日米両国の代表者間のやりとりの記録が、密約を成すと指摘されている。なお、問題のやりとりは、第一七条の改正議定書第五項および公式議事録に関するものなので、先にそれらの内容を確認しておく。

まず、改正議定書第五項で実質的に関連するのは同項（c）である（条文は先に引用済み）。この第五項（c）は、日本が第一次裁判権を行使する事件であっても、被疑者の身柄が米国側にある場合には、起訴されるまで日本に引き渡されないという規定である。同項は、そのまま地位協定第一七条五項（c）に引き継がれたが、日本側の捜査や取り調べに支障をきたす規定として、近年特に批判の的となっている。

そして、この第五項（c）について、公式議事録[30]の「五に関し、」という項目が合意されており、その第一項では、日本が第一次裁判権を有する事件において、日本の当局が米軍人、軍属またはその家族を「犯人として逮捕したときは、その犯人を拘束する正当な理由及び必要があると思料する場合を除く外、当該犯人を釈放し、合衆国の軍当局による拘禁にゆだねるものとする」としている。つまり、日本側が被疑者の身柄を先に確保した場合にすら、身体拘束の必要性がなければ、その身柄を米国に引き渡すことになっている。

以上を踏まえて、これらに関してなされた問題のやりとりを確認する。まず米国側代表は、公式議事録の右の規定に従って釈放され、米軍の拘束下におかれる被疑者について、「日本国の当局の要請があれば、日本国の当局がその犯人をいつでも取り調べるようにすることを保証したい」と述べている。これをうけて日本側代表は、かかる「保証に鑑み、日本国の当局がその犯人の身柄を拘束する場合は多くはないであろうと述べたい」と発言している。本来ならば各事案に応じて判断されるはずの身柄拘束の必要性について、「多くはない」との予断が下されているのである。

ただし、この発言自体はともかくとしても、公式議事録「五に関し、」の定めについては、「刑事訴訟法通りのことを更に示したに過ぎない」との指摘もある。[31]たしかに刑事訴訟法上、司法警察員は、逮捕された被疑者について「留置の必要がないと思料するときは直ちにこれを釈放し」なければならない（法二〇三条一項）。留置の必要性は、逃亡や罪証隠滅のおそれなどによって判断され、そのようなおそれがない場合には釈放されることになる。[32]しかしながら、そもそも、一般的にいう「釈放」を認めるべき状況と、日本による釈放の後に「米軍当局による拘禁」を必要とする状況とを、はたして同列に論じてよいものか。日本国内の一般の事件の場合、「逮捕された者は、かなりの割合で勾留される」[33]（二〇一二年の勾留率九二％）ことからすると、身柄の拘束が「多くはない」というのは処遇に大きな差があることを意味する。たしかに、随時の取り調べが保証されるならば、米軍に身柄を移してもさしたる問題は生じないようにも思える。しかし、罪証隠滅とは、証拠を隠すことはもちろん、共犯者との口裏合わせや証人等への圧力によってもなされうる。[34]つまるところ、米軍による拘禁の態様如何に左右されることになるが、その態様に問題があると指摘された事例も少なくない。[35]

なお、行政協定第一七条五項（ｃ）とＮＡＴＯ協定第七条五項（ｃ）は同様の規定であるが、ＮＡＴＯ協定には行政協定の公式議事録の右のような規定は存在しない。したがって、日本はより多くの譲歩をしているという意味で「ＮＡＴＯ並み」を達成できていないように見えるが、外務省の内部文書によれば、「実際には、米国は各国と別途の協定を締結する等を通じて日米協定とほぼ同様の権利を確保している」[36]という。

2　裁判権の原則的放棄に関する密約

一九五三年一〇月二八日、すなわち行政協定第一七条の改正が発効する前日に、同じく刑事部会において作成された文書に、もう一つの「密約」が記されている。それは、第一七条の改正議定書の第三項の運用に関して、同部会の日本側代表によりなされた、「私は、方針として、日本国の当局が日本国にとって実質的に重要であると考えられる事件以外については」、米軍人、軍属またはその家族に対し、「裁判権を行使する第一次の権利を行使する意図を通常有しない旨述べることができる」との発言である。

外務省は、二〇一一年の文書公開にあたり、当該発言は「起訴、不起訴についての日本側の運用方針を説明したにとどまるもの」であって日米間の合意ではないこと、および、米軍人等とそれ以外の事件とで運用方針に差は生じていないと説明した。[37] また、文書公開の前日に開催した日米合同委員会においても、当該発言について、「一方的な政策的発言であり」、日米間の合意を構成したことは一度もなかったとの認識が米国側から示され、この件については日米両国間で理解が共有されているという。[38] つまり、「密約」の当事国が、双方ともに合意の成立を否定しているのである。[39] しかしながら、地位協定に対する米国の基本政策、他国との地位協定、および、米国の内部文書における記述等々を調べていくと、右の発言が米国との合意を形成しなかったという説明には大きな疑問符が付く。

外国に駐留する米軍の地位に関する米国防総省の指令（Directive）によれば、同省の基本方針（Policy）は、外国の刑事裁判（および外国の刑務所での収監）に服す可能性のある米軍人、軍属およびその家族の権利を「可能な限り最大限に保護する」ことである。[40] この指令は、NATO協定の批准承認の際に米国議会上院が付した条件を実施するためのものであり、[41] これに従って米国政府は、各国との地位協定の締結交渉において、まずは専属的な刑事裁判権の獲得を第一目標としてきた。たとえそれがかなわず、規定上は管轄権の競合を受け入れることになっても、「米国の利益にとって重要な場合には、米国の裁判権が、実行の上では確保されるような取決め」を追求してきたのである[42]。具体的には、米国政府は、地位協定を補足する二国間協定を各国と結び、その中で、相手国が特に重要だと主張する例外事例を除いて、原則的に裁判権を放棄することを約束させてきた。そして、かかる同意の取りつけを梃子として、議会を説得してきたのである。たとえば、オランダと米国との一九五四年の交換公文の付属書では、次のような規定が設けられた。

付属書第三項[43]

オランダ当局は、〈略〉合衆国の要請に基づいて、「NATO協定」第七条が定める管轄権行使の第一次の権利を放棄する。ただし、オランダ当局による管轄権の行使が特に重要であると自ら決定する場合を除く。〈略〉

この規定が、密約と指摘された右の日本側発言と実質的に同一の内容であることは、一目瞭然である。米国がかかる取り決めを最初に結んだ相手国がオランダだったため、「オランダ方式（Netherlands Formula）」と称されるが[44]、期日だけでいえば、日本の発言のほうが先だったことになる。この方式は、（西）ドイツ[45]、ギリシャ[46]、ハンガリー[47]、中華民国、フィリピン[48]、エジプトおよびイスラエルなどとの取り決めにも採り入れられており、「現代的な地位協定の標準[49]（the standard for 'modern' SOFAs)」であるとの評価もある。

このように米国は、他国との公式の取り決めの中で、明示的に第一次裁判権の原則放棄(不行使)を認めさせてきた。それと同じ内容の日本の発言がなされていながら、米国が日本にだけは合意締結を求めなかったと考えるのは不自然ではないだろうか。[50] やはり、日米間で合意は成立していたと考えるほうが、右にみた米国(米軍)の方針とも整合的である。さらには、次にみるように、合意の成立を裏付けると思われる公文書や著作が複数存在するのである。

3 裁判権放棄の合意の成立を示す文献

米国務省の極秘(secret)の報告書「日本側の日米安全保障取り決め改定の要望」(一九五七年一月二二日付、情報調査局極東調査部作成)には、行政協定の締結交渉が難航したこと、中でも刑事裁判権条項が「最大の難所」であったことの指摘に続いて、次のような記述がみられる。すなわち、NATO協定の発効後は行政協定第一七条も同様に改正されることで妥協が成立したが、「しかし、実際には秘密了解ができ、日本側は大筋として裁判権の放棄に同意している」というのである。[51] 日本が刑事裁判権を広く放棄することについて、日米間で密約が交わされたことが、国務省の内部文書で明言されているのである。なお、この報告書からは、「大筋として」の部分がどの程度の放棄を意味するのか明確ではないが、米国政府の他の内部文書には、それを指し示していると思われるものが存在する。

たとえば、いわゆるナッシュ・レポートには、刑事裁判権に関して、「オランダ方式に相当する日本との合意を非公開にした事実[52]」があるとはっきり書かれている。先述の通り、米国政府は、裁判権の確保に関する合意は基本的に公表する方針である。かかる合意内容の説明は議会対応に必要であり、また、新たな協定交渉においても先例として有効に機能するからである。同レポートでは、日本との合意を秘密にしたために、「議会での説明に困難をきたし、さらに、フィリピンとの最近の交渉が深刻に阻害される」状況を生じさせたと指摘し、したがって、「裁判権に関する取り決めは、反対すべきやむをえない理由がない限りは、公開すべきである」と勧告している。レポートをまとめたナッシュ（Frank C. Nash）は、アイゼンハワー政権下で国際安全保障担当の国防次官補を務めた、米国の軍事戦略の専門家である。このレポートは、アイゼンハワー大統領の指示により、国務省、国防総省および米軍等から集めた資料をもとに作成され、極秘の内部文書として、一九五七年一二月に同大統領に提出された[53]。その意味で、その内容の信頼性は高いものと思われる。

次に、米国の公文書ではないが、フィン（Richard B. Finn）の著作には、より具体的な記述をみることができる。すなわち、日米行政協定の締結交渉において、刑事裁判権については特に交渉が難航したが、「日本にとって『特別な重要性』を有する事件である場合を除き、日本が刑事事件における第一次裁判権を放棄するという非公式な合意（informal agreement）ができたことにより、論争の雰囲気はかなり和らいだ。日本は、ほぼ四〇年にわたって、この了解（understanding）を誠実に実施している[54]」というのである。ここでも、日本がオランダ方式を受諾することについて、日米間で合意が成立していたと明言されている。フィンは、一九四七年から五四年にかけて外交官として日本に駐在した後に、米国務省のアジア関係部局で日本課長および日本部長を務めた、対日政策・交渉の専門家である。さらに同書は、日米両国の数多くの関係者・研究者等に取材を重ねて書かれており、その内容の証拠的価値は高いと評価できる。

さらに、ソネンバーグとティム（Dale Sonnenberg and Donald A. Timm）は、在日米軍に対する刑事裁判権について検討した結論として、日米地位協定第一七条は、文言の上では、現代的な地位協定とは系列を異にするが、「現実の実行は、文言を一見して読み取れる内容よりも、現代的な地位協定の内容と類似した（akin to）もの」になっており、それは日米間の緊密な協力関係によりもたらされたと総括している。[55] この論文の執筆当時、ソネンバーグは在日米軍法務部の国際法部長、ティムは在韓米軍・国連軍の法務部特別顧問であった。[56] 地位協定の実務に精通しているであろう著者らが、在日米軍人等に対する刑事裁判権の運用は、自らが「現代的な地位協定」（先述）と位置付けるもの、すなわち、オランダ方式の下での運用と同様だと述べているのである。

以上の公文書および著作はすべて米国側のものであるが、それらに密約の成立を裏付ける証拠としての価値を見出すならば、そこから導かれる結論は次のようになるであろう。つまり、行政協定の刑事裁判権に関する交渉において、米国はオランダ方式を日本に受諾させたが、その事実の公表を見送ることにした。米国がその方針を曲げてまで合意を非公表とした「やむをえない理由」が、日本からの強い要請であったことは言うまでもない。[57]

また、米軍人等に対する起訴率の低さは、密約の存在を前提としなければ説明がつかないとの指摘もある。[58] それらの指摘によれば、法務省刑事局長から全国の地検の検事正等に宛てられた通達が、起訴率に影響しているという。その通達には、米軍人等に対する刑事裁判権の行使について、起訴

（起訴猶予）処分をする際は法務大臣の指揮を受けることを原則としつつ、「さしあたり、日本側において諸般の事情を勘案し実質的に重要であると認める事件についてのみ右の第一次の裁判権を行使するのが適当である」との指示がある。[59] 通達は一九五三年一〇月七日付であり、これは密約が交わされる直前である。外国との合意の締結に先立って国内法制を整備しておくのは条約締結におけるセオリーであるが、本通達はそれを実施したものとみることもできる。いずれにしても、米軍人等に対する起訴率が実際に低いのであれば、米国側の公文書等の証拠とは別に、事実の面からも密約の存在が裏付けられているといえる。

第3節　地位協定の改正要求と日本政府の対応

1　身柄の引渡しに関する「運用の改善」

日米地位協定は、これまで一度も改正されていない。[60] 刑事裁判権に関する関連合意も、「密約」を含め、同様に存続していると考えられる。厳然たる冷戦構造の下では、日本にとって、地位協定の改正をも視野に入れて対米関係の見直しを行う余地はなかった。安保改定時には盛んだった地位協定に関する議論も、時を経るにつれて下火になっていったため、協定の見直しが政治課題化することはなく、政府は「居眠りに近い状態[61]」にあった。

ところが、一九九五年九月に沖縄で起きた少女暴行事件が、その政府を揺り起した。米軍人三名による女子小学生への逮捕監禁・婦女暴行という事件の態様に加えて、米軍基地内で拘束された被疑者三名の身柄の引渡しを、米国側が地位協定第一七条五項（c）に基づいて「合法的に」拒否したことが反米感情に火をつけ、さらに地位協定の改正要求となって噴出した。日米安保体制を永続させるためには、かかる事態を鎮静化させる必要があると考えた日米両政府は、日米合同委員会において集中的に議論を行い、同年一〇月二五日、「刑事裁判手続に関する運用の改善」に合意した。

その合意内容は、「合衆国は、殺人又は強姦という凶悪な犯罪の特定の場合に日本国が行うことがある被疑者の起訴前の拘禁の移転についてのいかなる要請に対しても好意的な考慮を払う」ことを根幹とする。さらに、「その他の特定の場合」の犯罪についても、日本が引渡し要請をした場合には、米国はその要請を「十分に考慮する」こととされた（外務省HP参照）。その後、この合意に基づいて、数件の起訴前の身柄引渡しが履行されたが、その反面、殺人・強姦以外の場合には引渡しの拒否が相次いだ。[62]そのため、合同委員会でさらなる協議が進められた結果、二〇〇四年に、「日本が重大な関心を有するいかなる犯罪も」引渡しの考慮対象から排除されないことが確認された。[63]

これらの合同委員会合意に基づいて、一定の重大事件では起訴前の身柄引渡しが行われてきたが、全体としては事案ごとに対応が異なり、その運用は一貫性を欠いている。ところが、好意的または十分な考慮の結果として米国が示す回答については、それが承服しがたいものであっても、日本には疑義を差し挟む余地がない。一貫性を欠く米国の対応につき、その根拠を問い質す術が、手続上用意されていないのである。こうした問題点等に対する日本国内の批判が、地位協定の刑事裁判権規定の改正を求める、次のような動きにつながっている。

2　地位協定の改正要求と政府の対応

沖縄県は、少女暴行事件を契機として、一九九五年一一月四日に「日米地位協定の見直しに関する要請」を行い、その中で一〇カ条・一七項目についての改正を政府に求めた。[64] これに対して日米間で運用改善策が合意されたが、沖縄県はそれを不十分として、二〇〇〇年に再度の見直し要請を行い、条文の新設も含めた抜本的な改正を求めている。[65] そのうち第一七条についての要請は、身柄の引き渡しに関する一項目である。その内容は、「合衆国の軍当局は、日本国の当局から被疑者の起訴前の拘禁の移転の要請がある場合は、これに応ずる旨を明記すること」であり、これは一九九五年の要請と実質的に同じ内容である。第一七条関連では、身柄引渡しの義務化に向けた改正が、沖縄県の一貫した要求なのである。

民主党、社民党および国民新党が作成した地位協定改定案（二〇〇八年三月二七日調印）では、第一七条（改定案中では第一九条）について四カ所を改正する条文案を示している。本稿に関連する改正点は二つである。まず、身柄の引渡しについては、米国側に移転要求に応ずる義務を課すとともに、「被疑者の拘禁は、原則として日本国の拘禁施設で行う」としている。次に、裁判権の配分については、米軍の施設・区域の外での犯罪の場合には、公務執行中であっても日本に第一次裁判権を認める案となっている。公務執行中か否かの判定が米軍の意のままだと批判されている現状に鑑みれば、かなり踏み込んだ提案だといえよう。[66] ただし三党は、二〇〇九年八月の総選挙で圧勝して政権につくも、地位協定の改正には手をつけることなく政権の座を明け渡した。

日本弁護士連合会は、二〇一四年に「日米地位協定に関する意見書」をまとめ、「人権擁護等の観点から特に重要と思われる」七つの項目について、問題点の指摘とともに改正に向けた意見を表明した。各項目での問題点の指摘は多岐にわたり、第一七条については問題点を六つに整理した上で、各点につき、あるべき改正の方向性を提言している(67)。身柄の引渡しについては、日本が第一次裁判権を有する事件の被疑者は、起訴前であっても、「米軍の同意なくして」日本側が身柄を拘束できるようにすべきとする。また、裁判権の配分については、米軍属の犯罪に関して、「公務執行中であるか否かにかかわらず、日本が第一次裁判権を有するとすべき」と提言する。そして、とりわけ目を引くのは、裁判権の放棄に関する密約および法務省通達の存在を前提として、「一九五三年（昭和二八年）一〇月二八日の日米合意及び同年一〇月七日付け法務省刑事局長通達を破棄すべき」だと述べている点である。

以上のような改正要求に対して、政府はどのように対応してきたのだろうか。

かつては日本政府も、地位協定の改正に言及したことがある。二〇〇一年、小泉内閣は、運用の改善が「十分効果的でない場合には、我が国のみで決定し得ることではないが、日米地位協定の改正も視野に入れていくことになると考えている」との答弁をしている(68)。しかし、政府はその後、地位協定上の問題の処理においては、合同委員会合意による運用の改善が唯一の手段であるとの立場を固めていく(69)。この点につき外務省は、「米軍及び在日米軍施設・区域を巡る様々な問題を解決するためには、その時々の問題について、地位協定の運用の改善によって機敏に対応していくことが合理的」という認識を示し、「運用の改善に不断の努力をしているところ」であると強調している。とくに身柄の引渡しについては、「日米地位協定の規定は、他の地位協定の規定と比べても、NATO地位協定と並んで受入国にとっていちばん有利なものとなっていますが、更に、一九九五年の日米合同委員会合意により、殺人、強姦などの凶悪な犯罪で日本政府が重大な関心を有するものについては、起訴前の引渡しを行う途が開かれています」とある（以上、外務省HP）。もともとNATO協定とともに最も有利な規定であったところにさらなる改善が加算された結果、身柄引渡しに関しては、日米地位協定が世界で最も恵まれた唯一の協定になったと述べていると受けとれる。

この外務省の見解は、NATO協定（第七条）が今なお通用する世界基準であるとの認識に基づいていると思われる。しかしながら、NATO協定は冷戦初期という特殊な状況下で、最大の軍隊「輸出国」である米国と「輸入国」であるNATO諸国という、一方的な関係性を背景に締結されたものである。[70]とりわけ刑事裁判権条項についてはNATO諸国の不満は大きかったが、共産圏からの脅威に備えるためには米軍に頼らざるをえないという事情から、苦渋の選択として受け入れたという経緯がある。[71]そのような事実を捨象して、NATO並みまたはそれ以上であることを錦の御旗にかかげる姿勢には、首を傾げざるをえない。[72]刑事事件の被疑者の処遇は、被害者の権利に属する問題でもある。人権保障に関わる制度については、世界一であることをもって改善の手を止めることは許されない。国際比較をした結果としての「これが相場なのだ」という理屈は、こと人権問題に関しては通用しない。

事実、先述した三つの改正要求に共通している点は、起訴前の身柄引渡しの義務化である。このことは取りも直さず、NATO並みの制度を基礎とする限り、いくら運用改善を重ねても十分な対応策とはならないとの共通認識が広がりつつあることを示している。かかる認識があるからこそ、第一七条五項（c）への改正要求が多方面から相次いでいるのである。それにもかかわらず、なぜ政府はあくまで運用の改善で乗り切ろうとするのか。

その理由として、地位協定の改正には米国が強く反対するという事情がある。世界各国と一一五以上の地位協定を締結し[73]、八〇〇以上の海外基地をもつ米国としては、日本からの要求に応じるかたちで日米協定を改正すると、他国からの同様の改正要求を拒否できなくなるという懸念がある。「裁判権の最大化」という米国の基本方針に反する改正要求の頻発が想定されるため、アリの一穴に神経を尖らせているのである[74]。二〇一五年に日米間で署名された日米地位協定の環境補足協定について、外務省のある幹部は、既得権の制限に決して応じようとしない米国との「相当タフな交渉」を振り返り、「もう二度と協定策定作業はしたくない」と述べたという[75]。日本政府としては、このような米国の強硬な反対に抗してまで、あるいは、非常に煩雑になるであろう国内調整を実施してまで、地位協定の改正に取り組む必要性を感じていない。むしろ、日米関係の悪化をもたらしうるという理由から、「いつでも要請することができる」（地位協定第二七条）はずの改正交渉を提起することすら自粛している。米軍の駐留がもたらす被害が特定地域に集中し、結果として多くの国民が無関心であることが、政府のこのような姿勢を支えている[76]。

その一方で日本は、地位協定第二四条に反する財政負担を、特別協定の締結により「思いやり予算」として拠出している。当初外務省が「地位協定の枠内において最大限可能な額」と判断した負担額に対する米国の失望感が伝えられると、日本は自発的に負担を拡大させていったのである。[77]このように、米国からの要求に対しては、地位協定を逸脱してでも可能な限り応じようとするのに対して、日本国内の改正要求に対しては、改正を俎上に載せさえせず、さらには地位協定上の米国の「特権」の堅持を前提とした運用変更で済ませようとする。これはあまりにも国民軽視の姿勢であると言わざるをえない。日本政府のこのような姿勢を改めさせるためには、改正要求をより多数の声としていく必要がある。

問われる日米の関係性

自国に駐留する外国軍隊の構成員等の地位は、地位協定の条文だけをみても正確には把握できない。地位協定にはそれを補足する公式・非公式の合意があり、さらには、それらの合意がどのように実施されているか運用の実態を確認する必要がある。[78]

たとえば、受入国の当局が被疑者を起訴するか否かを一定の期日内に米国に通告しなければ、受入国の第一次裁判権が自動的に放棄される、という取決めがある。[79]その際、被疑者の身柄が米国側にあることで受入国当局による捜査・取調べが難航すれば、その分だけ起訴するかどうかの判断が遅れ、この期日の制限にかかりやすくなる。起訴の期限を定めるこの取決めの存在が、たとえば日本においては、裁判権不行使率九七％をもたらす要因となったと指摘されている。[80]こうして見ると、身柄引渡し、起訴の期限、および、裁判権の原則的放棄等について、受入国に様々な譲歩を強いることによって、米国の裁判権が最大化される「多重構造のしくみ[81]」ができあがっているのである。

そうであれば、刑事裁判権に関する日米地位協定上の問題点について議論するためには、関連する日米間の合意の全容解明が、その出発点になるはずである。それには、本稿で取り上げた「密約」のみならず、これまでに日米合同委員会で行われてきた合意すべての開示が不可欠である[82]。在日米軍の文書によれば、合同委員会の議事録は日米間の合意なしには公表できないため[83]、何よりもまず日本政府は、その合意を取り付けるための作業を開始すべきである。相手国の反応を勝手に予測し、あるいは相手国の事情を忖度して、交渉の提案すらしないなどということが、対等な国家間関係にあっていいはずがない。かつて白洲次郎は、「行政協定は、平和条約が発効して、日本の独立が回復した後で、日米両国が全く対等の立場にあって話し合うべき問題である[84]」と述べたというが、戦後七〇年以上を経た今日、日米関係はその域に達しているのかが問われている。

註

(1) 日本国とアメリカ合衆国との間の安全保障条約第三条に基く行政協定(一九五二年二月二八日署名(於東京)、同年四月二八日効力発生・公布(条約第六号))。行政協定の本文(邦文・英文)は、細谷千博他編『日米関係資料 一九四五―一九七』(東京大学出版会、一九九九年)、一四六頁、または、オンラインで検索できる国連条約集(*United Nations Treaty Series*, vol. 208 (1955), p. 255 (No. 2817).)を参照。

(2) 西村熊雄「行政協定はどう改定する」『世界週報』四〇巻一五号(一九五九年)、一九頁。行政協定の交渉から締結にかけて外務省条約局長を務めた西村によれば、刑事裁判権は「交渉でとくに困難な思をした」(原文ママ)論点の一つであった。これに対し、協定交渉の日本側代表の岡崎外相は、交渉は「まったく談笑のうちに」進み、「あと味の悪いようなことは、一度も無かった」と述べている。岡崎勝男「行政協定の楽屋裏」『文藝春秋』三四巻九号（一九五六年）、七一頁。なお、本稿では、文献の引用にあたり、タイトル・本文ともに、字体・仮名遣いを現代的に変更した。

（3） 行政協定の刑事裁判権規定に関する交渉の経緯については、西村熊雄『日本外交史第二七巻 サンフランシスコ平和条約』（鹿島研究所出版会、一九七一年）、三四八―三五七頁。より簡潔には、明田川融『日米行政協定の政治史―日米地位協定研究序説』（法政大学出版局、一九九九年）、一九四―一九七頁。

（4） Joseph M. Snee & A. Kenneth Pye, *Status of Forces Agreements and Criminal Jurisdiction* (New York: Oceana Publications, 1957), p. 10; Joop Voetelink, *Status of Forces: Criminal Jurisdiction over Military Personnel Abroad* (Hague: T.M.C. Asser Press, 2015), p. 86.

（5） 西村・前掲書（注3）、三二七頁。明田川融「行政協定の締結と『占領の論理』」豊下楢彦編『安保条約の論理』（柏書房、一九九九年）、七二頁。

（6） 分類については、月川倉夫「外国軍隊の刑事裁判権」『産大法学』一巻一号（一九六七年）、一七四―一七八頁を参照した。

（7） 横田は、公務中行為のみを免除する規則を、公正かつ合理的であると評するが、「この新しい傾向は、まだ確立したものではない」と述べている。横田喜三郎「国際的に見た行政協定」『時の法令』一〇〇号（一九五三年）、一四頁。また、外務省の内部資料「地位協定の考え方」によれば、外国軍隊の平時駐留は歴史的な実績に欠けているため、その地位について「一般国際法といえる如き原則は存在しなかった」。琉球新報社編『日米地位協定の考え方・増補版』（高文研、二〇〇四年）、一六頁。ただし、この見解は、刑事裁判権ではなく外国軍隊の地位一般について述べたものである。

（8） 田岡は、軍隊の任務遂行に伴う行為は、軍隊としての行動の一端であるから裁判権から免除されるが、個人的な行為に対しては受入国の裁判権が行使されてよいとし、「この点は国際法学者の一致した説であるといって誤りないと思う」と述べる。そのうえで、代表例としてオッペンハイムとハイドの著述を紹介している。田岡良一「日米行政協定の批判―国際法の立場から」『経済往来』四巻四号（一九五二年）、三四―三五頁。高野は、一般国際法上、軍隊構成員は受入国の裁判権から免除されるが、その免除は軍隊の所在地内での行為または公務中の行為に限られるとし、かかる解釈を支持するものとして一九二八年の国際法学会の決議（*Annuaire de l'Institut de Droit International*, 1928, pp. 736.）を挙げている。高野雄一「駐留軍・軍事基地と裁判管轄権」『国家学会雑誌』六五巻一一・一二号（一九五二年）、九頁。入江も、いわゆる神戸水兵事件に関する国内判決を引用しながら、同様の見解を示している。入江啓四郎（編集）「（特集）日米行政協定は一年間に何を惹起したか」『中央公論』六八巻三号（一九五三年）、四三―四四頁。月川は、基地内行為ないし公務中行為にのみ免除を与える規則を支持する右の田岡等の説を「多数説」と位置付ける。月川・前掲（注6）、一七七―一七八頁。ただし月川は、田岡が例示したハイドを、派遣国の専属的裁判権を支持する論者として分類している。

（9）宮里政玄「行政協定の作成過程―米国公文書を中心に」『国際政治』八五号（一九八七年）、一三六頁。

（10）西村・前掲書（注3）、三一七頁。

（11）Agreement between the Parties to the North Atlantic Treaty regarding the Status of their Forces, 4 UST 1792, TIAS 2846, viewed at *NATO Official Site* (http://www.nato.int/cps/en/natohq/official_texts_17265.htm).

（12）西村・前掲書（注3）、三二九頁。「行政協定がきまるまで―交渉の舞台裏」『経済往来』四巻四号（一九五二年）、五〇頁も参照（同論文には著者名の記載がない）。

（13）西村・前掲書（注3）、三五〇頁。

（14）Dale Sonnenberg and Donald A. Timm, "The Agreements Regarding Status of Foreign Forces in Japan", in: Dieter Fleck (ed.), *The Handbook of the Law of Visiting Forces* (New York: Oxford University Press, 2001), p. 383.

（15）西村・前掲書（注3）、三二八、三三二―三三三頁。

（16）西村・前掲（注2）、一九頁、西村・前掲書（注3）、三五三―三五四頁。これは主に国防総省の主張であり、刑事裁判権について日本の立場に同情的であった国務省は強く反発した。両省間の対立は調整がつかず、最終的に大統領の裁定に付された結果、両省の主張を調整した条文案が形成された。宮里政玄「アメリカ合衆国政府と対日講和」渡辺昭夫・宮里政玄編『サンフランシスコ講和』（東京大学出版会、一九八六年）、一三四―一三七頁。こうした経緯から、米国は同条の再調整は不可能との認識であったため、日本からの修正要求は頑として拒絶された。

(17) 入江・前掲(注8)、八四―八五頁。横田・前掲(注7)、一五頁。

(18) Agreement between the Republic of the Philippines and the United States of America concerning military bases, TIAS 1775. See, Joseph W. Dodd, *Criminal Jurisdiction under the United States-Philippine Military Bases Agreement* (Hague: Martinus Nijhoff, 1968), pp. 33-43. 高野・前掲(注8)、二六―二九頁。

(19) 西村・前掲書(注3)、三五一―三五五頁。豊下楢彦『安保条約の成立』(岩波新書、一九九六年)、一一三―一一四頁。米比協定では、米軍構成員による米軍基地外での一定の犯罪について、比側の刑事裁判権の行使が規定されていた。

(20) 田岡・前掲(注8)、三六頁。

(21) 田岡によれば、NATO協定および米比軍事基地協定と比べて、日米協定における日本の裁判権がより制限されていることは、日本の司法に対する米国の信頼度がより低いことを意味するため、「日本人としては、面目を失墜した感じを受けるのは自然」であった。田岡・前掲(注8)、三五―三六頁。事実、米軍統合参謀本部の認識は、東洋の被征服国家である日本をNATO諸国と同列に見ることはできない、というものだった。三浦陽一『吉田茂とサンフランシスコ講和・下』(大月書店、一九九六年)、二八六―二八七頁。

(22) いわゆる神戸水兵事件など。入江・前掲(注8)、四一―四三頁。岡崎・前掲(注2)、七五頁。

(23) 改正議定書の締結までの経緯は、津田實・古川健次郎『外国軍隊に対する刑事裁判権』(帝国判例法規出版社、一九五四年)、二一四頁。

(24) 改正議定書の邦文は、斎藤・永井・山本編『戦後資料　日米関係』(日本評論社、一九七〇年)、四二―五一頁、または、資料「日米行政協定改訂規定全文」『法律時報』二五巻一一号(一九五三年)、八九―九一頁を参照。英文については、津田・古川・前掲書(注23)の巻末「英文資料」一―一二頁を参照。

(25) 明田川・前掲書(注3)、二七五頁。末浪靖司『機密解禁文書にみる日米同盟』(高文研、二〇一五年)、一一〇―一二二頁。

(26) 西村によれば、第一七条の改正によって刑事裁判権の問題は解決され、米国との困難な交渉も「過去の苦い思い出にすぎなくなった」。西村・前掲（注2）、一九頁。国際的な水準という目標設定が、刑事裁判権条項に関しては「抑制機能として働いた」のである。明田川・前掲書（注3）、三一一頁。

(27) 明田川融「日米地位協定の形成（上）」『法学志林』九五巻一号（一九九七年）、一九三頁。

(28) 「いわゆる『密約』問題に関する有識者委員会報告書」（二〇一〇年三月九日）、外務省HPにて閲覧可能。

(29) 新原昭治『日米「密約」外交と人民のたたかい―米解禁文書から見る安保体制の裏側』（新日本出版社、二〇一一年）、一七六―一七七頁。密約とされる文書二件は、交渉の外交記録とともに、二〇一一年八月二六日から外務省HP上でも公開されている。公開当日の外務大臣会見記録によれば、当該文書は日本側では発見されなかったため、米国から提供されたコピーを、外務省作成の仮訳とともに公開したものである。本稿の引用では、特に問題がない限りこの外務省仮訳によっている。

(30) 改正議定書に関する公式議事録は、注（24）に挙げた文献中で、議定書とともに掲載されている。この公式議事録は、字句のわずかな変更等を除き、実質的にはそのまま、地位協定に関する合意議事録の一部として引き継がれている。この合意議事録は地位協定と同日に締結・公表された。

(31) 津田・古川・前掲書（注23）、二八頁。ちなみに、日本側代表を務めたのは著者の津田實である。

(32) 河上和雄他編『大コンメンタール刑事訴訟法・第二版』（青林書院、二〇一二年）、二九七―二九八頁。

(33) 池田修・前田雅英『刑事訴訟法講義・第五版』（東京大学出版会、二〇一四年）、一四〇頁。一般被疑者の場合は「勾留されると、取り調べも継続される」のであり、かつ、拘束された被疑者は「取調べを受任する義務がある」のに対して、米軍拘束下に移された被疑者の日本当局による取調べは任意で行われる。そのため、被疑者が出頭を拒否した事例では、取調べに支障をきたすことになる。布施祐仁『日米密約―裁かれない米兵犯罪』（岩波書店、二〇一〇年）、一一五―一二〇頁。

(34) 池田・前田・前掲書（注33）、一四二頁。

(35) 本間浩「駐留受入国内において犯罪を行なった米軍関係者に対する刑事裁判権および刑事手続に関する比較論的考察」『比較法文化（駿河台大学）』（二〇〇三年）、一二八頁。照屋寛徳『沖縄から国策の欺瞞を撃つ』（琉球新報社、二〇一二年）、一六八―一八〇頁。布施・前掲書（注33）、一一七―一一八頁。

(36) 「イタリア、トルコ、イギリス、ギリシャ等」と例示される。『日米地位協定の考え方』・前掲書（注7）、一五三—一五四頁。

（37） 外務大臣会見記録（二〇一一年八月二六日）、外務省ＨＰ。

（38）「日米合同委員会（二〇一一年八月二五日）におけるやりとり」、外務省ＨＰ。

（39） 法実証主義の立場からは、日米両政府がともに存在を否定する日米「密約」を、論証の材料とすることには懸念が残るところではある。しかし、「密約」の存在は複数の資料によって裏付けられており、さらに、その存在を無視しては説明が困難な事象が指摘されているのである。

（40） *Status of Forces Policy and Information*, Department of Defense Directive No. 5525.1, August 7, 1979, p. 2. この指令の実施のために米陸・海軍が作成した文書では、より具体的に、「適用のある諸合意の許す範囲内で米国の裁判権を最大化する」よう、受入国との関係を築くとともに、運用の方策を確立するために、「絶え間ない努力がはらわれる」と述べている。*Status of Forces Policies, Procedures, and Information*, Departments of the Army and Navy, Legal Services, AR 27-50/SECNAVINST 5820.4G, 15 December 1989, p. 1-2 (para. 1-7a).

（41） DoD 1979 Directive, *supra* note 40, "4.1. This Directive implements the Senate Resolution accompanying the Senate's consent to ratification of the North Atlantic Treaty (NATO) Status of Forces Agreement." 米国によるＮＡＴＯ協定の批准が署名から二年かかったのは、ＮＡＴＯ諸国による刑事裁判権の行使を一部認める規定に上院が難色を示したからであった。See, e. g., George Stambuk, *American Military Forces Abroad: Their Impact on the Western State System* (Ohio State University Press, 1963), pp. 48-50; Sonnenberg & Timm, *supra* note 14, pp. 385-386.

（42） *Report on Status of Forces Agreement*, International Security Advisory Board, January 16, 2015, pp. 16-17. ＩＳＡＢは、米国務省が外交・安全保障に関する研究のために設置した諮問委員会である。

（43） Exchange of notes (with annex) constituting an agreement relating to the stationing of United States Armed Forces in the Netherlands, The Hague, 13 August 1954, *United Nations Treaty Series*, vol. 251 (1956), p. 91 (No. 3535), at 96. 同項の全文は以下の通り。"3. The Netherlands authorities, recognizing that it is the primary responsibility of the United States authorities to maintain good order and discipline where persons subject to United States military law are concerned, will, upon the request of the United States authorities, waive their primary right to exercise jurisdiction under Article VII, except where they determine that it is of particular importance that jurisdiction be exercised by the Netherlands authorities. The United States assumes the responsibility for custody pending trial. The United States authorities will make these people immediately available to Netherlands authorities upon their request for purposes of investigation and trial and will give full attention to any other special wishes of the appropriate Netherlands authorities as to the way in which custody should be carried out."

(44) See, e. g., Voetelink, *supra* note 4, p. 94; United States Overseas Military Bases, Report to the President by Frank C. Nash, December 1957, *Documents of the National Security Council, Fifth Supplement*, University Publications of America, microfilm, reel 3, pp. 54, 60.

(45) See, e. g., Voetelink, *supra* note 4, pp. 93-94.

(46) 長尾正良「米・ギリシャ『防衛協定』の研究」『前衛』五五三号（一九八七年）、八四頁。

(47) Paul J. Conderman, "Jurisdiction", in: Fleck, *supra* note 14, p. 114.

(48) Dodd, *supra* note 18, pp. 110-111.

(49) Sonnenberg & Timm, *supra* note 14, p. 387.

(50) 本間浩「日米地位協定をどう改定すべきか」『世界』八〇五号（二〇一〇年）、一二七頁。

(51) 新原昭治編訳『米政府安保外交秘密文書―資料・解説』（新日本出版社、一九九〇年）、一二七―一二八頁。報告書の本文を入手していないため、翻訳は表題等を含め、同書の訳に依っている。

(52) Nash Report, *supra* note 44, p. 60, para. 5. 重要な点なので、以下に全文を示す。"5. Jurisdiction arrangements should be unclassified unless there are compelling reasons to the contrary. The fact that the Japanese counterpart of the NATO-Netherlands Formula is classified has complicated Congressional presentations and seriously prejudiced our recent negotiations with the Filipinos; who have maintained that the US proposal to them was less favorable than what we have agreed to with a former enemy, Japan."

(53) レポート作成の経緯等については、吉次公介「『ナッシュ・レポート』にみる在日・在沖米軍」『沖縄法学』三三号（二〇〇三年）、一五九―一六三頁に詳しい。

(54) Richard B. Finn, *Winners in Peace: MacArthur, Yoshida, and Postwar Japan* (University of California Press, 1992), p. 311. 邦訳は、リチャード・B・フィン／内田健三監修『マッカーサーと吉田茂・下』（同文書院インターナショナル、一九九三年）、一七八頁。この記述からは、「密約」は第一七条の改正時（一九五三年）ではなく、行政協定の締結時（一九五二年）にすでに交わされていたとも読みとれる。地位協定研究会『日米地位協定逐条批判』（新日本出版社、一九九七年）、一五二―一五三頁にも、「五二年の日米行政協定締結時に日米間で日本の第一次裁判権放棄の密約があった」との記述がある。

(55) Sonnenberg & Timm, *supra* note 14, p. 389.

(56) *Ibid*., p. xxii.

(57) たとえば、一九五七年および安保改定交渉中の一九五八年の二度にわたり、米側から合意の公表を求められたが、岸信介首相は国内情勢を理由に拒否している。布施・前掲書（注33）、一二九―一三〇頁。

(58) 吉田敏浩『密約―日米地位協定と米兵犯罪』（毎日新聞社、二〇一〇年）、八六―一〇六頁。布施・前掲書（注33）、一二一―一三二頁。

(59) 国立国会図書館では現在、この通達を収めた法務省資料の閲覧が禁止されている。吉田・前掲書（注58）、四二―四五頁、等を参照。

(60) 条約の条文の変更は、一般的には「改正（amendment）」という（条約法条約三九条）。安保条約・地位協定については「改定」という表現が浸透しているが、本稿では、引用等の場合または文脈上支障を生じる場合を除き「改正」を用いる。

(61) 本間浩『在日米軍地位協定』（日本評論社、一九九六年）、二頁。

(62) 運用改善後の経緯については、岩本誠吾「日米地位協定の見直し交渉過程覚書」『世界問題研究所紀要（京都産業大学）』二一巻（二〇〇五年）、四七―四八頁。山本健太郎「日米地位協定の運用改善の経緯」『調査と情報（国立国会図書館）』七六六号（二〇一三年）、四―五頁。

(63) この合意は口頭での確認にとどまり、外務省HPにも記載がない。山本・前掲（注62）、六頁。

(64) 要請書および要請事項の本文は、本間・前掲書（注61）、三九三―三九五頁。

(65) 日米合意に基づく対応および沖縄県の要請内容は、沖縄県知事公室基地対策課『沖縄の米軍基地・平成二五年三月』（二〇一三年）、九〇―九九頁、一〇五頁を参照（沖縄県ＨＰで閲覧可能）。二〇一七年九月に刷新された要請書においても、本稿に関連する要請点は、変更なく維持されている。

(66) 前泊博盛「日米地位協定にみる日米関係」孫崎享・木村朗編『終わらない〈占領〉』（法律文化社、二〇一三年）、一二五頁。三党改定案の全体的な検討は、同論文の一一九―一二六頁を参照。

(67) 「日米地位協定に関する意見書」（二〇一四年二月二〇日）、四―五頁、四七―五四頁。本意見書およびパンフレット「日米地位協定の改定を求めて―日弁連からの提言」はともに、日弁連のＨＰから入手できる。

(68) 「日米地位協定の改定に関する質問に対する答弁書」（内閣参質一五一第四〇号平成一三年七月二三日）、「三について」。山本・前掲（注62）、八頁も参照。

(69) たとえば、「相模原総合補給廠の爆発火災と日米地位協定に関する質問に対する答弁書」（内閣参質一八九第二七三号平成二七年九月一五日）、「二について」を参照。

(70) John Woodliffe, *The Peacetime Use of Foreign Military Installations under Modern International Law* (London: Martinus Nijhoff Publishers, 1992), p. 171.

(71) 本間・前掲（注50）、一二〇―一二二頁、一二五―一二六頁。山本章子「米国の海外基地政策としての安保改定」『国際政治』一八二号（二〇一五年）、一一二―一一三頁。

(72) 本間浩は、ＮＡＴＯ協定も抜本的に見直すべき時期に来ていると述べる。布施・前掲書（注33）、一三五―一三九頁。

(73) ISAB Report, *supra* note 42, pp. 11-12 (see, footnote 4).

(74) 本間・前掲（注35）、一二八―一二九頁。

(75) 沖縄タイムス、二〇一五年九月三〇日、三面。

(76) 前泊・前掲（注66）、一一六―一一七頁。

(77) 野添文彬『沖縄返還後の日米安保』（吉川弘文館、二〇一六年）、一八一―一九一頁。

(78) Stambuk, *supra* note 41, pp. 83-84.

(79) 日米間では、合同委員会の「刑事裁判管轄権に関する合意事項」第四〇項がそれにあたる（外務省ＨＰで公開されている)。

(80) Stambuk, *supra* note 41, pp. 111-112.

(81) 新原・前掲書(注29)、一七九頁。ISAB報告書によれば、米国は、受入国が第一次裁判権をもつ場合には、被疑者の起訴までの身柄拘束(pre-trial custody)を、自国の「刑事裁判権を最大限に確保する努力の一環として」追求してきた。ISAB Report, *supra* note 42, p. 18.

(82) 外務省や防衛省のHPで公開されているのは、合同委合意の一部の「全文又は概要」であり、合意の総数は明らかにされていない。吉田敏浩『「日米合同委員会」の研究』(創元社、二〇一六年)、三六—四三頁。本稿で取り上げた裁判権放棄の密約の形成過程等につき、同書から多大な示唆を得たが、同書に接したのが本稿脱稿後であったため、本文中に反映させることはできなかった。

(83) Command Policy, Joint Committee and Subcommittees, USFJ INSTRUCTION 90-203, 31 July 2002, p. 2, paras. 3.2.6-3.2.7.

(84) 「行政協定がきまるまで」・前掲(注12)、五一頁。

第4章　逆風下での日中関係改善の試み
――最後の親中国派・福田康夫

若月秀和

はじめに

第二次安倍晋三内閣は安保法制による日米同盟強化や、ＡＳＥＡＮやインド、豪州、ロシアなどとの関係強化を通じて、二一世紀に入り台頭著しい中国に対して勢力均衡を確保し、その力を背景に中国との適正な関係を築く外交路線をとっている。国際政治学のリアリズムの立場に依拠した極めて明快な路線であり、反中感情が高まる日本の国民世論からの支持に支えられている。二〇一六年の参議院選挙においても、民進党など野党勢力は安保法制に対して明確な反対姿勢を示しながらも、安倍内閣のアジア外交に対する批判や代替策を明確に打ち出していないのが現状である。

しかしながら、中国との対抗関係を基軸にした現在の日本外交が、長期的に見て賢明かつ持続可能性の高いものかといえば疑問である。引っ越しができない隣国同士で、経済的にも高度に相互依存関係にある日中両国が、各々偏狭なナショナリズムに駆られて、尖閣諸島という無人島をめぐって戦争に突き進む事態は避けなくてはならない。このような破局を回避するためには、対中外交をどのように進めていくべきなのだろうか。

中国の台頭が明白なものとなった二一世紀以降、日中両国は、歴史認識や領土、資源などをめぐって対立し、相互の国民感情も悪化するなど、両国関係のかじ取りは一層難しくなっている。もっとも、靖国参拝を繰り返した小泉純一郎首相が退陣した二〇〇六年九月から一〇年九月の尖閣近海での漁船衝突事件までは、日中関係が相対的に安定した時期がある。特に、福田康夫内閣時代（二〇〇七年九月～〇八年九月）には、日中両国は、「『戦略的互恵関係』の包括的推進に関する日中共同声明」に署名し、歴史認識問題は相対化され、東シナ海ガス田共同開発も大筋で合意され、日中関係が総じて一段ステップアップした。

以上のように、首相として日中関係を安定化させた福田は、首相退陣後も、日中関係の安定に大きな役割を果たしている。二〇一二年の尖閣国有化により約三年間途絶えていた日中首脳会談が、二〇一四年一一月に開催された背景には、安倍首相の依頼を受けて福田が事前に訪中して地ならしをしたことが作用している。また遡って、小泉首相の靖国参拝をめぐって日中関係が緊張した時には、福田が内閣官房長官として、北京とのパイプ役となり、関係の安定化に一定の役割を果たした。

かつて、日中関係の重要なパイプを握っていたのは、自民党内最大派閥の田中派―竹下派―小渕派と続く経世会であった。ところが、二〇〇〇年以降、経世会の力が急速に衰え、福田（赳夫）派

―安倍（晋太郎）派―森派と続く清和会が多くの総理総裁を輩出し、影響力が高まっていった。この清和会は、かつての青嵐会所属の議員を多数擁し、親台湾派が多く、概して中国には疎遠な派閥である。経世会が衰え、また民進党など野党も北京に確たるパイプを持たない状況下、清和会に属しながらも、中国との関係を重視する福田の存在は一層重要となっている。

そこで、本研究では、福田康夫という一人の人物に着目して、彼の官房長官時代、首相時代、首相退任後と大きく三つの時期に区切って、福田が如何なる認識をもとに日中関係の安定化に動いていったのか検証していきたい。彼の言動や認識を通じて、現下の安倍首相による対中外交に代わるオルタナティブは一体どのようなものなのか考察していきたい。

第1節　バックグラウンド

福田康夫は、一九五九年に早稲田大学卒業後、一七年間、丸善石油（現コスモ石油）に勤務する。一九六二年から二年間、米国ロサンゼルス支店に赴任し、帰国後に石油製品の輸入課長を務めた。一九七六年、父・福田赳夫首相の秘書官となり、一四年間の秘書官生活を経て、一九九〇年に父親の地盤を引き継ぎ、初当選する。当選後は、外務政務次官、党外交部会長と外交関係のポストで地歩を形成した。

父・赳夫は首相時代、一九七七年の東南アジア歴訪で「福田ドクトリン」を発表し、翌七八年には日中平和友好条約を締結するなど対アジア外交で足跡を残した。その父の言動を、秘書官として最も近くで見ていたのが康夫であった。父同様、アジアへの思いや関心は強かった。赳夫は岸信介元首相の直系で「タカ派」と見られることが多かったが、実際は大蔵官僚出身で経済政策を得意とする政治家であり、憲法改正を声高に唱えることはなかった。赳夫も康夫も、国家主義とは明確に一線を画した政治家であった。(1) 同じ清和会ながら、安倍が岸を引き継ぐのに対して、福田は、「福田ドクトリン」に見られるような戦後の平和主義路線を継承している。(2)

ちなみに、赳夫が戦時中、汪兆銘の国民政府の財政顧問となった関係で、康夫は幼稚園児の時期、二〜三カ月の短い間ではあったが南京で暮らした経験もあり、中国に親近感を持っていた。(3) しかし、福田の対中重視姿勢を規定しているのは、親近感以上に、日中の力関係の変化に対する鋭敏な感覚である。福田自身、「私が官房長官であった時（二〇〇〇〜〇四年）、中国の一人当たりの所得は日本の五〇分の一ぐらいだった。ところが、いまは四分の一近くになっている。貧富の差はあるものの、中国の生活がここまで変わっている現実を、我々も踏まえなければならない」と二〇一五年に語っている。(4)

第2節　官房長官時代

二〇〇〇年一〇月、福田は森喜朗内閣の官房長官に就任するが、この時期、李登輝前総統の来日が政治問題化する。李本人は個人的にも最も関係が深かったにもかかわらず、相当在任中になしえなかった日本への訪問を強く望んだ一方、中国は李が台湾政治になお隠然たる影響力を持っている人物と警戒して、彼の訪日を阻止しようと日本側に圧力をかけた。他方、日本世論は李訪日に総じて好意的であった。最終的には森首相の裁断で、李訪日が決定する。その決定を受けて、李前総統は二〇〇一年四月、政治活動を行わないという約束のうえで、心臓病の治療を理由に岡山県を訪問するという結果となったが、この微妙なかじ取りを日本側で主導したのは福田官房長官であったという[5]。

李へのビザ発給について、森と安倍晋三官房副長官、衛藤征士郎外務副大臣が賛成の立場であったのに対し、河野洋平外相や外務省の槙田邦彦アジア局長が強く反対するという構図があった。そのなかで、福田は中立的立場であった。その福田が最終的に発給を決断したのは、親中国派と目されていた『朝日新聞』が社説で、発給賛成を表明し、他紙に足並みを揃えたことが大きかった。福田は、「全紙が支持している。もう決断するしかない」と槙田アジア局長に伝えたと見られる。一方で、李の側近である彭栄次という台湾人企業家が、福田に対して活発な説得工作を重ねていた。もともと、父・赳夫は台湾と親しく、福田自身も若いころから台湾をしばしば訪れ、台湾との縁は浅くなかった[6]。

二〇〇一年四月に退陣した森内閣を引き継いだ小泉内閣でも、福田は官房長官に留任するが、新内閣の発足早々、靖国問題が表面化する。二〇〇一年四月の自民党総裁選で、小泉が靖国参拝を公約したことから、終戦記念日に参拝するか否かが大いに注目されたためであった。中国政府が参拝しないよう要請するなか、福田らが中国側と水面下で調整をした結果、小泉は、八月一五日ではなく、一三日に参拝した[7]。

首相参拝の直前、福田は唐家璇外交部長に対して電話で、首相の参拝実施の旨を伝え、参拝の延期が「日本国内の民族主義的な感情を刺激することにより、日中関係に不利になる」と説明した。そのうえで、「小泉首相は日中関係を重視しており、中国側には彼の今後の実際の行動を見てほしい」と強調する。[8] これに対して、中国側は参拝日を前倒ししたことに「留意」を示し、また両国関係の発展にも関心を示した。[9] すでに参拝は止められないと判断した両国の外交当局は、参拝後のダメージをいかに軽減させるかで一定の交渉ができていたようだ。[10]

一方、福田は、「靖国神社問題は極端に政治化された問題になったが、これは非常に不幸である」、「韓国や中国との争いにはいかなる利益もない」との見地から、二〇〇一年一二月、「有識者懇談会」を設置し、靖国神社に代わる他の追悼施設の設立を検討させる。二〇〇二年一二月、同懇談会は、「国立の無宗教の追悼施設を建設する必要がある」との報告書を提出した。[11] もっとも、この提言は靖国神社を強く支持する側から強い反発を受けたため、小泉内閣で実際に顧みられることなく終わった。[12]

他方、小泉は二〇〇一年一〇月に訪中し、日中関係は安定化するように思われた。しかし、日中国交正常化三〇周年にあたる二〇〇二年の四月、小泉が二度目の参拝を行うと、中国の対日感情が大幅に悪化してしまう。この時の参拝にあたり、小泉は反対されることを見越して、福田や外務省幹部にも事前に伝えなかったため、前年のように中国側との調整もなかった。中国にとっては不意討ちの参拝となった。[13]

さらに、二度目の首相参拝直後の五月、中国・瀋陽の日本総領事館に駆け込んだ脱北者五人を中国の武装警察官が連行する事件が発生し、在外公館の不可侵に関する「ウィーン条約」や五人の身柄をめぐり、日中両国は対立した。一方、この時期、森前首相が旧知の陳水扁・台湾総統の招請を受け、六月ごろの台湾訪問を密かに検討していた。陳総統は台湾独立派の急先鋒であり、本件が日中間のさらなる火種になりかねなかった。

前首相の訪台情報を聞きつけた福田は、訪台した場合の中国の反発を懸念して、森に対し、「九月の日中国交正常化三〇周年式典が終わるまで、訪台は待ってほしい」と要請した結果、訪台は二〇〇三年一〇月まで延期された。これを受けて、中国も、瀋陽総領事館駆け込み事件の二週間後、連行した脱北者五人をフィリピン経由で韓国に出国させ、「人道的配慮」を求めた日本側の要請に応じた。日中関係はひとまず小康状態とはなったが、九月の国交正常化三〇周年式典に伴う、小泉の訪中は実現しなかった(14)。

翌二〇〇三年八月、福田は日中平和友好条約二五周年を祝う式典に参加するため、橋本龍太郎・村山富市両首相とともに訪中した。現職の官房長官が海外に出ることは珍しいが、平和友好条約締結時の首相が父・赳夫であったためであろう(15)。訪中した福田は、冒頭から小泉を批判する温家宝首相に対し、歴史問題を時間かけて解決するとともに、経済の連携強化や文化交流の促進など、靖国問題以外の分野の協力を先行させるように提案した(16)。

二〇〇四年四月、福田は年金未納問題を理由に官房長官を辞任する。しかし、年金問題は表面的な理由で、深層の理由はアジア外交、対北朝鮮政策、靖国参拝などの問題をめぐって、小泉首相および、安倍官房副長官、飯島勲総理秘書官との深刻な意見の不一致であった(17)。

官房長官辞任後は、小泉内閣と距離をとり、表立った行動を控えた。しかし、小泉の総裁任期切れとなる二〇〇六年九月を控えて、後継者として有力視されたのが、福田と安倍であった。ともに、小泉内閣の官房長官を経験して、知名度は高かった。前者は高齢でハト派、後者は若くてタカ派と対照的な二人であった。ところが、土壇場になって福田が立候補を辞退して、総裁選挙は安倍の圧勝となり、第一次安倍内閣が成立となる。[18]

第3節　首相就任――「共鳴外交」を標榜

二〇〇七年九月、安倍首相の突然の辞任により、福田はその後継首相となる。安倍から福田への政権リレーは、タカ派・保守の安倍から中道・リベラルの福田という「振り子の論理」が作用したものであった。すなわち、安倍は防衛力や日米安保の強化に積極的であるのに対し、福田は集団的自衛権行使には「やや反対」の立場であり、安保・外交面で民主党や連立相手の公明党に近い位置にいた。国家観や伝統に関する争点でも、太平洋戦争を「侵略戦争」とし、靖国参拝をしない立場の福田に対し、安倍は戦争に関する認識は不明確であり、靖国参拝論を主張し、国立追悼施設建設に反対していた。[19]

自民党清和会から四人連続総理・総裁を出すという異例の事態であった。党内ハト派の経世会や宏池会の弱体化で独自の候補を出すことができず、これらハト派勢力（古賀派・谷垣派）が清和会内ハト派の福田を支持する側に回り、福田内閣の成立となったのである。二〇〇七年七月の参院選敗北による「ねじれ国会」という厳しい状況の下、福田は小泉構造改革の負の遺産と安倍の国家主義路線の修正という課題に対処することになった[20]。

福田は首相に就任すると、「共鳴（シナジー）外交」を打ち出した。日米同盟とアジア外交ともに重視することで両者が共鳴し、日本外交をより強力なものにできるという考えであった[21]。前年二〇〇六年六月、講演で日米中関係の今後について、「米中関係は強化されると思う。日中関係が悪ければ日本が米国のお荷物になってしまう。アジア諸国も中国寄りになりかねない。日米、日中の両方をしっかりやることがアジア地域の安定につながる」と強調していた。「共鳴外交」とは、中国台頭という地域秩序の大変動に対する福田の対応策であった[22]。

むろん、福田には対米関係を相対化する意図はなく、最初の外遊先を米国に設定した。政権発足時、福田は自らの外交ブレーンである五百旗頭真防衛大学学長に対し、「日米関係をしっかりした上で、アジアの関係を再構築するんだ。アメリカとアジアの二者択一ではなく、相乗効果を考えたい」と語っている[23]。

しかし、「共鳴外交」の実質化は容易ではなかった。日米関係では、自衛隊によるインド洋上での給油活動について、「ねじれ国会」の下、民主党の協力が得られないまま根拠となる対テロ措置法が期限切れになった。これに代わる新テロ特措法は、衆議院での三分の二以上の再可決を経て成立するが（二〇〇八年一月）、給油活動は四カ月あまり中断した[24]。また、二〇〇七年一一月の福田首相訪米を通じて、牛肉輸入問題や在日米軍への「思いやり予算」をめぐる日米間の対立が顕在化した。また、米国が北朝鮮のテロ国家指定解除が取り沙汰され、日本国内の対米感情が悪化しかねなかった。往年の「小泉―ブッシュ関係」に象徴される日米間蜜月のピークは過ぎていた(25)。

一方、中国の福田新内閣に対する期待は高かった。福田は官房長官時代から日中関係に強い関心を持ち、二〇〇七年九月の自民党総裁選に際しても、靖国参拝をしないこと、アジア重視の姿勢を明確にしていたためである(26)。対抗馬の麻生太郎は、安倍内閣の外相を務め、靖国参拝支持で、中国に対してより強硬な立場にあった。したがって、温家宝首相は福田の首相就任のその日に祝電を送った。そして、その三日後に福田と温は電話会談を行い、日中関係の重要性と「戦略的互恵関係」の構築推進を約束し合った。この会談で福田の年内訪中も固まる(27)。

もっとも、福田が首相に就任する前から、日中関係の基調は改善の方向に向かってはいた。二〇〇三年に成立した胡錦濤政権は、日本の首相が靖国参拝を行わないことを条件に、日中間の対立緩和と戦略的な関係構築を求めるシグナルを繰り返し発していた。二〇〇六年九月に小泉の後任首相となった安倍は、この中国側のシグナルに応じ、「戦略的互恵関係」という新たな対中外交の方針を打ち出し、政権発足直後に、日本の首相としては五年ぶりに訪中して、関係改善の足がかりを築いた。翌二〇〇七年四月には温家宝首相が訪日し、国会演説で日本政府による謝罪がすでになされていると表明した。日中両政府間の様々な対話・交流が活発化していた(28)。

しかし、訪中に先立ち首相として靖国参拝を行うか否か明言を避けるなど、安倍の歴史問題に対する姿勢は曖昧であった。また、二〇〇七年三月の参議院予算委員会の答弁で、従軍慰安婦問題に関し、国家の関与を否定したと受け取れる答弁をして、米メディアや中韓両国などから批判された(29)。さらに、安倍（麻生外相）が掲げた「価値観外交」「自由と繁栄の弧」にしても、「自由と民主」という価値観を共有する米日豪印四カ国の関係を強化しようという姿勢が、中国にとって自国への牽制が狙いではないかという猜疑心を絶えず呼び起こした。[30]

ところが、福田内閣が誕生すると、「価値観外交」や「自由と繁栄の弧」はひっそりと息を潜めるように、その存在感を失った。新内閣の高村正彦外相の諸演説や発言からは、これら概念が姿を消し、二〇〇八年四月刊行の二〇〇八年度版『外交青書』では日本外交の目標としては記述されなくなった。福田—高村は、あえて「価値観外交」の継続を表明しないことで、対中政策の機会の増大を図ったと言える。一方、福田内閣の予測可能性が高まったことで、中国政府も対日関係改善を推進しやすくなった。[31]

事実、日本の海上自衛隊の招請に応じて、中国海軍のミサイル駆逐艦「深圳」が二〇〇七年一一月末に日本を友好訪問した。中国人民解放軍の海軍艦艇の初めての訪日であった。また、一二月一日、第一回中日ハイレベル経済対話（高村外相ら六閣僚訪中）が北京で開催され、マクロ経済政策の交流強化や省エネ・環境保護協力の強化、貿易投資協力、多国間地域協力について意見を交換した。[32] 一一月下旬には、谷垣禎一自民党政調会長と斎藤鉄男公明党政調会長が訪中して、政党間交流が活気づいてきた。[33]

日本の社会を見ても、安倍から福田に首相が交代しただけで、社会の中の刺々しい対中感情がかなり緩和したと見られる。政権トップの姿勢が政治、社会に大きく影響するということだろう。インターネットなどでも反中的な言動も雰囲気が緩和してきた。中国でも、メディアを通じた日本への攻撃的な報道の規制や、インターネットの規制強化、日本の良い面を含む多面的な報道を奨励する動きも出て、刺々しい反日言論が鎮静化した。靖国以外の難しい問題についても打開の道、関係改善への希望が高まりつつあった[34]。

第4節　福田首相訪中（二〇〇七年一二月二七〜三〇日）――「迎春の旅」

二〇〇七年一二月二七日、福田首相は、「迎春の旅」と命名された四日間の中国公式訪問の途に就いた。翌二八日午前、福田は温家宝首相との首脳会談で、「『心と心』の通じ合いを進め、二〇〇八年を日中関係の『飛躍』の年にしたい」と語ったうえで、歴史問題について以下のように語った。

振り返りたくない歴史であればあるほど、正しく見つめ、次の世代に理解をしてもらう必要がある。これは我々の世代の責任である。この基礎の上に立つことで、初めて過ちの繰り返しを避けることができる。……日本は平和国家の道をこれからも歩み続けることを堅持し、この基礎の上に立って中国と未来に向けた関係を築く[35]。

一方、台湾に関する日本の立場について、福田は、「日中共同声明にあるとおりであり、何ら変更はない、心から平和的解決を望んで」いると述べた。特に、当時取り沙汰されていた台湾の国連加盟を問う国民投票について、「一方的な現状変更につながっていくのであれば、支持できない」と発言した。温首相もこの福田発言を評価した[36]。

またこの会談では、「東シナ海問題に関する新たな共通認識」が示され、「東シナ海を平和・協力・友好の海」とすることを確認したうえで、問題の早期解決が「日中双方の利益に合致する」との見地に立ち、局長あるいは次官級の協議を通じ、「大局の観点から」合意を目指すことで一致した。[37] さらに、福田は、「胡主席に桜の咲く頃に訪日頂きたい」と要請すると、温も主席の訪日を「成功させたい」と応じた。[38]

温との会談後、福田は北京大学でのスピーチを行う。ここで、「歴史上、日中両国が共に、今ほどアジアや世界の安定と発展に貢献できる力を持ったことはないでしょう」と語り、「日中平和友好条約締結三〇周年を迎える二〇〇八年を日中関係の飛躍元年にしたい」と述べた。そして、戦略的互恵関係の三つの柱として、①「互恵協力」（環境・省エネ、知的保護等）、②「国際貢献」（気候変動、北朝鮮、国連改革、アフリカ等）、③「相互理解・相互信頼」（青少年、知的交流、安全保障分野における交流強化）を提起した。

そして、「日中両国は、単に利益・利害だけで結びついている存在では」なく、「長い交流の歴史を持つ隣国であり、互いの文化や伝統を共有」していると指摘したうえで、「人権、法治、民主主義といった普遍的価値を共に追求することも重要」である一方、「日中両国に深く埋め込まれた共通の基盤、価値に思いを致すことも大切だ」と主張した。さらに、「私たち政治家は、双方で起こりがちな折々の感情的な言論に流されることなく、世界の潮流や大義に沿って」、日中関係を着実に前進させていかなくてはならないと論じた。[39]

その後、福田は胡錦濤主席との会談に臨んだ。胡主席は会談冒頭、「三〇年前（一九七八年）に、鄧小平氏と福田総理の父上が平和友好条約を締結したが、同条約は日中関係の重要な政治的、法律的基礎を与えるもの」、「福田総理が二〇〇三年の日中関係の困難なときに毅然として訪中され、平和友好条約締結二五周年行事に参加されたことを今でもよく覚えており深い感銘を受けた」と切り出した。そのうえで、福田が首相就任以来、「戦略的互恵関係を重視し、父上同様、日中友好事業に対し、大きな貢献をされた」と評価しつつ、今回の訪問が「日中関係の発展に必ず貢献されると確信」すると述べた。また、福田が提示した戦略的互恵関係の三つの柱について賛意を表明した。以上の胡主席の発言について、福田も強く同意しつつ、環境問題に関する日中協力の必要性に言及した。(40)

その後の胡主席主催の夕食会では、国内政策をはじめ広範囲に及び、親密な雰囲気のなか行われた。特に、福田は、日本で論語ブームであり、改めて孔子の教えが学ばれていると発言。胡も中国でもブームで盛り上がっており、様々な講座や解釈本が出ている旨説明した。また、去る六月に胡が一九八四年の三千人訪中団のOB二〇〇人を温かく歓迎したことが話題になり、福田から一九八五年に胡が率いて訪日した中国人青年団のOB等二〇〇人を、胡の訪日に合わせて招待したい旨表明した。(41)なお、福田はこの席で、「我々は違う国ではあるが、ある意味では、我々は運命共同体なのだ」と踏み込んだ発言を行った。(42)

訪中最終日の一二月三〇日、福田は孔子の故郷・山東省の曲阜の孔子廟を訪れた。福田は多くの場で、当地を訪れることは日中両国の文化面の共通の伝統を自ら体験するためと語った。史跡を巡った福田は、「温故知新」をもじって「温故創新」と揮毫した。論語の「温故知新」は、「歴史を鑑とし、未来に目を向ける」という意味が含まれている。福田はテレビのインタビューで、「孔子の言葉は二五〇〇年余り過ぎた今も非常に生命力があり、尊重されるべきだ」と語った。さらに孔子の儒家思想が常識として人々の心に根付けば、世界は必ず非常に平和になると語った。[43]

前出の北京大学でのスピーチも、孔子廟訪問も、福田の中国文化に対する尊敬の念と、今後の日中間の友好と協力に対する福田の楽観主義をよく示していた。福田は、日中両国が相互の文化を尊重し、また両国が歴史と文化を共有している点を見出すよう求めたのである。[44] なお、今回の首相訪中にあたっては事前に、学者を集めた外交勉強会が活発に開かれ、中国専門家や中国古典に詳しい学者たちの意見を聴取している。[45]

今回の首相訪中にあたって、中国側は破格の待遇で福田を迎えた。福田の首相就任に大きな期待を寄せた表れであった。歓迎晩餐会は胡の主催であったが、中国側トップによる日本首相に対する晩餐会は中曾根康弘首相以来二一年ぶりであり、胡が自ら福田を会場の車寄せまで見送ったことも日本側を驚かせた。[46] また、北京大学での福田スピーチを全国で生中継することや、首脳会談後に両首脳が並んで記者会見することに中国側が応じたのは、福田への信頼感、安心感によるものであった。日中関係の抱える脆弱性に鑑みれば、両首脳が同関係の重要性を広く両国国民に訴えることは意義があった。[47]

第5節　胡錦濤主席の訪日（二〇〇八年五月六～一〇日）……「暖春の旅」

二〇〇七年を通じて形成された日中間での協力促進の趨勢を反映して、中国社会の対日世論は、改善する傾向を見せたと言われた。それとは対照的に、福田内閣誕生で一時緩和したかに見えた日本社会の対中世論は、二〇〇八年初頭に表面化した中国製冷凍ギョーザ中毒事件および三月のチベット騒乱とそれに起因する北京五輪の聖火リレーをめぐる世界的な騒動の影響を受け、一向に改善されなかった。(48) 中国政府内部では、「国家主席訪日は失敗が許されない。五輪が終わってから落ち着き、中日平和友好条約批准書交換三〇周年に合わせて一〇月に訪問すればいいじゃないか」という意見もあった。しかし、胡は首を縦に振らず、ほぼ予定通りに訪日した。ギョーザ問題という逆風の吹く日本で、チベット問題で傷ついた中国の国際的イメージを取り戻し、五輪成功への道筋をつけなければならなかったからだ。(49)

二〇〇八年五月六日から一〇日まで、胡錦濤は中国国家主席としては一〇年ぶりに日本を公式訪問した。この訪日は、「暖春の旅」と名付けられた。

七日、福田と胡主席との会談が行われた。両首脳は、日中間の相互理解・相互信頼促進、互恵協力拡大を通じ、アジア太平洋及び世界の良き未来を共に創造するとの信念を共有することを確認した。また、胡は円借款等による中国近代化への支援、北京五輪に対する支持に謝意を表明する。さらに、毎年、一方の首脳が他方の国を訪問する等頻繁な首脳会談開催で一致した。(50)

次いで、日中間の相互理解・相互信頼に関し、両首脳は青少年交流の重要性を強調した。安全保障分野での交流については、同年中の防衛相訪中と海上自衛隊艦艇の六月訪中などで一致した[51]。特に、福田は、安全保障分野で相互の透明性を高め、相互理解と信頼関係を一層強化するべく、若手自衛官と人民解放軍の若手将校の交流に加え、軍種間、防衛関係の教育・研究機関間の交流拡大を提起した。胡もこの提案を検討していくことで合意する。さらに、防衛当局間の連絡メカニズムの早期設置やPKO・災害救援などの分野での協力可能性を検討していく点でも、両首脳は一致した[52]。

一方、日中間の火種となっているギョーザ問題に絡み、胡は中国政府が食の安全を非常に重視しており、関係部門が粘り強く調査を続け、日本側に連絡してきた旨を発言した。これに対し、福田も同事件が一つ誤れば不特定の人命が失われていた可能性を指摘し、うやむやにはできないと述べた。両首脳は、両国間の協力を通じて、事件の真相が早期に解明されるよう期待を表明した[53]。

もう一つの火種であるチベット情勢について、胡は、三月一四日の騒乱は平和的なデモではなく、重大な暴力犯罪行為であり、祖国分裂活動、北京五輪に対する破壊・妨害活動と位置付けた。本件はあくまで、祖国の分裂か統一かという国家主権の問題であるとの主張であった。その一方で、ダライ・ラマとの接触・話し合いを通じて、問題を解決するべく、最近接触を行い、今後とも接触、話し合いを続けることになったと説明するとともに、中国側のチベット側に関する立場について、日本側が一層理解し、支持するよう希望を表明した。

これに対し、福田は、日本を含めて国際社会がチベットの状況に懸念・心配する声が広がっていると指摘したうえで、状況に関する十分な説明を尽くすよう要請した。また、ダライ・ラマ側との接触に踏み切った点を評価し、粘り強く接触していくよう求めた。さらに、当該問題が複雑かつ難しい点に理解を示しながらも、国際社会は大国である中国の動きに関心を寄せており、話し合いを通じて、状況が改善されることに強い期待を表明した[54]。

なお、福田は事前に胡に対し、チベット問題に関する親書を直接送っている。その内容について、首相の外交ブレーンの五百旗頭真は、次のように説明している。

中国はいま北京五輪を前に非常に難しい胸突き八丁の所にいるのはよく分かる。日本も東京五輪を越えて、ようやくやっていけるようになった。中国も今日の難局を越えて、国際的に信頼される大国として進むことになるだろう。心からそれを支持する。ダライ・ラマとの対話を再開し、日本に来てください。五輪を成功させ、世界から祝福され、信頼される道を歩んでください。自分としても、できるだけの協力はする、というようなことをお書きになったようです。

胡は日本に到着した晩の夕食会の席で、特に上記の親書に言及して、お礼を言い、親書は首相の哲学を示すもので感銘を受けたと語った。胡は親書に共感を覚えて、きちんと受け止めたものと見られる[55]。事実、四月一六日、胡は、訪中した自民党の伊吹文明幹事長が首相親書を受け取った後、時間を置かずに返書を送るかたわら、胡の東京入りの二日前、中国はロディ・ギャリ特使との対話に踏み切る[56]。

さらに、この少人数会合では、日本の国連安保理常任理事国入りも議題となった。本件に関する中国側の理解と支持を要請する福田に対し、胡は国連安保理改革に関する具体案は現時点ではないと指摘しながらも、具体的な改革案を見出すべく日中両国が努力する必要性に言及した。また、胡は、中国は日本が国連において積極的な貢献を行っていることに対し積極的に評価するとともに、日本が国際社会でさらに大きな建設的な役割を果たすことを望むと述べた[57]。

そして、少人数会合では東シナ海資源開発問題も話し合われ、両首脳はこの長年の懸案に解決の目途が立ったことを確認し、今後さらに細目を詰めて、できるだけ早期に合意することで一致した[58]。会談終了後、両首脳は、一九七二年の共同声明、七八年の平和友好条約、九八年の日中共同宣言に続く、日中間の第四の政治文書である「『戦略的互恵関係』の包括的推進に関する日中共同声明」に署名した。同声明は、長期にわたる平和友好協力こそ双方の唯一の選択であると強調したうえで、中日関係の三つの文書の原則を厳守し、日中の戦略的互恵関係の新たな枠組みと局面を切り開くことを重ねて表明した。また、相手側の平和的発展を支持するとともに、世界的な課題に協力して対応すること表明する[59]。

以上のような日中間の戦略的互恵関係が拠って立つ世界認識は、グローバル化と相互依存の高まりのなかで、日中両国が歴史上初めて、ともに世界の大国として存在するようになったということであった。日中両国が大国に相応しい責任を果たすため、協力し合うべきというのが、戦略的互恵関係の共通認識であった。この認識の帰結が、「長期にわたる平和友好協力こそ双方の唯一の選択」とした共同声明上の表明につながっている[60]。

これまでの三文書と比較して、今回の第四の文書は、福田と胡の最高指導者が署名していることが特徴であった（一九九八年の日中共同宣言は両国首脳の署名なし）。そして、同文書の重要な特徴の第一は、日中間の歴史的歩みを未来志向で総括し、日中の相互認識を共有したことであった。すなわち、「双方は歴史を直視し、未来に向かい、日中『戦略的互恵関係』の新たな局面を絶えず切り開くことを決意し……」と記述され、一〇年前の共同宣言と比較しても、過去の歴史に関する表現は明らかに淡泊になった。台湾についても、今回の共同声明ではより簡潔な記述に止まっている。

また、今回の共同声明は、戦後の両国の歩みについて高く評価し合ったのも特徴的であった。すなわち、相互に脅威にならず、相手国の平和的発展を支持することを表明したうえで、日本側は「中国の改革開放以来の発展が日本を含む国際社会に大きな好機をもたらしていることを積極的に評価」する一方、中国側は、「日本が、戦後六〇年余り、平和国家として歩みを堅持し、平和的手段により世界の平和と安定に貢献してきていることを積極的に評価した」のである。[61]

胡は五月八日の早稲田大学での講演でも、「日本国民は、勉学と創造に長じ、勤勉さ、英知と向上心に富んでいます」、「明治維新以降、日本国民は世界の先進的文明を学び、吸収し、日本をアジア最初の近代国家に発展させました」、「日本は製造業、情報、金融、物流などの分野において世界をリードし、世界一流の省エネと環境保護技術を有しています。これは、日本国民の誇りであり、中国国民が学ぶに値するものであります」というように、日本賞賛を繰り返した。それと同時に、「日本政府は中国に円借款協力を提供し、……中国の近代化建設を促進する上で積極的な役割を果たしました」、「日本各界の方々はさまざまな形で中国の近代化建設に暖かい支援を提供しました」とも述べ、中国の近代化に対する日本の貢献を明確に言及する。[62]

この演説は、一九八〇年代の「日本に学べ」と言った鄧小平＝胡耀邦ラインさながらに、胡錦濤が若かった頃の日中関係の良い雰囲気を再現しようという思いの入ったスピーチであった。中国側が、日本の戦後発展と平和への貢献を率直に文書化した前出の「『戦略的互恵関係』の包括的推進に関する日中共同声明」と合わせて、これらのメッセージは、本来ならば、左─右、親中─反中を越えた強力なメッセージになる。それゆえに、今回の共同声明や一連の胡錦濤発言はもっと報道されるべきであったが、国民性が褒められたことなど初めてだと専門家が指摘しても、報道は新聞、TVとも、ギョーザとチベットに集中しがちであった。[63]

さらに、中国が共同声明で、「気候変動の国際枠組みの構築に参加する」と約束したことも重要な成果であった。中国国内の環境問題が深刻化していることもさることながら、胡は対日協力姿勢及び「責任ある大国」というメッセージを示したかった。一方、気候変動問題は、日本がリーダーシップを示すことができる洞爺湖サミット最大の課題である。日本にとっては洞爺湖サミットの前に気候変動の枠組みに途上国が入るという方向が見えた意味で重要であった。[64]

これまで気候変動枠組みに入ることに抵抗していた中国がこれに協力姿勢をとったことで、米国も世界の枠組みに入らざるを得なくなった。これにより、サミットでグローバルな協力枠組みが構築されることとなった。[65] いずれにせよ、胡錦濤政権には、深刻化する環境問題をはじめ、現在の中国社会が抱えている多くの問題を乗り越えた日本から学びたいとの考えがあったようだ。[66]

そして、共同声明では、①政治的相互信頼関係の増進、②人的、文化的交流の促進及び国民の友好感情の増進、③互恵協力の強化、④アジア・太平洋への貢献、⑤グローバルな課題への貢献という五つの柱に沿って対話と協力の枠組みを構築する方針が示された。戦略的互恵関係の五つの柱に国民の友好感情の増進が含まれたことは、両国国民の互いに対する負のイメージが日中関係の安定化と発展を阻害するという認識を両国政府が共有したことを意味した。[67]

第6節　途上で終わった「共鳴外交」——突然の首相退陣

胡錦濤訪日を通じ、日中間の歴史認識、台湾といった問題は沈静化し、残るは、小泉内閣時代以来国民感情に悪影響をもたらしてきた東シナ海ガス田問題だけとなった。六月一八日、両国政府は当該問題について「日中合意」を発表した。内容は主に日中中間線を跨ぐ二七〇〇㎢の「日中共同開発海域」の設定と、「春暁—白樺」ガス田に日本企業が中国の法律に基づいて外資企業として資本参加することの二点であった。

当該海域は、ガスの埋蔵量は少なく、日本企業は収益が見込めない投資はできないし、日本政府も税金を注ぎこむことはできない。したがって、この「合意」は最初から合意するためのものではなく、東シナ海ガス田をニュースの話題から消し去り、非問題化して棚上げするためのものであった。[68]ともあれ、この日中間の合意により、東シナ海を平和の海とし、日中が協力する内海とすることができれば、東アジア文明世界への第一歩となるかもしれなかった。[69]

実のところ、以上の合意は、五月の胡錦濤訪日においてすでになされていたのだが、その時点では公にされなかった。中国国内でこの問題に対する強硬派からの反発が強く、今回の訪問で大幅な譲歩があったと見られたくなかったためと言われる。六月の公表後においても、あまりに日本側に譲歩しすぎた合意と目されて、中国国内で激しく批判された[70]。

しかも、合意から半年を経た二〇〇八年一二月、中国海洋局所属の海洋調査船二隻が尖閣近海に入り、海上保安庁の警告にもかかわらず九時間半にわたって海洋調査活動を強行する事態が起きた[71]。この動きも、ナショナリズム感情を背景に日中の共同開発に反発した勢力が、胡錦濤指導部の対日協調路線に対し妨害に出たものと解釈できよう。共同開発の早期実施を繰り返し求める日本側に対して、中国側の対応は鈍かった[72]。

一方、自民党内の保守派議員たちは、五月の日中首脳会談でのチベット・ギョーザ両問題に関する首相の対応について、「厳しい姿勢は示さなかった」と不満の声を上げた。その動きの中心には、「真・保守政策研究会」（会長・中川昭一元政調会長）があり、安倍晋三前首相が掲げた憲法改正など「戦後レジームからの脱却」路線の継承をうたっていた。研究会には麻生太郎支持者が多く、麻生は安倍、中川と提携を深めていた。チベット問題等の成り行き次第では、保守派が支持率低迷に悩む政権を揺さぶる可能性もあった[73]。

なお、安倍前首相は五月八日、来日中の胡主席との朝食会で、「チベットの人権問題を憂慮している。……五輪を行うことでチベットの人権状況が改善されることが重要ではないか」と述べた。この指摘に対し、胡は特に答えなかった[74]。胡主席来日前の五月一～二日に毎日新聞が行った世論調査では、日本の中国に対する姿勢を変える必要があるかと質問したところ、「今より厳しく臨むべきだ」とする回答が五一％と最も多く、「今より友好的に臨むべき」が二六％、「今のままで良い」

は一七％、無回答が六％だった[75]。

海洋調査船が頻繁に日本の近海に出入りするようになった二〇〇〇年を境にして、対中ＯＤＡのあり方に世論の批判が集中し、その削減が図られるようになるとともに、それまで表面化していなかった対中脅威論が市民権を得るようになっていた。その後、二〇〇五年のサッカーアジア・カップ後の反日暴動や上記のギョーザ事件により、日本人の対中認識が急速に悪化した。中国を毅然として批判することが世論の支持を得るようになっていた[76]。それゆえに、胡主席来日という外交イベントも、低迷する内閣支持率を押し上げることもなかった。

それでも、五月一二日に発生した四川大地震は、チベット騒乱に端を発する反中感情の高まりを大幅に緩和させたようだ。日本社会では、四川省の被災者に対する義捐金運動が盛り上がり、政府の対中援助に止まらず、民間からも義捐金や援助物資が中国に送られた。これは、日中両国民が様々な差異を抱えつつも人道主義でつながることができるという貴重な経験となった[77]。

この震災に際して、中国政府はまず日本に国際緊急援助部隊の派遣を要請し、一六日には第一陣が現地に入った。日本からの援助隊を最初に要請したことは、胡の直接の指示であったようだ。日本の緊急援助隊が発見した親子の遺体の前に整列して黙禱する写真が全国のメディアに配信され、日本隊の礼賛する記事や意見が溢れることになる。こうした写真の配信も、指導者による一定の意思が働かない限り不可能であった[78]。

七月九日、洞爺湖サミットに参加するため再び訪日した胡主席は、サミット議長の福田との会談で、日本の支援は日本国民の中国国民に対する友情の表れである旨述べた。なお、前日、胡は東京で日本の国際緊急援助隊の救助チーム及び医療チームの代表と会見して、心からの感謝の意を伝えている。また、福田は胡に対して、八月八日から開催される北京五輪の開会式への出席を正式に伝えた。[79]

一方、福田は五月二二日、国際交流会議における演説で、「中国という大国が安定して伸びていくことは、これは大変に大事なこと」、「アジアとさらには世界全体に対し、日本と韓国、中国が責任を共有している」と指摘したうえで、「太平洋というプリズムを通して」、アジアの過去・未来を考えると述べた。そして、ASEANの統合・発展への支援や日米同盟強化、経済成長と気候変動対策の両立といった日本外交の重点項目を挙げつつ、「日本は、アジアが躍動し、そして太平洋が一つの内海となるような、大きな成長の動きの中で、その一翼を担い、安定・発展の中核として、活躍の場を広げていきたい」と表明した。[80] 日米同盟と対アジア外交の「共鳴」を、「太平洋」という地域概念で包み込もうとの意図が分かる。[81]

アジア太平洋地域の将来構想を打ち出した福田であったが、「ねじれ国会」への対応と低支持率に苦しんだ挙句、九月に突如の退陣表明を行う。当時の宮本雄二中国大使によれば、福田と胡錦濤の両首脳の個人レベルでの信頼関係は相当なレベルに達しており、ギョーザやチベットで福田が率直な主張をしても、胡主席もその言葉を真剣に受け止め、関係が悪くなることがなかったという。ところが、せっかく築いたこの信頼関係が出直しとなってしまった。[82] 同時に、日本がアジアで信頼を得て、この地域でのリーダーシップを発揮することが、米国にとっても日本との同盟の価値を高めるという「共鳴外交」は、あっけなく幕切れとなった。

第7節　首相経験者として外交――貴重な北京とのパイプ役として

福田の首相退任後の二〇〇九年、自民党は政権党の座を失い、民主党政権が誕生する。しかし、民主党政権下、日中関係は二〇一〇年の尖閣漁船衝突事件、一二年の尖閣国有化によって、急激に険悪な状態となっていった。福田首相退陣直後の二〇〇八年のリーマン・ショックによる経済危機後、欧米の動揺を横目に、中国の対外政策がより強気な方向に傾いたことも見逃せない。

そして、福田が議員を引退した二〇一二年末の総選挙を経て、第二次安倍内閣が誕生する。首相に復帰した安倍は、「自由と民主主義」の普遍的価値を掲げて精力的に首脳外交を展開する一方、中国とは東シナ海をめぐって緊張関係を続けた。二〇一三年一二月には、安倍が突然靖国神社を参拝し、中韓両国から強い抗議を受けただけでなく、米国までが「失望」のコメントを出した。国際世論の矛先は、中国ではなく日本に向かっていった[83]。二〇一二年以来、日中首脳会談は持たれていなかった。

日中関係が著しく悪化するなか、二〇一四年四月のボアホ・フォーラムの開幕式に先立つ座談会で、同フォーラムの理事長の福田は、「平和外交と国際協調は戦後日本の経済繁栄の基礎だ」と挨拶する。当時、福田は、安倍外交、特にその対中外交に大きな懸念を持っていた[84]。石油会社勤務を経験した福田は、経済成長する中国と、経済規模で中国に追い抜かれた日本が「資源戦争」に入るのを非常に危惧していた。日本が第二次大戦に突っ込んだのも、資源争奪が原因の一つであったからである。[85]

二〇一四年一一月、北京でAPEC首脳会議開催が予定されていたが、安倍は事前に、中国からの信頼の厚い福田と会談し、「首脳会談を是非実現したい」というメッセージを中国側に伝えるよう要請した。その要請を受けて、二〇一四年六月、七月と、福田は二度にわたり訪中する。[86]まず、六月の訪中で、北京に飛んだ福田は、習主席につながる中国要人に会い、安倍―習近平会談の開催を働き掛けた。そのうえで、安倍首相が靖国神社に参拝することはないとのニュアンスを、自身の感触として伝達した。さらに、尖閣対立の解決を首脳会談の条件にするのではなく、まずは会談を開き、危機管理の体制作りに動くよう求めた。中国側としてもいま、尖閣で日本と衝突することは望んでおらず、最終的に福田の提案に同意した。[87]

七月二八日、福田は再び、北京を極秘訪問する。今度は習近平と直接会談して、首脳会談実現の方針を確認するためであった。なお、この訪問には、安倍の側近である谷内正太郎・国家安全保障局長も同行した。中国側は習と福田との会談を「準公式」の会談に格上げするべく、谷内局長の同席を望んだようだ。中国側も日本との手打ちを望んでいる証左であった。[88]なお、福田は安倍に対しても、「習氏に言いたいことは言う」としながらも、日中関係を前進させる努力を払うよう促したという。[89]

その習との会談で、福田は、日中関係の改善を促したうえで、「危機管理をやりましょう。まず首脳の対話が重要です。米国に頼るわけにはいかない」という安倍のメッセージを伝えた。これに対し、習は、「安倍首相は中国とどういう付き合い方をしたいのか見えてこない」としたうえで、会談実現の二条件を提示した。すなわち、①尖閣をめぐる領有権問題の存在を認め合う、②首相が任期中に靖国神社に参拝しないことを確約、であった[90]。

習は安倍が外交の場で繰り出す「法の支配」「集団的自衛権」「積極的平和主義」といった言葉が気に入らないと発言した。これに対し、福田は、欧米諸国に明日にでも日中戦争が起きると見られていることが、「日中双方にとって得だと思うか」と強調しつつ、習がこだわる靖国問題と尖閣国有化について、「小さい問題だ」と釘を刺した[91]。さらに、福田が、戦略的互恵関係の重要性について「異存がないですよね」と確認を求めると、習も同意し、日中関係の安定が大切だとの認識を示した。会談を通じ、習は日本批判を口にしなかったため、日本側は、彼が必ずしも反日ではないとの印象を深めた。ここが、初の安倍―習会談実現への転機となった[92]。

九月三日、習は、抗日戦争勝利六九周年記念日の座談会で、安倍内閣の右傾化を牽制しながらも、「中国政府と人民は中日関係の長期的な安定と発展を望んでいる」と中日関係の改善に初めて言及する。一方、九月二九日の国会での所信表明演説で、安倍も首相として初めて、「日中両国が、安定的な友好関係を築いていくために、首脳会談を早期に実現し、対話を通じて『戦略的互恵関係』を更に発展させていきたい」と述べ、中国側に関係改善に向けた前向きなシグナルを送る[93]。

なお、七月末に習との会談を終えて北京から戻ってきた福田は、中国側がまとめた歴史・尖閣問題に関する「了解案」を持ち返ってきた。ところが、その内容は、尖閣諸島の扱いについて、「領土問題」が存在することを日本側が認めたと受け取られかねない文言になっていたという。そこで、日中の当局者による水面下の交渉が繰り返され、特に副首相級の楊潔篪・国務委員と谷内局長が連絡を取り合い、落とし所を探っていった。

その結果、一一月七日、①日中は戦略的互恵関係にもとづき、関係を発展させる、②両国は歴史を直視し、政治的困難を克服することで若干の認識の一致をみた、③両国は、尖閣諸島等東シナ海で近年、緊張が生じていることについて、異なる見解を有している、④政治・外交・安保対話を徐々に再開する、という四項目の合意文書の発表となった。双方が、都合よく解釈できる玉虫色の合意であった。習は問題解決を脇に置き、日中対立に歯止めをかけることを優先した[94]。

かくして、一一月一〇日に初の安倍―習近平会談が実現した。二〇一二年五月以来二年半ぶりの日中首脳会談となった。とはいえ、会談時間は通訳を介しても僅か二五分であり、会談冒頭の習の仏頂面が印象に残る会談ではあった。「会うことに意義がある」という言葉に尽きた[95]。中国側が安倍との会談に応じた背景には、尖閣国有化後の緊張状態を一つの要因とした日本からの対中投資急減もあった。経済成長が鈍化するなか、習近平指導部にとって、日本との関係改善は経済的にも重要になっていたのである[96]。

総括

福田は首相退任時、「自分のことを客観的に見ることができる」と発言した経緯があるが、「国際政治での日本の立ち位置についても、客観的に見ることができる」人物かもしれない。二〇一〇年、中国のＧＤＰは日本のそれを凌駕し、日本は世界第二の経済大国の座を追われた。一方、日本の対中貿易の額が、対米貿易の額を超えるようになってから久しく、日中間には緊密な相互依存関係が成立している。

ともすれば、日本人はこのような現実を感情的に受容できず、中国に対し過剰な反発や警戒心を抱いてしまいがちだが、福田は、首相時代から一貫して、中国の大国化という現実を受け入れ、日中両国がともに大国として、アジアや世界の安定に向けて協力する道筋を描いた。

中国が主導するＡＩＩＢ（アジアインフラ投資銀行）についても、福田は二〇一五年四月の東京都内での講演で、「先進国として拒否する理由はない。（拒否すれば）途上国いじめになるかもしれない。基本的には賛成せざるを得ない案件だ」と述べ、日本も参加すべきとの考えを示した。[97] また、二〇一六年一一月、福田は『環球時報』の記者のインタビューでも、日本のＡＩＩＢ加入について、「その可能性は十分にある」と述べた。さらに、「日中両国は不可分の関係にある」として、「現在は〝1＋1＝1・5〟の段階だが、協力関係を築くことができれば〝1＋1〟は〝2〟ではなく〝3〟にすることができる」と論じた。[98]

そして、日中が協力し合うために、福田はそれに障害となる要素を抑制するよう努力する。事実、首相時代、過去の日本の過ちを直視する姿勢を見せ、靖国不参拝を明言した。日中双方のナショナリズムを刺激する歴史認識という「トゲ」を抜く行為であった。東シナ海ガス田共同開発の合意を目指し、実現させたのも、関係悪化のもとになるナショナリズムを冷却させるためであった。また、首相として訪中した際の演説で、西側世界の価値観を掲げながらも、中国にそれを押し付けず、むしろ日中間の古来の文化的共通性を謳ったのも、中国における対日警戒感を解き、今後の協力をより円滑にするためであった。この対中アプローチの有効性は、現在こそ見直されても良いと考える。福田は常々、「三つのアジア」を口にする。力強い「成長するアジア」と、高齢化の進む「老いるアジア」、そして「いがみあうアジア」である。成長にはエネルギーや環境汚染という国境を超えた課題も伴う。老いが進んでしまう前に「いがみあい」を止めて様々な分野で緊密に協力し合わないと、将来に大きな禍根を残すと語っている。(99) 日本も中国も、韓国も偏狭なナショナリズムに嵌って足の引っ張りあいをしている場合ではないということだろう。

しかし、福田は単なる「親中派」ではなく、中国に対しても「客観的な」眼差しを向けている。二〇一四年九月、東京で開かれた「東京—北京フォーラム」(言論NPOと中国日報社主催)の基調講演で、歴史学者の朝河貫一の話をした。日露戦争時に滞米していた朝河は、一九〇九年に『日本の禍機』を著し、日露戦争による日本の慢心を戒め、東洋に覇道を求めていくなら孤立の道を歩むだろうと警鐘を鳴らした人物であった。そのうえで、福田は、急速に台頭する中国に対して国際社会が警戒心をもっているると述べて、いまが「中国の禍機」とならないように注文している。(100)

二〇一四年一一月の日中首脳会談以来、日中関係改善は遅々として進まない。尖閣諸島周辺の海域の緊張状態も、緩和する兆しがない。中国を封じ込める日本の外交戦略にも、限界が見えてきている。それだけに、日中両国が強い自制心をもって、二〇一四年の四項目合意をスタート台にして、二〇〇八年の共同声明の精神を目指して関係修復を図り、太平洋を「内海」にする日が到来することを望むほかない。

註

（1）谷野作太郎「『福田アジア外交』を考える」『外交フォーラム』二〇〇八年四月号、九一頁。
（2）若宮啓文『戦後70年 保守のアジア観』朝日選書、二〇一四年、一八六頁。
（3）福田康夫「政治家はナショナリズムをコントロールすべきだ」園田成人編『日中関係史 1972 − 2012』東京大学出版会、二〇一四年、一五〜一七頁。
（4）『日本経済新聞』二〇一五年一月一八日。
（5）国分良成「1990年代の日中関係 中国の台頭と摩擦の増大（第五章）」国分・添谷芳秀・高原明生・川島真編『日中関係史』有斐閣アルマ、二〇一三年、二〇五〜二〇六頁。
（6）野嶋剛『台湾とは何か』ちくま新書、二〇一六年、八三頁。
（7）薬師寺克行『現代日本政治史 政治改革と政権交代』有斐閣、二〇一四年、一七一頁。
（8）唐家璇（加藤千洋監訳）『唐家璇外交回顧録 勁雨煦風』岩波書店、二〇一一年、一〇頁。
（9）加茂具樹「小泉内閣とナショナリズムの高揚 2001-02 年」高原明生・服部龍二編『日中関係史 1972 − 2012 Ⅰ政治』東京大学出版会、二〇一二年、一八六頁。
（10）国分、前掲論文、二〇七頁。
（11）尚彬・王新生「福田康夫内閣と中日関係」歩平（編集代表）・高原明生（監訳）『中日関係史 1978 − 2008』東京大学出版会、二〇〇九年、二七四〜二七五頁。
（12）若宮、前掲書、九八〜九九頁。なお、小泉内閣末期の二〇〇六年六月、自民党の山崎拓元幹事長らによる超党派の議員連盟「国立追悼施設を考える会」が、「新たな追悼施設建設」の提言を出した。この提言には、連立与党の公明党幹部が名前を揃えたほか、鳩山由紀夫ら民主党幹部、自民党からは加藤紘一、野田毅に加えて、福田も参加している。
（13）宮城大蔵『現代日本外交史』中公新書、二〇一六年、一二六頁。
（14）読売新聞政治部『外交を喧嘩にした男 小泉外交２０００日の真実』新潮社、二〇〇六年、二四四〜二四六頁。
（15）国分、前掲論文、二一三頁。

(16)読売新聞政治部、前掲書、二五二～二五三頁。
(17)尚・王、前掲論文、二七四頁。
(18)薬師寺、前掲書、二〇一頁。
(19)樺島郁夫・大川千寿「福田康夫の研究」『世界』二〇〇七年一二月号、六〇～六二頁。
(20)中野晃一『右傾化する日本政治』岩波書店、二〇一五年、一四〇～一四二頁。
(21)宮城大蔵「21世紀のアジアと日本」同編『戦後日本のアジア外交』ミネルヴァ書房、二〇一五年、二五九頁。
(22)宮城、前掲書、一七九頁。
(23)五百旗頭真「日中関係の鍵は、東シナ海での共同事業にあり」(インタビュー)『論座』二〇〇八年一〇月号、六九頁。
(24)宮城、前掲論文、二五九頁。
(25)『朝日新聞』二〇〇七年一一月一七日(夕刊)。
(26)清水美和「日中関係の棚卸し―これまでとこれから」『外交フォーラム』二〇〇八年一月号、一八頁。
(27)唐、前掲書、五六頁。
(28)阿南友亮「戦略的互恵関係の構築と東シナ海問題 2006－08年」高原・服部、前掲書、四四三～四五三頁。
(29)宮城、前掲書、一六七～一六八頁。
(30)清水、前掲論文、一八頁。
(31)神保謙「日本外交における新しい規範・価値の模索」『論座』二〇〇八年一〇月号、二〇〇～二〇一頁。
(32)尚・王、前掲論文、二七六頁。
(33)『読売新聞』二〇〇七年一二月二日
(34)清水、前掲論文、一八頁。
(35)唐、前掲書、五七頁。
(36)「福田総理大臣 温家宝総理との会談・昼食会(概要)」、三頁(平成一九年一二月二八日・外務省HPより)。

（37）「福田総理大臣 両国首脳の東シナ海に関する新たな共通認識」（平成一九年一二月二八日・外務省HPより）。
（38）前掲「福田総理大臣 温家宝総理との会談・昼食会（概要）」、一頁。
（39）「福田総理訪中スピーチ『共に未来を創ろう』」、一～五頁（平成一九年一二月二八日・於：北京大学・外務省HPより）。
（40）「福田総理大臣 胡錦濤国家主席との会談・夕食会（概要）」、一～二頁（平成一九年一二月二八日・外務省HPより）。
（41）同前。
（42）唐、前掲書、五八～五九頁。
（43）「福田首相、曲阜の孔子廟を見学「温故創新」と揮毫」（二〇〇七年一二月三一日の中華人民共和国駐日本国大使館HP・一二月三〇日発新華社より転載）。
（44）ギルバート・ロズマン「指導者交代期のアジアにおける日本外交」『外交フォーラム』二〇〇八年四月号、七一～七二頁。
（45）五百旗頭、前掲論文、六九頁。
（46）宮城、前掲書、一八〇頁。
（47）谷野、前掲論文、八七頁。
（48）阿南、前掲論文、四五四頁。
（49）城山英巳『中国共産党「天皇工作」秘録』文春新書、二〇〇九年、二七～二八頁。
（50）「胡錦濤中国国家主席の訪日（概要及び評価）」、一頁（平成二〇年五月一〇日。外務省HPより）。
（51）同前。
（52）「胡錦濤中国国家主席の訪日（日中首脳会談の概要）」、二頁（平成二〇年五月七日・外務省HPより）。
（53）同前。
（54）同前、三頁。
（55）五百旗頭、前掲論文、七一頁。
（56）城山、前掲書、三〇頁。

(57) 前掲「胡錦濤中国国家主席の訪日（日中首脳会談の概要）」、三頁。
(58) 同前。
(59) 尚・王、前掲論文、二七八頁。
(60) 宮本雄二『これから、中国とどう付き合うか』日本経済新聞社、二〇一一年、一三九～一四〇頁。宮本は二〇〇六年から一〇年まで、駐中国大使の任にあった。
(61) 加茂具樹「破氷、融氷、迎春、そして暖春」『東亜』二〇〇八年七月号、五四～五五頁。
(62)「胡錦濤中国主席の早稲田大学における記念講演」二〇〇八年五月八日（データベース『世界と日本』・東京大学東洋文化研究所 田中明彦研究室）。
(63) 興梠一郎・朱建栄・東郷和彦「胡錦濤訪日の意義—日中は新たな関係を築くことができるか」『世界』二〇〇八年七月号、六三～六四頁。
(64) 同前、六七頁。
(65) 五百旗頭真「アメリカとアジア—共鳴する二つのアリーナと日本外交」『外交フォーラム』二〇〇八年一二月号、一一頁。
(66) 興梠・朱・東郷、前掲論文、六七頁。
(67) 阿南、前掲論文、四五六～四五七頁。
(68) 趙宏偉「日中の『文明の衝突』—江沢民と胡錦濤の時代」趙・青山瑠妙・益尾知佐子・三船恵美『中国外交の世界戦略—日・米・アジアとの攻防30年』明石書店、二〇一一年、六三頁。
(69) 五百旗頭、前掲「日中関係の鍵は、東シナ海での共同事業にあり」、七一頁。
(70) 国分、前掲論文、二三一頁。
(71) 天児慧『日中対立』ちくま新書、二〇一三年、一一四頁。
(72) 宮城、前掲書、一八二頁。
(73)『毎日新聞』二〇〇八年五月八日。
(74)『毎日新聞』二〇〇八年五月八日（夕刊）
(75)『毎日新聞』二〇〇八年五月五日。

(76) 植木千可子『平和のための戦争論』ちくま新書、二〇一六年、一七八～一八〇頁。
(77) 阿南、前掲論文、四五八頁。
(78) 国分、前掲論文、二三二頁。
(79) 「日中首脳会談（概要）」、一頁（平成二〇年七月九日・外務省HPより）。
(80) 福田康夫日本国内閣総理大臣スピーチ 於・国際交流会議『アジアの未来』二〇〇八太平洋が『内海』となる日へ―『共に歩む』未来のアジアに5つの約束」一～五頁（平成二〇年五月二七日・外務省HP）。
(81) 宮城、前掲「21世紀のアジアと日本」、二六〇頁。
(82) 五百旗頭、前掲「アメリカとアジア」、一二頁。
(83) 若宮、前掲書、一一～一二頁。
(84) 『日刊ゲンダイ』二〇一四年四月一一日。
(85) 『産経新聞』二〇一四年一一月一八日。
(86) 倪志敏「『中日4項目の合意』は外交の知恵―戦後70年の日中関係展望（上）」『DOL特別レポート』（二〇一五年二月九日）、一～二頁（http://diamond.jp/articles/-/66420）。
(87) 秋田浩之『乱流―米中日安全保障三国志』日本経済新聞出版社、二〇一六年、二四五～二四六頁。
(88) 同右、二四六頁。
(89) 『産経新聞』二〇一四年一一月一八日。
(90) 倪、前掲論文、二頁。
(91) 『産経新聞』二〇一四年一一月一八日。
(92) 秋田、前掲書、二四六～二四七頁。
(93) 倪、前掲論文、二頁。
(94) 秋田、前掲書、二四七～二四八頁。
(95) 『産経新聞』二〇一四年一一月一八日。
(96) 宮城、前掲書、二四二頁。
(97) 『産経ニュース』二〇一五年四月六日。

(98)『nifty ニュース』二〇一六年一一月四日。
(99) 若宮、前掲書、四一二頁。
(100) 同前、四一〇頁。

第5章　反知性主義の台頭と日韓関係

李　憲　模

近年の日本と韓国

一九六五年日本と韓国が日韓基本条約（正式には、「日本と大韓民国との間の基本関係に関する条約」）を締結して以来、近年の日韓関係は何時になく冷却しているように見受けられる。最近の韓国政局を混迷に落とし込んでいる朴槿恵《パククネ》大統領弾劾訴追の事（本稿脱稿時には、朴大統領は憲法裁判所による弾劾裁判中であった。そのため、その後の二〇一七年三月一〇日の大統領罷免、五月九日第一九代大統領選挙、五月一〇日文在寅《ムンジェイン》大統領就任などについては、触れていないことを断っておく）はさて置き、朴政権の誕生後しばらくの間は、日韓の首脳会談も行われず、両国の関係は改善の兆しや突破口さえも見えなかった。例えば、二〇一四年三月二五日オランダのハーグで開かれた日米韓首脳会談では、初顔合わせとなった安倍首相と朴大統領のぎこちない対応が際立ったと日本のマスコミで取り上げられたことは記憶に新しい[1]。

しかしながら日韓の関係は、「一衣帯水」という言葉に象徴されるように、歴史を通してみても好むと好まざるとに関わらず、何らかの関りを持たざるを得ず、両国にとってより有益かつ有意義な方向にもっていくことが望まれる。だが、近年とりわけ日本における第二次安倍政権の誕生とともに韓国における朴槿恵政権の誕生は、当初の大方の予想とは裏腹に友好的な関係を築くよりは、反目と対立の様子が伺えた[2]。

客観的に見れば、安倍政権も朴政権も保守政権である。両政権の政治志向や主な支持基盤が保守層であることを勘案すれば、単純に考えて保守・革新政権よりは反りが合うはずだし、当然ながら両国の関係も友好的になるのではないかと期待された節がある。だが、実際には、前述した通り、韓国の朴政権発足後しばらくの間は、これといった表立ったアクションもなく、両国の関係はある意味放置されたままだった。

そこで、日韓関係の改善ないしは友好的な関係構築を妨げる幾つもの障害物が存在するとの仮定を立ててみる。一つには、両国の間に長年にわたる桎梏として立ちふさがっている歴史問題および領土問題である。二つには、マスコミをはじめ、近年のインターネットなどに代表される情報化社会の拡大と深化によるマイナスの側面である。三つには、上記の二つを踏まえた上で、それらに多かれ少なかれ影響を受けて跋扈するナショナリズムである。当然ながらこの三つは、筆者の管見による仮説であるため、異なる見解や意見もあろうが、本題のテーマである「反知性主義」の台頭と日韓関係を照査する上では、有効な手掛かりを提供してくれると考える。以下においては、まず韓国における日韓関係を捉える際に考慮すべき過去をめぐる国内問題を概観した後、日韓両国に横たわっている不信の原因および現状を述べる。

第1節　反知性主義とは

近頃日本では、「反知性主義（anti-intellectualism）」という言葉が広く使われている。「反（anti）」という否定の接頭語が付いた以上、「知性主義（intellectualism）」に対し「背く」あるいは「逆らう」という意味合いでの「反知性主義」として受け止められる。しかしながら反知性主義の定義については、論者によって町々のようであり、元来の反知性主義の定義とは異なる意味合いで使われている模様である。

もともと反知性主義とは、「単なる知性への反対というだけでなく、もう少し積極的な意味を含んでいる」[3]とされる。今日反知性主義の用語の使用法が広がっているが、本来反知性主義とは、「知性そのものでなくそれに付随する『何か』への反対で、社会の不健全さよりもむしろ健全さを示す指標だった」[4]とされる。森本氏によれば、反知性主義とは、「知性をまるごと否定するのではなくて、『既存の知性』に対する反逆であり、知性の否定というより、『今、主流になっている、権威となっている知性や理論をぶっ壊して、次に進みたい』という、別の知性だ」[5]という。このようにアメリカにおける反知性主義の定義とは趣を異にし、現在の日本で使用される用語としての反知性主義は、論者により定義は異なるようだが、「知性による客観的な検証や公共の場における対話を拒否する独りよがりな態度」[6]や「社会の大衆化が進み、人々の感情を煽るような言動で票を集めるような政治家があらわれたことに、反知性主義の高まり」が見て取れるという。すなわち、世の常識を逸脱した知性的でない言動や行動などを指して使われているのではないかと考えられる。

例えば、佐藤優氏は、「反知性主義とは、実証性と客観性を軽視もしくは無視して、自分が欲するように世界を理解する態度のことだ。日本における反知性主義は、歴史修正主義者の台頭、ヘイト（他民族憎悪）本とその裏返しの日本礼賛本の流行、数学力と国語力の低下などさまざまな局面で現れている」[7]という。仮に氏の定義に従うとするならば、日本における反知性主義とは、歴史修正主義、ヘイトスピッチなどを観察することによってある程度定型化できるかもしれない。

他方、韓国においては、反知性主義という言葉はまだ公論の場には登場していないようである。勿論、反知性主義を論じた翻訳本などが刊行されてはいるものの、韓国国内の出版物や言論などで取り上げられている頻度は、日本ほどではないと見受けられる。仮に、日本における反知性主義の定義を韓国に導入するのであれば、歴史修正主義の台頭、過度なイデオロギー対立、敵対的な政治文化の顕在化などが該当されよう

第2節　韓国における未完の歴史清算

昨今の韓国社会で起きている反知性主義の現象を取り上げるならば、歴史修正主義、過度なイデ

オロギー対立、そして敵対的な政治文化の深化などが挙げられよう。より具体的には、ニューライト[8]（new right）勢力による従来の歴史教育の方向転換、つまり検・認定から国定への転換の動きをはじめ、南北対立といった特殊な状況が生み出したイデオロギー対立の深化に見られる社会分裂現象、そして地域や年齢層別に分かれ対立する政治文化の中で、いわゆる反知性主義の台頭を見ることができる。だが、こうした諸事象の根底を流れる共通した課題に歴史の清算問題が横たわっていると考えられる。すなわち、戦後半世紀以上にわたって連綿と韓国社会の根底を流れている分裂要因を理解するためには、大韓民国政府の樹立当時までに遡る必要がある。

何故なら、日本帝国主義の植民地支配から独立を迎え、三年後に樹立された大韓民国政府は、李《イ》承晩《スンマン》初代大統領の下、日本に協力した者の多くが新政府の主要ポストを占めることになったためである。常識的に考えれば、戦争や植民地支配などによって一定期間他国の支配下に置かれていた国が独立したら、被支配期間中に侵略者に協力した、いわゆる反民族行為者たちを断罪し、少なくとも新生独立国家の公職から追放するのが常識だからである。しかしながら韓国はそれが実現できなかった。[9]それ故に、そのことが今日に至るまで尾を引き、社会を分裂する遠因の一つになっていると考えられる。

例えば、二〇〇七年五月に盧武鉉《ノムヒョン》政権下で、日本への併合条約（一九一〇）当時の首相、李完用《イワニョン》ら「親日派」（親日派の定義については、註（11）を参照されたい）の子孫が相続した土地を国家に帰属させる「親日反民族行為者財産調査委員会」の決定が行われたことがある。この決定に対し、日本での世論は、驚きとともに「なぜ今更」と怪訝に思う人も多かったはずだ。しかし韓国では、解放後の政府樹立の混乱期に、前記した通り、親日派清算が頓挫してしまった経緯により、その後の朴正熙《パクチョンヒ》大統領に代表される親日派軍事独裁政権に至るまで、親日派およびその子孫による社会のあらゆる分野において富や権力の継承が続いていると受け止めている国民世論が少なからず存在していることを忘れてはならない(10)。

こうした戦後の韓国社会に深く根付いていた植民地の残滓を清算しようと試みたのが、一九九三年に就任した金泳三《キムヨンサム》政権であるが、彼は日本との歴史問題および領土問題をめぐる過激な発言などで摩擦を起こしたことがある。その後、金大中《キムデジュン》政権になり、一時日韓関係はとても良好な関係を築いたが、そのあとを継いだ盧武鉉政権になって再び親日清算の狼煙を上げる運びとなる。

ところが、韓国国内における親日派の処遇をめぐる問題は、あくまでも韓国国内の政治・社会問題として登場していると見るべきである。前記した盧政権時の親日派子孫の財産没収のことも、盧政権が掲げた「過去事清算」の一環として行われた節があり、日本を意識してのことではない。例えば、盧大統領は二〇〇五年解放六〇年の記念すべき光復節の式典において、次のような演説を行っている。

「我々が歴史から受け継いだ分裂の傷は親日と抗日、左翼と右翼、そして独裁時代の抑圧と抵抗の過程で生じたものです。これを克服するためにはその時代の歴史に対する正しい整理と清算が行われなければなりません。親日の歴史から始まった分裂と葛藤が、光復六〇年が経った今日に至るまで解消されておりません。解放はされたものの、左右対決に埋没され親日勢力の跋扈を許し、その結果、親日勢力の断罪どころか、歴史の真実さえ明らかにすることができなかったからです。

［……］この仕事が上手くいけば、過去の植民地歴史から始まった我が社会の分裂と葛藤は、もはや整理される局面に入ることとなります」。

演説の内容を見る限り、植民地支配時の親日派への断罪が行われなかったために社会の分裂と葛藤を招いており、ここにきてようやく国会で特別法が制定され親日の真相究明と独立運動史の再照明が実現できる見込みができたと訴えている。更に、続いて「国家権力の正当性と信頼を回復しなければなりません。国民に対する国家機関の不法行為により国家の道徳性と信頼が大きく毀損されました。国家は自ら率先して真相を究明し、謝罪し、賠償や補償の責任を果たさなければなりません。［……］国家権力を乱用し、国民の人権と民主的基本秩序を侵害した犯罪に対しては、そしてこのために人権を侵害された人々の賠償と補償については、民・刑事時効の適用を排除したり、適切に調整する法律を作らなければなりません」とし、親日派清算のみならず、これまで国家権力によって人権侵害や犯罪の犠牲にされた人々への名誉回復をはじめとした国家の賠償および補償をも行うことを明らかにしている。

勿論、こうした六〇年以上の前の犯罪行為などについて調べ上げ、その詳細を『親日人名辞典』[11]に記録し公表することへの世論は両分された。九〇年代の金泳三政権から始まった親日残滓の清算が、時の政権の国政課題として位置付けられていたということは、植民地期に対する歴史清算が有耶無耶になってしまい、戦後長きに渡り社会の分裂要因の一つとしてあり続けていたことの証左とみるべきである。

こうした韓国内部の「親日派」をめぐる論争や対立が、そのまま日本に伝わり、「なぜ今さら」

という風に不思議がられ、注目されたのではないかと思われる。だが、表1に見るように、解放後から一九八〇年代末までの韓国は、長年の軍事独裁政権下の厳しい体制の下、経済成長優先の国策の中、国民の自由や人権は抑圧され、親日派の批判や問題提起もままならぬ環境だったといえる。それが八〇年代半ば以降の民主化の進展と、ある程度の経済成長の達成による環境の変化に刺激され、一気に政治・社会問題として浮き彫りになってきたと捉えるべきである。

第3節　韓国社会の反知性主義の台頭

1　歴史教科書の国定化

韓国社会の反知性主義の台頭の一つに、歴史修正主義をあげることができる。朴槿恵政権に入り、従来の検・認定教科書が左派政権の産物であり、偏向した歴史を教えているなどの理由をあげ、検定から国定への転換を打ち出した。その先鋒に立ったのが、ニューライトと称される集団であり、こうした集団の後押しを受けつつ、朴政権特有の強権的な政策が推進された。これに対しては、韓国国内の歴史関連の学会をはじめ、学校教師、市民団体などの反対はさることながら外国のマスコミも疑問の視線を隠さなかった[12]。

歴史教科書の国定化への動きは、十分な議論や検討が伴われぬまま進められたものである。二〇一五年一一月三日教育部は、中・高校の歴史教科書の国定化の確定告示を発表した。これに従い、中・高校生は二〇一八年度から国定教科書による教育を受けることとなる。発表当時、教育部長官は記者会見で「憲法価値に相応しい国のアイデンティティーと自負心を付与するのに現在の教科書では物足りない」と国定化への理由を述べた。国定化の専管機関である教育部と国史編纂委員会は、当初教科書執筆期間および執筆者などの公開を約束したが、途中から代表執筆者以外はすべて非公開に転換した。これは二〇一五年一〇月一二日に行われた国定化の行政予告のとき、副総理が「執筆から発行までの全過程を透明かつ開放的に運営する[13]」と述べたのを引っくり返したものである。

このように、ベールに包まれた歴史教科書の国定化への動きは、多くの反発を招くこととなる。政府が国定化を発表するや否や歴史専攻の研究者をはじめ、全国の大学および研究機関の教授らは、告示以前から執筆拒否および国定化反対署名運動に打って出た。執筆拒否の意思を明らかにしている研究者が約七〇〇余名、反対署名運動に参加した研究者数は、約二〇〇〇余名に達する[14]という。

元来、韓国現代史を通してみても中等学校で使用する歴史教科書が国定体制で発行されたのはとても例外的であり、一九七四年朴正熙大統領の時に初めて国定教科書制度が大幅に導入された。当初も国定教科書化への反対はあったものの、政府が押し切る形で導入され、その後軍事政権の終息と民主化の進展を迎え、国定から検定へと変換された経緯がある。このことは取りも直さず、「国定教科書制度は、軍事独裁政権とともに誕生し、国定から検定へと再び転換される過程は、古い独裁体制が清算される過程であった[15]」といえよう。

それなのに、なぜこれだけの反対に直面しながらも歴史教科書の国定化へ舵を切ったのか疑問を抱かざるを得ない。二〇一三年六月一七日朴槿恵大統領は、「この間、言論で実施した青少年の歴史認識調査結果を見ると、高校生の応答者の六九％が、朝鮮戦争を北侵だと答えた衝撃的な結果が出た[16]」とし、「教育現場で真実を歪曲し、歴史を歪曲することは絶対にあってはならない」と強調した。また、「歴史は、民族の魂ともいえるものだが、これは本当に問題が深刻だと思う」、「正しい歴史教育が行われるよう慎重に対策を講じてほしい[17]」と呼びかけたのがそもそもの発端である。その後、政府や与党が中心になり一瀉千里に進められてきたのが歴史教科書国定化の過程である。

こうした中で国定化に賛成するニューライトを中心とする保守勢力と、これに反対する革新勢力の衝突がみられるが、最も対立していたのは、一九四八年八月一五日が大韓民国の「建国日」なのか、大韓民国政府「樹立日」なのかであった。国定化に反対する立場では「政府樹立日」とし、賛成側は「建国日」とし対立している。一九八七年に改正された現行憲法の前文においては、「悠久な歴史と伝統に輝く我々大韓国民は、三・一運動で成立した大韓民国臨時政府の法統と、不義に抗拒した四・一九民主理念を継承し、祖国の民主改革と平和的統一の使命に［……］」とある。すなわち、一九一九年の日本帝国主義に抵抗し成立した臨時政府に大韓民国の正当性を依拠しているのである。

しかしながら朴大統領をはじめとした国定化推進勢力にとっては、植民地時代の臨時政府に国家の正当性のルーツを求めている現行憲法がどうも都合が悪いようである。それは、前述した通り、植民地支配から解放され、大韓民国政府が樹立される過程における親日派の清算が行われなかったことと少なからず関係があると思えてならない。こうした疑念は、政府の国定教科書の方針が含まれた「二〇一五教育課程」において、「臨時政府の活動に対する叙述を縮小し、反民族特別委員会が実施した親日行為者に対する特別調査活動を削除した」[18]ことに端的に表れていると言えよう。

更に言うならば、父親の親日行為が負担として常に付きまとわれている朴大統領にとって、国定教科書化を通して、父親を含む親日派の反民族行為についての記述を縮小もしくは削除すると当時に、軍事クーデターによって政権を取った長期独裁者という父親のマイナスのイメージも希釈する半面、経済成長の立役者としての功績を強調することによる父親の名誉回復が真の狙いではないか、と疑義を抱かざるを得ない。

このように、最も客観的かつ事実に基づく記述を下に多様な観点と解釈によって提供されるべき歴史教育について、政権および一部の利害勢力によって画一化され、しかも政策過程が不透明なまま進められている歴史教科書国定化問題こそ、韓国社会における反知性主義の顕現ではないかと考えられる。

2 依然として激しい左右のイデオロギー対立

一九八〇年代末から九〇年代初にかけてベルリンの壁の崩壊、東欧社会主義国の消滅ならびにソ連邦の解体によって東西冷戦構造は終息を迎えた。その後、ポスト冷戦時代に入り、資本主義、自由主義と共産主義、社会主義といったイデオロギーの対立よりは、民族、人種、宗教、地域問題などが新たな対立構図を形成しつつあると考えられる。だが、未だに左右の論理に陥没され旧態依然のイデオロギーの亡霊が威力を発揮している所があるとすれば、間違いなく韓国がそれに該当されよう。

周知の如く、植民地支配から解放直後の韓国は「東西冷戦の縮図版」であった。解放後間もない一九四五年一二月二八日、米・ソ・イギリスがモスクワで朝鮮半島の信託統治を決定すると、直ちにこれに反対する反託運動が展開された。信託統治めぐる左右の対立は[19]激しく衝突し、紆余曲折の末一九四八年八月一五日には、李承晩を初代大統領とする大韓民国政府が樹立し、続いて北では九月九日金日成の率いる朝鮮民主主義人民共和国が成立する運びとなった。こうした背景の下に分断された南北は、一九五〇年朝鮮戦争を経て現在に至るまで対立の構図が固着している。

南北の分断が米ソによる冷戦対立の産物だとすれば、分断以降の韓国は、軍事独裁政権と民主化勢力による反目と対立の時期だったといえよう。朴正熙元大統領は、およそ一八年間にわたる統治期間を通して高度経済成長を牽引する成果を発揮したが、権力を保持するため数多くの政敵や体制反対派を弾圧した。その過程で最も有効な手段として用いられたのが、「赤狩り」に他ならない。若き頃、自ら社会主義運動に加担した前科のある朴大統領は、その過去を徹底的に打ち消すかの如く、反共を国是として掲げ、統治基盤を盤石のものにしようとする。その後、新軍部の登場を経て文民統治期に入って現在に至っているが、保守と革新勢力間の根深い相互不信や対立は、むしろ激化する様子である。このように、経済成長と混とんの歳月の中で培われてきた根深い反目と対立のシコリは、保守と革新の領域を通り越して社会内部の隅々まで浸透し、亀裂の端緒を提供していると考えられる。

アメリカにおける反知性主義の用語は、「マッカーシズムの嵐が吹き荒れたアメリカの知的伝統を表と裏の両面から辿った[20]」書物が大好評を博したことに由来するというが、韓国における反知性主義は、逆にマッカーシズムを利用し自己勢力の基盤を確保しようとする輩によって出現されていると言わざるを得ない。とりわけ、近年よく登場する用語として「従北」あるいは「親北」というものがある。要するに、北朝鮮の理念や綱領に追随するという意味合いであり、政敵あるいは対立相手を攻撃するときに頻繁に用いられる伝家の宝刀のようなものだ。特に、右派勢力が左派勢力を攻撃する際によく用いられる。こうした理念論争の特徴の一つに、「攻撃手は相手を『親北』、『社会主義者』などと罵倒し、守備手は断固これを否定しつつ自分は自由民主主義の信奉者であることを主張することである」[21]とまで言われる有様である。勿論、北朝鮮と対峙している特殊な環境を勘案するとしても、「我々」vs「彼ら」を区分する尺度として、そして対立する相手を攻撃し非難する都合の良い手段として「親北」あるいは「従北」という、漠然たる旧物のイデオロギーが未だに有効である現状に反知性主義の断面を垣間見ることができよう。

第4節　歴史認識——日韓の齟齬

日韓関係を語る際、決して避けて通れないものが「歴史問題」であり、「領土問題」である。周知の如く、朝鮮半島は一九一〇年日韓併合から一九四五年日本が第二次世界大戦で降伏することにより「解放」を迎えた。この足掛け三六年間にわたる植民地支配の歴史が日韓関係を規定する大きな山脈となる。なお、独島（독도、日本名竹島）の領有権をめぐる対立が、一つの山となっていると考えられる。この二つの事象をめぐる日韓両国政府の対応をはじめ、国民感情の齟齬が緩和され

ない限り、関係改善は疎遠な話かも知れない。

この二つの問題に対する両国の一般的な捉え方をみると、韓国は、三六年間に及ぶ植民地支配に対し、日本は幾度か謝罪を表明してきたが、時々出てくる日本の為政者たちによる植民政策肯定論、総理大臣をはじめとする閣僚の靖国参拝などをみると、真の反省とは程遠いと疑念を抱かざるを得ない。なお、独島は昔より韓国の固有領土だったのを、一九〇五年の乙巳保護条約によって強制的に日本領土に編入させた経緯から自国領土と主張するのは、もっての外だという。

他方の日本は、植民地支配については、日本の総理大臣による幾度かの謝罪声明や天皇による遺憾のお言葉が述べられている上、請求権については一九六五年の日韓国交正常化の際に提供した無償・有償の経済援助によって解決済みである。それにもかかわらず、韓国は政権が変わる度にしつこく謝罪を求めてくるし、慰安婦問題をはじめとした植民地時代の強制連行などへの請求裁判なんてとんでもない。また、韓国は竹島を不法占拠したまま、如何なる交渉にも応じようとしない不法を働いている怪しからん国であり、いい加減にしてほしいと思っているのではないかと推察される。このような両国民の間に横たわっている歴史認識のズレこそが、日韓関係を拗らせる最も大きな主因であると考えられる。

前述の如く、日韓基本条約によって植民地時代の問題はすべて解決した、というのが日本政府の立場である。だが、韓国は慰安婦問題をはじめ、強制徴用された元労働者への日本企業による賃金未払いの支払いを求めて裁判所へ提訴するなど、まだ現在進行形である。すなわち、日本は、すでに日韓基本条約によって請求権問題は、解決済みなのに今更蒸し返されても困るとの立場である。

他方、韓国は、日韓条約が結ばれた当時は、独裁体制下における政権による一方的な決定である上、国対国の関係以外の国対個人、企業対個人の間における賠償や請求権は有効ではないかとする見方がある。

確かに、一九六五年に結ばれた日韓基本条約の中には、日韓請求権協定というものがある。「内容は、日韓両国・両国民の請求権と日本から韓国への経済協力に関する取り決めで、これは条約として二国間を法的に拘束するものである。両国は、政権が変わっても、国内裁判所が違憲・違法と判断しても、国家間の約束としてこれを守らなければならない。国内の事情で条約の締約国が一方的に変えてよいことにしたら、二百も国がある国際社会ではおよそ国際関係・秩序が成り立たないからである[22]」とする見解には同感である。

だが、それにも拘らず、こうした問題が出てきた背景には、韓国における一九八〇年代以降の経済発展による自信の回復および民主化の進展とともに「人権」に対する認識が飛躍的に高まってきたという国内事情があると考えられる。このことは、前述の「親日派」の処遇をめぐる論争が、戦後半世紀が過ぎていた時点で再び呼び起こされた、韓国内の過去事清算の動きと同じ脈絡で理解する必要があると考えられる。

それに対し、「この時期から日本ではバブルが崩壊して、以後ずっと社会が閉塞状況に落ち込んだ。経済で中国に追いあげられ、二一世紀には世界第二の経済大国の地位を奪われる。ソニー、パナソニックはサムスンの後塵を拝し、J-POP は K-POP にかなわない。そういった閉塞感が強まる中で、中国、韓国に歴史問題で謝れとくり返しいわれると『いい加減にしろ』という気持ちになってしまう」[23]。

このような日韓両国における環境の変化に伴い、それまで封印もしくは解決すべき課題として浮き彫りにされてこなかった過去の問題への見直しを求める機運が高まってきたといえる。こうした韓国国内の背景と日本の長期不況による状況が重なる中で、嫌韓・厭韓書籍ビジネスの拡大をはじめ、ヘイトスピッチ、ネット上の韓国バッシングなどに見られる、反知性主義の跋扈を生み出すこととなったのではないかと考えられる。

第5節　ナショナリズムの高揚

ソウルのど真ん中で白昼堂々軍服に身を包んだ年配の人々が群れをなし、日本の総理大臣の顔写真を打ち破り、旭日旗に火をつけ燃やす。この風景を見ている周りの人々は、拍手喝さいし万歳する。いわゆる反日デモの光景である[24]。何か日本との間に歴史的・政治的なイシューが発生する度によく見かける風景である。他方、韓国の飲食店や店が軒を連ねる東京の新大久保界隈では、週末ともなると日の丸を掲げた群衆が警官の保護のもと、道路を行進する。彼らは、それぞれメガホンや拡声器を手に持ち「韓国人出て行け」、「朝鮮人帰れ」などを連呼する。いわゆる在特会[25]を中心とするヘイトスピーチ[26]である。こうした過激かつ物騒な光景は、日本や韓国のテレビニューズなどを通し、ろ過されることなくお茶の間に届けられる。いわゆる、日本も韓国もナショナリズムの高揚期を迎えている世相を映し出している。

通常、ナショナリズムというのは、自分の所属する国や民族、伝統価値などを重んじる特徴がある。それは人間の情理からすると何も非難されるべきではない。だが、問題は、それらを過度に重視するあまり、その輪の中に入らない他者の排斥もしくは弾圧につながる危険性を常に内包していることである。

そこで、国を愛する「愛国心」あるいは「郷土愛」と「ナショナリズム」は、区別して使い分けしなければならない。愛国心・郷土愛とは、「人が自分の故郷や所属する国を愛し、他と比べてそれに強い愛着を感じ、それに忠誠を尽くそうという心情をさす。したがって、そこには『国家』についての抽象的な観念を伴うとは限らない[27]」とされる。愛国心が、「特定の場所と特定の生活様式にたいする献身的愛情であって、その場所や生活様式こそ世界一だと信じているが、それを他人にまで押しつけようと考えないものである。愛国心は、軍事的にも文化的にも、本来防御的なものだ[28]」という。

それに対し、ナショナリズムとは、「自分を国家目標や国家の政策と一体化して、それを善悪を超越したものと考え、そのイデオロギーを急進することが最善であり、そのために生命を捨てることが美学であり、それ以外のものを認めようとしない偏狭な言動なのである。そして政治権力者は政策目標推進のために、このナショナリズムを利用することを常とする。なにもわが国の指導者のみを言っているのではない。中国や韓国の指導者もまた然りなのである。その意味では、ナショナリズムとは愛国心とは違って、自分の民族を最高位と考えて他国に押し付けようとするイデオロギーと言っていい。それはまた、他民族への友情や共感をあれよという間に憎悪や敵意に変えてしまう激しい感情でもある」[29]といわれる。

愛国心とナショナリズム、「前者は『自然なもの』、後者は『操作されたもの』と受け止められる。言い換えれば、前者は『下から』、『民衆の生活から自然に湧き上がる郷土への愛』がそのまま拡大したものとしてとらえられるのに対し、後者は『上から』、『国家のエリートが作為的につくり出し、民衆に押しつけることで彼らを時の政府に対して従順にさせ、他国民への傲慢な優越感を植え付ける企み』としてとらえられる」[30]。

作家の保坂正康氏によると、ナショナリズムには「上部構造」と「下部構造」があるという。「上部構造とは、政治家とか官僚など、政策決定者が国益の守護、あるいは国権の伸長を企図して政策を決める基準、それが上部構造のナショナリズムである。戦争を動機付けたり、目的を正当化するのに使ったりするナショナリズムである」という。これに対し、「下部構造というのは、我々庶民の中にあるナショナリズムである。江戸時代から近代になっても共同体に引き継がれてきた倫理観、生活規範、人生観など、そうした個人、民草の中にあるナショナリズムである」[31]という。例えば、自分の生まれ育った土地の素晴らしさ、人情深さなどを誇りにしたりするのも、ある種のナショナリズムであるが、それは責められるべきものではない下部構造のナショナリズムである。問題は、こういった良きナショナリズムが上部構造のために利用されることにあるという。

ナショナリズムをこのように定義した場合、韓国のソウルのど真ん中で行われる、他国の国旗や政治指導者の顔写真などを踏みつけ燃やしたりする、前記の「オボイ連合」などによる過激な反日デモ[32]も、また、東京や大阪、川崎など在日韓国・朝鮮人が多く生活している場所に現れ、特定国家を罵り、特定民族を名指しで非難し貶める下劣な行為も、愛国心という名の下に行われる歪んだナショナリズムの跋扈であり、反知性主義の顕現であると言わねばならない。

1　言論環境の変化

二〇世紀末から二一世紀にかけてマスコミをはじめとする言論の環境は、めまぐるしい変化を遂げてきている。インターネットの飛躍的な普及によるネット社会や情報化社会の進展は、従来の言論の環境を大きく変えている。それにも拘らず、既存の主なメディア、すなわちテレビや新聞、雑誌などの影響力は、過去に比べ減少しているとはいえ、未だ大きいと言わねばならない。

日本の場合、主なメディアの利用時間を見ると、全体の平均利用時間は「テレビ（リアルタイム）視聴」が最も長く、「ネット利用」がそれに次ぐ。そのほか、「新聞閲覧」、「ラジオ聴取」の順になっている。なお、年代別にみると、テレビは概ね年代が上がるほど利用時間が長くなる傾向にある。それに対し、ネット利用の場合は、一〇代、二〇代はテレビ視聴とほぼ拮抗する利用時間となっており、年代が上がるにつれ利用時間が短くなる傾向がみられる。[33] 主な情報の入手ツールが、テレビとネットであることが分かる。とりわけ、若い年代ほどネットに依存する傾向があり、年代が上がるにつれテレビ依存率が高くなる傾向にあることが明らかになっている。このことは、程度の差こそあれ、韓国でもほぼ同じ傾向にある。

このように、テレビやネットを通して多くの情報を仕入れる現代人にとって、先鋭なる国益がぶつかり合う国際政治や外交をはじめとする複雑な事象について良き情報と悪しき情報を識別し受け入れる能力が求められよう。近頃、人口に膾炙することが多くなっているメディア・リテラシーである。メディア効果論の中には、フレーミング効果（framing effects）とプライミング効果（priming effects）というのがある。フレーミング効果とは、「一般に、人々はある争点を理解する際に、何らかの枠組み（frame, フレーム）の中で理解しようとする。したがってどのフレームを用いるかによって、その人にとっての情報のもつ意味が変わる。ということは、ニュースで聞いた出来事に対する評価も、その人がどのフレームを用いてニュースを理解するかによって変わるということになる。そうすると、同じ事実を伝えても、情報の送り手であるメディアが報道内容をどのようなフレームで報道するかによって、情報の受け手の意見や態度が影響を受ける」[34]という。他方、「メディアが報道するニュースは、議題設定機能を果たすだけでなく、受け手（一般市民）がどの政治的争点が重要かを判断する際の基準の形成にも影響を与える」[35]というのが、プライミング効果だという。

こうした理論を日韓のメディアに照らし合わせてみると、日本における韓国に関する報道も、韓国における日本に関する報道も大同小異の特徴がみられる。例えば、二〇一六年末に明るみになった、韓国の朴大統領の側近による国政介入および弾劾訴追に関する日本の報道を見ると、韓国の大統領＝強力な権限、側近による国政介入＝コネ社会、国政システムの乱れ、財閥との癒着＝非民主的な経済構造、などのフレームが形成される。また、韓国内で行われる日の丸を打ち破り、日本の指導者の顔写真を燃やしたりする過激な反日デモの光景が、テレビを通して日本のお茶の間に届けられるとなると、受け手にとっては知らず知らずのうちに、自然と韓国のマイナスイメージが出来

表1 『朝鮮日報』における日本関連記事数の歴代政権別の推移

	日本	親日派	独島	歴史問題	慰安婦	歴史教科書	賠償	大統領在任期間
1948〜1962	7,631	18	192	0	0	0	98	李承晩(1948.7〜1960.4)
1962〜1979	16,147	4	215	0	0	0	7	朴正熙(1962.3〜1979.10)
1980〜1988	9,267	2	79	0	0	15	3	全斗煥(1980.9〜1988.2)
1988〜1993	15,161	62	141	29	265	36	302	盧泰愚(1988.2〜1993.2)
1993〜1998	30,138	140	959	54	564	87	368	金泳三(1993.2〜1998.2)
1998〜2003	40,161	133	1,104	58	443	553	382	金大中(1998.2〜2003.2)
2003〜2008	41,544	270	2,554	157	437	301	337	盧武鉉(2003.2〜2008.2)
2008〜2013	42,950	202	2,958	102	720	132	457	李明博(2008.2〜2013.2)
2013〜2016	24,785	154	1,238	56	1,403	75	427	朴槿恵(2013.2〜2017.3)

出典:朝鮮日報「朝鮮日報アーカイブ」(http://srchdb1.chosun.com/pdf/i_archive/search.jsp)より筆者作成
注:「歴史問題」、「慰安婦」、「賠償」、「歴史教科書」については、「日本」に限った記事数を表す。なお、年度別検索の故、重なる年度があることを断っておく。例えば、金大中政権の任期末に該当する2008年分は、盧武鉉政権との交代(2008年2月)と重なるため両方にカウントされる。

上がるのは、言うまでもない。

このことは、逆に韓国における日本に対する放送に関して同じことがいえる。毎年三月一日の独立記念日および八月一五日の光復節ともなると、テレビでは過去の植民地時代を描いた特別ドラマや映画が上映されるが、そこに登場する日本人は、当然ながら侵略者フレームで描かれることがほとんどである。子供の頃から自然とこのような放送に接しながら成長する韓国人が、日本人に対する良きイメージをもつのは、望み難いと言わねばなるまい。こうしたフレーミングは、意図的かどうかは別として、自然と受け手に相手の悪いイメージを植え付けることに一定の役割を果たしていると考えられる。とりわけ、ほぼ二四時間放送システムであり、地上波のチャンネル数も多い日本のテレビにおける韓国関連報道は、影響が大きいのではないかと考えられる。(36)

近年、メディアの依存率では、テレビとネットに押されているが、新聞の世論への影響力も無視することはできない。なぜなら、韓国の場合、近年若者層を中心に紙新聞からネットへの切り替えが著しいと言われるが、社会の世論形成および議題設定、いわゆるプライミングにおける新聞の影響力は、依然として大きいと思われるからである。さらに、政治への参加度を測る投票率を見ると、若者より年代が上がるほど投票率は著しく高くなる中、中高年代層が主な情報源としてテレビや新聞に頼る傾向が強いのを鑑みると、やはり新聞の影響力を看過してはならない。なお、新聞社も紙新聞以外のネットの活用にも積極的に取り組んでいるのが現状である。

韓国の大手新聞の筆頭である「朝鮮日報[37]」における歴代政権別の日本関連の記事数を表したのが、表1である。表を見る限り、韓国における日本関連の記事は、一九八〇年末から九〇年代に入って急増していることが分かる。中でも、「親日派」、「独島（日本名竹島）」、「歴史問題」、「慰安婦」、「歴史教科書」、「賠償」などのキーワードが軒並み増加しているのをみると、メディアによるフレーミングやプライミング効果を駆使した世論の形成や伝播に新聞というメディアも少なからず影響を及ぼしていると言わねばならない。

2　ネット社会のマイナス側面

日本も韓国も電車の中や町を歩くと、スマートフォンを片手に独りの世界に没頭している人々の姿を見るのは、極めて自然な風景となって久しい。インターネットの飛躍的な普及とともにＩＴ産業の進展の恩恵を諸に受けている情報化社会の一断面といえよう。文明の発展が、我々の日々の暮らしや生活に利便性をもたらしてくれているのは、否定できない事実であるが、マイナスの面も同時に生み出していることを忘れてはならない。その一つが、「匿名性」を利用したネット社会の闇の部分であると言わねばならない。とりわけ、日韓関係のような先鋭かつ微妙な立場にある事象については、前記の在特会によるヘイトスピーチに見るように、なおさらである。

日本の代表的なポータルサイトである「ヤーフ・ジャパン」に載せられる韓国関連のニュースに振ら下がって書き込みを行っているネットユーザーの内容を見ると、唖然としてしまう。「韓国は、汚い民族だ」、「国交を断絶しろ」、「何でも言い掛りをつける国なんだから相手にするな」など目を覆いたくなるような誹謗中傷や侮辱の書き込みがずらりと並ぶ。

他方、韓国も大同小異である。韓国の代表的なポータルサイトである「ダウム（Daum）」や「ネイバー（Naver）」に日本関連の記事が掲載されると、瞬く間に日本を批判する書き込みが続く。「日本は反省しない破廉恥な国」、「日本列島、沈んでくれ」、「日本なんてどうでも良い」などなど。

ネットを主な情報源とする人（とりわけ若い年代が多いと推測されるが）にとっては、こうした日韓間の相互誹謗や一方的な非難に面食らうことも多いはずである。しかもネットは、国境など存在しない。日本にいながらも韓国のサイトに自由に接続できるし、韓国でも然りである。玄界灘を自由に行き来し、ネット上のサーバーを通してお互いを挑発することも誹謗中傷を行うことも可能である。もちろん、ネットを通して懸案事項に対する百家争鳴を展開する「公論の場」としてのプラス側面もあるが、日韓間の関係では、ややもすれば、お互いの感情を逆撫でするような挑発や誹謗合戦が、両国民の感情を悪い方向に導くというマイナスの側面が厳に存在している。ネット上の匿名性を隠れ蓑に暗躍する悪質なナショナリズムによる弊害を警戒しなければならない所以である。[38]

確かに、ネット社会が進展するにつれて、ほしい情報を簡単に手に入れるツールとしては、かつては想像も付かないほど便利になっている。だが、逆に情報が多すぎるが故に、その情報が正しいのかどうかを判断するのは至難の業となる。自分に有益な情報なのか、あるいは必要な情報なのかを取捨選択しなければならないが、そのためには、ある事象を多角的な観点から見る必要があり、「想像力」を働かさなければならない。しかしネットは、想像力を働かすよりは、大量に流通している情報の中で自分がほしい情報を選択するだけに止まってしまいがちである。ネット社会が進展したことによる利便性の向上とともにネットの匿名性に隠れた闇の部分も克服しなければならない。とりわけ、歴史・領土などをめぐる鋭敏な問題を抱えている日韓間の関係においては、利便性の追求と匿名性による弊害の克服という課題を抱えている諸刃の剣である。

今後の日本と韓国

安倍政権と朴槿恵政権になってから日韓関係が何時になく拗れているようである。依然として歴史や領土問題が両国の関係改善にとって大きな障壁として立ちはだかっている。とりわけ、こうした両国間における不協和音は、一九八〇年代以降に顕著になってきている。それには、韓国における民主化の進展と経済成長に後押しされた「過去の見直し」の発現と関りがあると考えられる。

過去の経済援助をする立場と、される立場から、ある程度その差が縮められた昨今、両国関係の改善や構築のためには、相互理解の上、信頼できる関係構築に努める必要があると思われる。そのためには、両国の社会に物質的な豊かさのみならず、精神的な土壌の「豊饒」も伴われるのが望まれる。何故なら、拗れた日韓関係を解くカギは、お互いの立場を推し量ることのできる「知性」と「余裕」にこそあると考えられるからである。

註

（1）二五日の日米韓首脳会談の席上において、「マンナソ　バンガプスムニダ（お会いできてうれしいです）」と笑顔交じりに韓国語で安倍首相が朴大統領に挨拶し友好ムードを演出して見せたところ、朴大統領は硬い表情のままだったという。写真撮影が終わる際、カメラマンから「握手してください」との声が飛んだが、安倍首相と朴大統領がためらい、会談のお膳立てをした米国のオバマ大統領が苦笑する場面もあったとされる。しかし二人は前年の九月にロシアで開かれた二〇ヵ国・地域（G20）首脳会議の会場では、数分間立ち話もし握手もしたという（「安倍政権から漏れる『韓国にうんざり』の嘆き」日経ビジネスオンライン版、二〇一四年三月三一日付による）。会談の裏側では、日韓の首脳が歓談をしていた模様だが、韓国のマスコミではそういった報道は見当たらない。

（2）勿論、その後両国は着実に外交努力を行い、二〇一五年末には「慰安婦問題日韓合意」が日韓外相会談で結ばれており、二〇一六年一一月二三日にはソウルで、日韓の防衛情報を共有する基礎となる「軍事情報包括保護協定（GSOMIA）」が締結された。このことは二〇一二年六月に韓国が国内世論の悪化などを理由に直前に署名を延期してから四年半の歳月を経ての締結であるだけに外交努力の成果として評されよう。

（3）森本あんり『反知性主義―アメリカが生んだ「熱病」の正体』新潮選書、二〇一五年、四頁。

（4）同前。

（5）小田嶋隆『超・反知性主義入門』日経BP社、二〇一五年、二六六頁。

（6）森本、前掲書、四頁。

（7）佐藤優・井戸まさえ『政治の基礎知識をいっきに身につける』東洋経済、二〇一五年、八頁。

（8）ニューライトは、経済的には「新自由主義」を標榜し、歴史的には植民史観を正当化し、社会的には社会進化論を主張する。結果的に既存の革新と保守のもっている理念の極端的対立自体を克服の対象としており、実用的な路線でこれを克服しようとする姿勢を標榜している。彼らは既存の保守と革新陣営で独裁者として排斥してきた李承晩を国父として崇めるなど、新しい国家主義的正当性を主張しながらも、憲法に明文化されている臨時政府の正当性さえも無力化しようと試みる。二〇〇八年ニューライト全国連合は、「親日人名辞典編纂委員会」と「民族問題研究所」が発表した『親日人名辞典』に反対の立場をみせており、ニューライト教科書フォーラムなどを通して教科書の制作にも取り組んだ。二〇一五年の歴史教科書をめぐる対立の中では、国定化を積極的に支持する態度を見せている。以上の内容は、インターネットダウム辞典「ニューライト」の記述による。

(9) 大韓民国政府樹立後、制憲憲法の「親日派を処罰する特別法を制定することができる」との規定に基づき、国会は親日派を処罰する「反民族行為処罰法」を制定した。この法律は、一九四八年九月二二日に公布され、中央「反民族行為特別調査委員会」が同年一〇月に設置された。調査委員は一〇人の国会議員で構成され、中央と地方にそれぞれ事務局を設置し活動した。だが、親日派処罰に否定的な立場であった李承晩大統領の委員会活動の非難や法改正案の提出による妨害などにより頓挫し、この法律は一九五一年二月に廃止されてしまった経緯がある。

(10) KSOI(韓国社会世論調査研究所)が二〇〇九年一一月に実施した世論調査の結果を見ると、『親日人名辞典』の発刊について、「過去の歴史を正しく見直し、教訓を得るためによくやった」という答えが五八・六%で、「歴史を無理に暴き、葛藤を惹起するので良くないことだ」との答えの三一・八%より、圧倒的な優勢を記録し、国民の一〇人中六人は「肯定的」評価を与えた、という。「polinews」二〇〇九年一一月一四日付オンライン版による。http://www.polinews.co.kr/news/article.html?no=45015。

(11) 『親日人名辞典』は、一九九九年八月一一日「親日人名辞典編纂支持全国大学教授一万人宣言」に基づき、二〇〇一年親日人名辞典編纂委員会が発足され、本格的な編纂事業を始めた。二〇〇四年市民による自発的な募金運動で編纂基金をつくり、二〇〇九年『親日問題研究叢書』中『人名編』を三巻出版した。一九〇五年乙巳保護条約前後から一九四五年八月一五日解放に至るまで、日本帝国主義の国権簒奪・植民統治・侵略戦争に積極的に協力することにより、民族同士または他民族に身体的・物理的・精神的に直・間接的な弊害をもたらした親日反民族行為と協力行為を行った人物中、親日人名辞典編纂委員会で選定した四三八九名を収録した辞典である。内容は、歴史学会を中心に各分野の専門研究者一五〇名が編纂委員として参加し、一八〇余名の執筆委員、文献資料担当研究者八〇余名が関わった。また、時期別・分野別・形態別の親日行為を総合し、①日本帝国の国権侵奪に協力した者、②日本帝国の植民統治に参加した者、③抗日運動を妨害した者、④日本帝国の侵略戦争に協力した者、⑤知識人・宗教人・文化芸術人として日本帝国の植民統治と侵略戦争に協力した者、⑥その他、親日行為者などに分類された。インターネット「ダウム」百科辞典「親日人名辞典」の記述による。

(12) 例えば、ニューヨークタイムズは、二〇一五年一〇月一二日付の記事'*South Korea to Issue State History Textbooks, Rejecting Private Publishers*'において朴大統領をはじめとした保守勢力が、朴大統領の父親である朴正煕元大統領の再評価をはじめとした歴史のクーデターを企てているという国定化反対学者のインタビューを紹介しつつ疑問を投げかけている。

(13) 国定教科書化をめぐる一連の経過については、「'不通のアイコン'国定教科書」(『週刊東亜』第一〇四二号、二〇一六年六月一五日所収、四〇―四一頁)による。

(14) この数字については、京郷新聞の「画一歴史観の強要『教科書国定化』」(二〇一五年一二月一九日付)による。

(15) 「歴史教科書発行体制および歴史教育の政策提案」(『政策診断』二〇一五年四月、京畿道教育研究院)一三頁。

(16) このことについては、間違った設問事項によって学生達の歴史認識が上手く反映されなかった設問結果であるとされる。すなわち、「北侵を北朝鮮が侵略したことと認識したことにより、『北侵(韓国が北朝鮮を侵略した意味)』を選択した学生が多いとみられるとの追加説明さえ無視し、まるで学校教育が大きな問題を抱えているかのように述べ、『正しい歴史教育』に対する対策を促した」という。同前、一五頁。

(17) 同前、一四―一五頁。

(18) 京郷新聞、前掲。

(19) この時期の左右の対立構図は、ソ連の指図を受けた左派が信託統治に賛成し、中道・保守勢力は反対の立場を取っていた。信託統治に賛成する左派は、米軍政当局によって逮捕されるか、逮捕から逃げて北朝鮮に越北することとなる。

(20) 森本、前掲書、五頁。

(21) 「左右対立一年、右翼独走五五年」(『新東亜』二〇〇五年三月号所収)、一三〇―一三七頁。

(22) 大沼保昭『「歴史認識」とは何か』中公新書、二〇一五年、六一頁。本文では、対談形式の口語体であるが、文語体に書き直していることを断っておく。

(23) 同前、一三〇頁。

(24) 過激な反日デモで知られる団体に、オボイ連合というのがある。名称は、「大韓民国オボイ連合」(Korea Parent Federation、略称〝親連合〟)であり、大韓民国の極右性向の市民団体である。二〇〇六年五月八日「親の日」に設立された。主に、老人で構成されており、集会などの活動に活発に参加する。韓国の代表的な保守団体として、会員数は一七〇〇名程度である。天安艦沈没事件や韓米自由貿易協定の批准など大きな政治的イシューがある度に活動を行う。二〇一三年には、統合進歩党の解散を求める集会と日本の安倍総理の靖国神社参拝を糾弾するデモ、野党代表の政界退陣を求める集会などを行った。デモや集会現場での極端的な主張と過激な活動をすることでも有名である。二〇一〇年度には、ソウル市の無償給食に反対し、ソウル市議会の本会議場に無断乱入しており、統合進歩党の解散要求集会では、血書と断髪式を行った。抗議の表示でプラカードなどを燃やす火刑式もしばしば行う。(以上、インターネット、ダウム百科「オボイ連合」の記事による)。しかしこの団体は、朴槿恵政権になってからは、政府の支援の下、「官製デモ」に動員されている疑いがかけられており、徹底した野党の政治家や革新系人士への攻撃とひたすら朴政権の擁護に走っているため、朴政権の親衛隊とも呼ばれる。最近は、朴大統領の弾劾を求めるデモに反対するデモを行っている。

(25) 在特会(在日特権を許さない市民の会)の公式サイトによると、二〇一七年一月七日現在の会員数は、一六二九九人(うち、男性一三九九二、女性二三〇二、国外在住者三五九)であり、本部以外に、北海道から鹿児島に至るまで全国に三六支部をもっている。会員は、ネットでメールを登録するだけで簡単に加入できる。在特会は、「その名称の示すとおり、同会が最重要の政治課題として掲げているのは在日コリアンの『特権剝奪』だ。日本は長きにわたって在日の犯罪や搾取によって苦しめられてきたというのが、同会の『現状認識』であり、日夜、『不逞在日との闘い』を会員に呼びかけている。昨今の糾弾対象は『在日』のみならず、外国籍住民全般や韓国、北朝鮮、中国といった同会いうところの『反日国家』、［……］、日本各地でデモや街頭宣伝といった精力的な抗議活動を展開している」（安田浩一『ネットと愛国』講談社、二〇一二年、二〇―二一頁。）

(26)「特定の人種や民族、宗教などの少数者に対して、暴力や差別をあおったり、おとしめたりする侮蔑的な表現のことを言う。差別的憎悪表現とも呼ぶ。国内では、東京・新大久保などで在日韓国・朝鮮人に向けて「出て行け」「殺せ」などと連呼する街頭活動が繰り返され問題となっている」二〇一五年七月二一日付、朝日新聞。

(27) 猪口孝他編『政治学辞典』弘文堂、二〇〇〇年、一頁。

(28) 半田一利、保坂正康『日中韓を振り回すナショナリズムの正体』東洋経済、二〇一四年、三頁。

(29) 同前、四―五頁。

(30) 内田樹、白井聡『日本戦後史論』徳間書店、二〇一五年、四―五頁。

(31) 半田・保坂、前掲書、二二一―二二三頁。

(32) 何もデモを行うこと自体を否定するわけではない。問題は、オボイ連合のように政府や権力側の要請で動員されている嫌疑をかけられている上、無条件的な政府政策の擁護あるいは特定政治家への妄信的な支持（朴槿恵大統領）を他人に押し付けたり強要するデモの様態こそ問題である。これこそ、「上部構造」による「下部構造」のナショナリズムの悪用の例であり、反知性主義そのものと言わなければなるまい。

(33) 全体の平均利用時間は「テレビ（リアルタイム）視聴」が最も長く、平日が一六八・三分、休日が二二五・四分であり、休日は平日より六〇分近く長かった。「テレビ（録画）視聴」は全体の平均利用時間が平日で一八・〇分、休日で三〇・五分に留まるが、休日の方が長い。「ネット利用」はそれに次ぎ、全体の平均利用時間は平日が七七・九分、休日が八六・一分であった。年代別に見ると、一〇代、二〇代は平日がそれぞれ九九・一分と一三六・七分、休日が一五一・七分と一七〇・三分となっており、平日、休日ともに「テレビ（リアルタイム）視聴」とほぼ拮抗する利用時間となっている。それより上の年代については年代が上がるにつれ利用時間が短くなる傾向が見られる。そのほか、「新聞閲読」は休日の方がやや長く、「ラジオ聴取」は平日の方がやや長いという結果となった。二〇一四年版『情報通信白書』による。

(34) 久米郁男他『政治学』有斐閣、二〇〇三年、四三〇頁。

(35) 同前、四三一頁。

(36) 二〇一六年末の朴槿恵大統領の弾劾訴追をめぐる日本のテレビ放送は、こうした現象が著しく見受けられた。とりわけ、民放のワイドショーのような番組では、長時間にかけて事件の真相を詳細に報道しているが、アナウンサーやコメンテーターによる迂闊な発言なども目立っている。例えば、「日本では考えられない」、「日本ではあり得ない」などの発言を臆面もなく発しているのを見ると、放送の質が問われる。

(37) 韓国の新聞部数の公式調査・発表機関である韓国ABC協会の「二〇一五年度の全国一六一日刊紙の発行・有料部数の発表」によると、「朝鮮日報」が発行部数一五四万五八一九部で一位、「中央日報」が九六万五三〇部で二位、次で「東亜日報」が九一万七八五一部で三位、「毎日経済」が七〇万五三三一部、「韓国経済」五二万七七八二部の順になっている。

(38) ネットで炎上が頻発しているが、炎上に参加し、書き込みを行っているのは、インターネットユーザのわずか約一・一%に過ぎない、という研究がある。(田中辰雄・山口真一『ネット炎上の研究』勁草書房、二〇一六年、五七頁)。また、日本のネットで炎上しやすい話題は、原発問題、放射能問題、憲法九条関連、靖国問題、韓国・中国ネタなどがあるという(六四頁)。

第6章　21世紀の反知性主義の諸相

――アメリカ、日本、ドイツを中心に

スヴェン・サーラ

二〇一六年のイギリスのＥＵ離脱をめぐる議論とアメリカ大統領選では、「離脱推進派」とトランプ候補（当時）のレトリックは、学問的研究成果のみならず、明白な事実でさえ根本から無視している、と強く懸念する声が、世界中から上がった。ＥＵ離脱派とトランプ大統領候補の論法は早くも「ポスト真実」と名づけられ、特にアカデミックな世界では、強い危機感から抵抗への呼びかけが行われた。たとえばドキュメンタリー映画で有名なケン・バーンズ監督（Ken Burns）は、この年のスタンフォード大学の卒業式で行ったスピーチで、これからの若者が果たすべき役割と、大学で身に着けた専門知識や科学的な物の考え方や論理重視の姿勢の大切さについて話す一方で、「学問の重要性を無視する一部の政治家」を痛烈に批判した。そして、「大統領候補の一人による、学問的に証明済みである事実の否定や歪曲」について警鐘を鳴らしたのである。(1) さらにバーンズはＣＮＮのインタビューに答え、「嘘を繰り返しても、真実にはならない。しかしマスメディア

がこのような嘘を頻繁に報道し続ければ、一般国民は嘘と真実を区別できなくなるだろう」と述べ、学問を無視する政治家のみならず、その政治プロパガンダを無批判に報道するメディアをもはっきりと非難した。更にアメリカをナチス時代のドイツに例え、「アメリカは危機に直面している、抵抗《レジスタンス》すべき時期が来た」と訴えた(2)。

バーンズが指摘するとおり、トランプのレトリックは非論理性の最たるものである。だが、こうしたレトリックが政治家に利用されること自体は、じつはそれほど珍しいことではない。「ポスト真実」と名づけられたことで、近年、大きな注目を集めているが、これまでにも、またアメリカ以外の国でも、よく見られた現象なのである。その根底にあると推測されるのは、昔からどの国や社会にも潜在してきた反知性主義だ。そこで本章では、この反知性主義が「ポスト真実」現象の根本的な要因であることを明らかにし、さらに、この現象が近年なぜこれだけ注目を集めているのかについて考えてみたい。

反知性主義的および「ポスト真実」的なレトリックがどのような言説空間において使われているか検証する必要があるのだが、イギリスのEU離脱問題でも、トランプ大統領のレトリックでも、特に重要な論点の一つは移民の排除であった。なお、二〇一七年九月には、ドイツの総選挙では、主に移民排除をテーマにした右翼政党の「ドドイツのための対案」（ＡｆＤ）が初めて国会の議席をとったことも印象的であった。これらの動きのため、本章では、反知性主義と排外主義との間に関連性に特に注目したいと思う。

同時に本章では、この排外主義が歴史修正主義と深い関係があることも証明していく。排外主義は、イギリス、ドイツやアメリカでは現在の移民政策の否定と、定義の曖昧な「黄金時代」への回帰がセットで提唱されることが多い。ドイツでは、AfDはドイツの過去・歴史に関する旧来の自己反省的な態度を放棄し、ドイツの歴史に誇りを持つべきことを訴え、ベルリンで二〇〇一年に完成されたホロコースト記念碑を「恥じるべき」記念碑として強く批判している。

しかも外国人あるいは移民だけではなく、「内なる他者」をも標的にしている。いわゆる非国民論である。これが最近よく問題にされているポピュリズムの考え方だ。[3] ポピュリズムとは本来「国民の声を代弁する」という意味だったのだが、[4] 最近ではその定義がすっかり変わってしまい、「排外性こそがポピュリズム論理の中核ではないか」という指摘もあるほどだ。ドイツの政治学者ヤン＝ヴェルナー・ミュラーは、ポピュリズムの特徴は、「その代表者が自らを国民の唯一の正当な代弁者と主張し、他の政治勢力の正当性を認めず、反対や苦言を呈する者は『非国民』『売国奴』『害毒』として、さらに攻撃的なレトリックで排除しようとすること」と述べている。[5]

このような排外主義は、人間の本能的な部分だと言う人もいる。だが、ある社会において排外主義が台頭するには、ケン・バーンズも指摘しているように、その社会全体に反知性主義的思想が深く浸透していることが不可欠だ。本章では、反近代的・反啓蒙的な側面もあるこうした反知性主義が、各国の、とりわけアメリカ、ドイツ、日本の社会においてどのように作用しているかを検証していきたい。

一般に日本の政治や社会には、トランプ米大統領ほど過激なポピュリズムは存在しないと思われてきた。だが最近では、じつは強い反知性主義が潜在しているとの見方もある。榊原英資はその著作『幼児化する日本社会：拝金主義と反知性主義』（二〇〇七年）の中で、早くも次のように述べている。

二分割思考に慣れ切ってしまうと、人々は簡単に感覚的な判断をするようになりますから、容易に操られるようになります。典型的な例がナチズムです。それは大衆の狂気が作り出したものであり、ヒトラー一人が悪かったわけではありません。ヒトラーは選挙で選ばれているのです。いまの日本でも、大衆が簡単に扇動され、政治や企業が誤った方向へと導かれる可能性が次第に大きくなってきているようです。二分割思考法と反知性主義がじわじわと日本社会をポピュリズムから大衆ファシズムの方向に導いていると感じているのは、決して筆者だけの偏見ではないと思うのですが[6]……（後略）。

この本は、小泉政権が終焉し安倍政権が誕生した時期に書かれたものだが、その後日本の反知性主義は政治や社会で確実に広がった。近年では欧米諸国との類似点も数多く見られるほど、危機的な状況になっている。

第1節　反知性主義とは何か

反知性主義を論じている学術的文献はそれほど多くない。おそらく学者にとって、反知性主義つまり反学者的態度を批判するのは立場上難しいからだろう。だが本章で問題にしているのは、知性や学者に対する一般国民の認識ではなく、政治家の態度である。

近代国家とは、理（reason）と啓蒙主義に基づくものであり、近代政治は合理的な議論に基づいて実行されなければならない。また、多くの場合（戦後日本は必ずしもそうではないが）政治家と学者はいずれもエリート層出身という共通の社会的背景を持っているため互いに尊敬しあっていることも珍しくない。だがその中で、票を集めるために反知性的なレトリックを展開し、その中で学者や専門家に対する国民の疑心を利用する政治家がいる。その政治家個人の権力が強化され、さらに専門家を政治議論から排除することで愚民政策も可能になるからだ。こうした意味では、反知性主義には明らかにポピュリズムに近い部分がある。

反知性主義を初めて政治的問題として指摘したのは、アメリカの社会学者リチャード・ホフスタッターだ。一九五〇年代、アメリカではジョセフ・マッカーシー上院議員が中心となっていわゆる「赤狩り」が行われ、共産党員およびその支持者が公職から追放された。ホフスタッターはこれを反知性主義的として強く批判、さらにそれがアメリカの文化的背景に強く根ざしていると述べた。そしてその根底にあるのは、キリスト教を中心とする宗教（とりわけエヴァンゲリズムと原始主義）と近代的世俗主義（すなわち論理重視志向）との対立であり、さらには実践主義や理論に基づく学問への一般国民の疑心であると指摘した。(7)

この指摘は、たとえば最近浮上している地球温暖化懐疑論や、アメリカの一部の州における進化論の否定と「十誡」の石碑の設置にもあてはまる。すなわちこのように表現されている反知性主義とは、赤坂真理によれば「実証性や客観性を軽んじ、自分が理解したいように世界を理解する態度」[8]が特徴であり、近代における前近代的な神話（宗教的神話を含む）の再構築という、いわゆる「宗教ナショナリズム」を生む。このような感情は政治的にきわめて有効なのである。

主に宗教と文化に焦点を当てたホフスタッターの研究は近年再び注目されているが、他にも反知性主義に関する興味深い研究が多数出版されている。二〇〇八年に刊行されたエルヴィン・リムの*The Anti-Intellectual Presidency*（反知性主義的大統領）は、初代ワシントンから歴代のアメリカ大統領の演説を分析、二〇世紀初頭以来一つ一つの文が短くなり、高度な単語の使用頻度が低下したことを数字で示し、演説が大幅に単純化したことを明らかにした。[9]この中でリムは、アメリカの大統領たちが聴衆を意識して演説の中身と論理《ロゴス》の重要度を下げ、伝えやすさを重視し始めたのだと指摘している。[10]特にマスメディアが発達してからは演説の単純化はさらに加速、最も反知性主義的な演説を行ったのはクリントン大統領だったという。リムは、今後もこの傾向がさらに強まると予測しており、政治の非論理化と感情化に対して警鐘を鳴らしている。[11]

ホフスタッターもリムも、反知性主義が、「知識人対一般人」という単純な構図で説明できるとは考えていない。特にリムは、反知性主義はむしろ、一部の知識人が政治家と協力した時に生まれると説いている。この協力とメディアを通じて、一般国民に受け入れやすい政治家が「作られる」のである。つまり、反知性主義で利益を得るのは一般人ではなく政治を操ろうとする一部のエリートであり、このエリートには必ず一部の知識人、いわゆる「御用学者」がついている。この「御用学者」は、自身の研究やその基盤である論理よりも、研究の実用性と政治への適合性を重視する。

これに、国民を啓発すべき「第三の権力」であるメディアが同調、部数（あるいは視聴率）を伸ばすために、反知性主義的言動に加担するというわけである。

最近、反知性主義がトランプ政権誕生に与えた影響に関する書籍が出版された。政治学者トム・ニコルズによる *The Death of Expertise*（専門性の死、二〇一七）は、国民が専門家を軽視するようになったことを大きな問題として指摘、民主主義自体が危機的な状況に陥りかねないと警告している。[12]

今日では誰もがインターネットでさまざまな情報を入手できるが、それを整理分析し的確に解釈することは専門家でないと難しい。だが情報を手にした時点で自分も専門家と同レベルと思い込み、専門家の意見に耳を傾けない人が増えているのだ。たとえば、予防接種を受けて体調を崩すリスクは、受けないで病気にかかるリスクよりもはるかに低いことは数十年前から医学的に証明されているが、アメリカでは一部の非専門家（例えばいわゆる「タレント」等）の思い込みで、いまだに「予防接種反対運動」が存在する。これは近代社会の専門化と矛盾し、民主主義国家を支える専門家集団と政治・社会との協力関係を危うくしていると、ニコルズは指摘する：

（近代）社会は、分業のおかげで機能している。これは、全員が全てを知っていなくてもいいようにするために作られた仕組みである。パイロットは飛行機を操縦し、弁護士は裁判を起こし、医師は薬を処方する。ダ＝ヴィンチでないので、朝にはモナ＝リザを描き、夜にはヘリコプターを設計するというわけにはいかない。それが当然なのだ。いや、それよりも大きな問題は、われわれが物事を知らないことを自慢に思っていることだ。実際われわれは、無知が、特に国政については一切何も知らないことが、美徳であると考えるようになった。専門家の助言を拒絶することは、（彼らからみれば）自主性を行使することなのである[13]（後略）。

ホフスタッターは反知性主義のルーツは文化・宗教にあると主張し、リムはエリート層、すなわち政治家とスピーチライターによる反知性主義創出の危険性を明らかにした。またニコルズは、二一世紀の反知性主義はインターネットによる無意識的（？）な過剰自己評価と、そこから生まれる専門主義への不信感が基盤になっていると指摘した。こうした現象は、はたして日本でどれぐらい起きているのだろうか。次節で、詳しく見ていこう。

第2節　日本における反知性主義

そもそも日本では、反知性主義という現象自体に関する認識が低かった。新聞のデータベースを検索しても、「反知性」という言葉は二〇世紀にはほとんど使われておらず、二一世紀に入ってからも、このキーワードでヒットする新聞記事は年に一件か二件だった。第一次安倍政権が誕生した直後は、榊原英資の著作のような反知性主義関連書物が一時的に増加したが、安倍政権が短命に終わったことで議論も立ち消えとなった。

「反知性主義」への関心が高まったのは二〇一二年、第二次安倍政権が発足してからのことである。

二〇一五年以降は関連書籍も多数出版され、反知性主義をめぐる議論はようやく本格化したと言える。[14]

朝日新聞にも、「反知性」という言葉を使用した記事が大幅に増えた（二〇一三年四件、二〇一四年一一件、二〇一五年三〇件超、二〇一六年一八件）。だが、大統領選中のトランプ候補の発言を取り上げるようになったのは二〇一六年以降のことで、二〇一四〜一五年の「反知性主義」関連記事は主に安倍政権の諸政策に関するものだった。代表的なのは、二〇一五年の安全保障関連法案をめぐる議論である。国会に参考人として召喚された学者全員が、安保法案の違憲性を指摘したにもかかわらず、それを全く無視した安倍首相に対し「学問をバカにしている」と批判する声があがった。[15]そして、こうした政策を無批判に報道したＮＨＫの報道姿勢と経営体制も、「反知性主義」的だとして非難された。[16]

こうした一連の反知性主義批判について、なぜ今までこうした議論が出なかったのか不思議に思う人も多いだろう。なぜなら、この動きは決して最近のものではないからだ。トランプ大統領のパフォーマンスは、二〇〇九年にアメリカで始まった保守派によるポピュリスト運動である「ティーパーティー運動」を髣髴とさせるが、日本にも同じような動きは以前からあった。日本の場合、特筆すべきは、いわゆる歴史修正主義運動である。

日本の歴史修正主義運動は、一九九〇年代の歴史教育の大幅な改善や、日本政府による戦争責任の認知と謝罪への反動として起こった。歴史学とはほぼ無関係であり、ジャーナリスト、漫画家、小説家、企業家、タレント、自称「評論家」、そして歴史学以外の学問の研究者らが参加している。[17]

前出の *The Death of Expertise* の著者ニコルズは、一般国民の専門家に対する疑心と同時に、予防接種に反対する芸能人など自分の立場を悪用する「有名人」（非専門家）のことも強く危惧しているが、日本の歴史修正主義運動の場合もまさに同じ現象が見られるのだ。[18]

そもそも真の歴史学者とは、然るべき大学で歴史学を学び、[19]資格を取得していることが前提である。さらに史料を発掘、分析して論文にまとめ、それに対する批判をもとにさらに研究を続けるという、長年の積み重ねを経なければならない。だがいわゆる歴史修正主義者にこのような人物はまずいない。

たとえば、ここ数年、歴史修正主義運動に関して活発に発言している一人に、弁護士で元タレントのケント・ギルバートがいる。同氏はYou Tubeにおいて、「自分が史料を読んでいるので、事実を知っている」と主張し、[20]歴史を扱った論文を書いて、「『真の近現代史観』懸賞論文」で賞さえもらっている。[21]

たしかに、大学で歴史を専攻することなしに、立派な歴史学論文を書いている人もいる。特に地方史の分野では、いわゆるアマチュア歴史家が大きく貢献していることは珍しくない。ただし、こうしたアマチュア歴史家もきちんと歴史学の手法に則り、史料館に長いことこもって情報を収集、分析したうえで結論を出す。先行研究を尊重し検証しながら、自分なりの主張を導き出しているのだ。このような研究が、学界で定着した学説を「修正」することもあるが（歴史学の世界では日常茶飯事である）、これはいわゆる「歴史修正主義」とは根本的に異なる。後者は然るべき史料調査もせず、非常に限定された書物に基づいて、先行研究をアプリオリに否定あるいは無視しているのである。

こうして見ると、学問の世界で一定の質を保証するためには、やはり大学卒業の資格は重要である。資格がないギルバートが歴史学界の共通認識を「修正」しようとしても、予防接種を否定するタレントと同じくらいの重みしかないのである。

このような非専門的・非科学的な歴史修正主義が日本で盛んになったのはアジア太平洋戦争を首相として初めて「侵略戦争」と呼んだ細川護熙首相の発言（一九九三年）の後である。この戦争については、学界では侵略戦争ということで意見が一致していたが、政界では、この細川発言に強い反感を抱く者がいた。そこで一九九三年、自由民主党内に「歴史・検討委員会」が発足、勉強会を主催する。安倍晋三もこの委員会のメンバーであった。勉強会に講師として招かれたのは独文学者、教育学者、哲学者、宗教学者、旧帝国陸海軍軍人、そして自称「評論家」らで、歴史学者はほぼ皆無である。この委員会では専門的な議論をすることなく、歴史学界の定説に則した細川発言を批判、「大東亜戦争は侵略戦争ではなく、むしろ自衛のため、（…）アジア解放（のための）戦争だった」という、感情的な結論を下した。長年の歴史学の研究成果を無視した、甚だしい反知性主義である。(23)

この「歴史・検討委員会」による、歴史学とは相容れない非科学的・反知性主義的な歴史観は、現在も続いている。二〇一五年の戦後七〇周年の際には、安倍首相が日本の歴史学界を無視した反省が感じられない曖昧な演説をして、各方面から批判された。それも、この一九九〇年代以来の反知性主義的な歴史修正主義の反映である。(24)

しかも近年の歴史修正主義運動は、戦争以外のテーマについても積極的に発言するようになった。

まさにアメリカにおける進化論否定と同じように、戦前を思わせる「神武天皇実在論」が、最近たびたび聞かれるようになったのである。

神武天皇が実在の人物でないことは、すでに明治時代から明らかである。一方、一八九〇年代には政治主導で神武天皇の「墓」が「発見」され、その近くに橿原神宮が建立された。また一九九〇年代から歴史修正主義運動の先導に立っている元ニュースキャスターでジャーナリストの櫻井よしこは、「天照大神の子孫の神々様から始まり、神武天皇が即位なさって、神話が国になったのが日本だ。その中で皇室は重要な役割を果たしてきた」と主張している。(25)

またメディアも、神武天皇を実在したかのように扱うことが多くなってきた。二〇一六年に天皇と皇太子が相次いで橿原神宮を参拝した際も、(26)神武天皇が神話上の人物にすぎないことに触れた報道は見当たらない。それどころか、産経新聞は『神武天皇はたしかに存在した』といういかがわしいタイトルの書籍を出版した。朝日新聞もウェブサイトで、「神武天皇は紀元前三七年に即位した実在の天皇だった!? 古代史の定説に気鋭の著者が大胆に挑戦した電子書籍」として、『よみがえる神武天皇』(牧村健志著、PHP研究所)を紹介している。(27)そして櫻井と安倍首相のブレーンとも言われている八木秀次・麗澤大学教授の意見を大きく、かつ無批判に紹介している。

さらに政界では、二〇一六年七月、元タレントの三原じゅん子衆議院議員が「神武天皇は実在の人物」と認める発言をした。(28)この神武天皇実在論は、アメリカのエヴァンゲリスムや進化論否定と同じく、神話を歴史的「事実」として宣伝する一種のカルト史観であるが、日本社会に浸透しつつあるのだ。

結局のところ、反知性主義はポピュリズムを可能にするための基盤であり、政治家によるレトリックの単純化を可能にするため利用される。その点で、日本と欧米の政治家は非常に似ていると言えるだろう。中でも、トランプ大統領と安倍首相のレトリックは酷似している。両氏の主な政治スローガンは歴史修正主義的な背景を持ち、強い反知性主義に基づいている。

トランプ大統領が「アメリカを再び偉大に（Make America Great Again）」を選挙スローガンとしたということは、つまり現在のアメリカはGreat（偉大）ではないということである。その主張の正当性はともかく、これは安倍首相の『美しい国へ』というレトリックと「戦後レジームからの脱却」というスローガンに酷似している。安倍首相にとっても、今の日本・戦後の日本は美しい国ではないのである。「美しい国」という意味自体が不明ではあるが、日本は「戦後レジームからの脱却」により、今から「美しい国へ」と発展しなければいけないというわけである。戦後を否定し、戦中・戦前を理想化し、戦前日本への回帰を提唱しているのだ。

安倍首相は二〇〇六年の最初の就任時に、『美しい国へ』という本を出版したが、同時に「戦後レジームからの脱却」というスローガンも初めて使用した[29]。二〇〇七年の退陣後はこのレトリックをさらに展開させ、二〇〇九年以降の民主党政権を「売国政権[30]」として批判、この政権による汚れを払拭し、日本で唯一正統性を持つ「支配者」である自由民主党が日本を「取り戻す」必要がある……という、ポピュリズムの定義に大いに合致する主張を始めた。自分だけが全ての国民を理解した代弁者であり、現民主党政権は非国民的な存在である……というレトリックを展開したのである。

当時、このような暴論を批判するメディアはほとんどなかったが、その理由の一つは、やはり反知性主義的な思考が広がっていたからである。すなわち、安倍首相の暴論に賛成する側が求めていたのは「合理的な信頼ではなく、軽信・盲信」であり、結局これは「崇拝に接近する」ものであったという指摘もある。[31]その後、第二次安倍政権が誕生し、このような指摘が数多くなされるようになった。

第3節　反知性主義と排外主義

近年、反知性主義の活性化により最も関心が集まっている問題は、移民や難民といった「外国人の脅威」である。このような議論はアメリカのトランピズムやイギリスのEU離脱論のみならず、日本とドイツでも広がりを見せている。

なかでも「外国人犯罪」に関する議論の激化は、きわめて乱暴である。トランプ大統領の最も過激な発言の一つは、「麻薬や犯罪を持ち込まれないよう」メキシコとの国境に壁を作り、その建設費はメキシコ政府に負担させるというものであった。このような暴言で問題なのは、挑発的というだけでなく、学術研究の成果を全く無視している点である。アメリカの場合、よくメキシコ系移民による犯罪が問題にされるが、実際には、メキシコ系移民の犯罪率は、それ以外の住民の犯罪率よりも低い。「メキシコからの移民の増減は、アメリカ各都市の凶悪犯罪や窃盗犯罪の発生率の変化と、有意な関連性はない」とする研究結果もあり、[32]むしろ全体としては、「アメリカへの移民が犯罪行為に関わる可能性は、悪くてもアメリカ生まれの市民と同等、むしろはるかに少ないかもしれない」と主張する論文も出ているのだ[33]。アメリカだけではない。二〇一五年にヨーロッパでドイツに次いで二番目に多くの難民を受け入れたスウェーデンでも、二〇一五年から二〇一六年にかけての犯罪率に大きな変化はなかったという[34]。

だが、外国人や移民が犯罪率を上昇させるというイメージは、どの国の世論調査にも表れている典型的な先入観であり、多くの国で政府が実際に利用している。

たとえばアメリカでは、トランプ大統領就任前にも三〇以上の州の知事が、「シリアからの難民の流入をストップする」と宣言した（二〇一五年）。これは、シリア難民の多くがテロ関係者だという先入観を利用したものだが、この先入観は全くの事実無根である。過去一〇年間のアメリカ人の死因統計を見ると[35]、イスラム系テロリストによる殺害は年平均一〇人程度であるのに対し[36]、四歳以下の幼児が引き起こした銃を使った事故による死亡は二一人[37]、落雷事故死三一人[38]、バス事故死二六四人、ベッドからの転落死七三七人、他のアメリカ人による射殺一一七三七人となっている。すなわち、アメリカ人がテロの犠牲になる可能性は非常に低いのだ[39]。さらに言うとこうした宣言自体、全く無意味である。いくら州知事が難民の「立ち入り禁止」を宣言しても、アメリカ国内には移動制限がないため、すでに他の州に入国済みの難民の流入は阻止出来ないからだ。こうした宣言は結局、一般国民の外国人への恐怖心を煽っただけにすぎない[40]。

イギリスのＥＵ離脱をめぐる議論でも、外国人による犯罪は大きな争点であった。イギリスの国境を守るためにはＥＵから離脱すべきだという議論が、政治家の間で大真面目に戦わされた。だがこれはアメリカの場合と同様、全くのナンセンスである。なにしろイギリスはEU内をビザなしで移動可能なシェンゲン協定にはもともと参加していないので、EUから離脱しても入国管理に大きな変化はないからだ。しかも、イギリスへの移民の中で一番目と三番目に多いのは、EUと全く無関係なインドとパキスタンの出身である。[41] そして外国人による犯罪件数を見ても、イギリス人とほぼ変わらないのである。それどころか二〇〇二年～二〇一二年には、ウェールズ地方で海外生まれの住民が増加した結果、窃盗犯罪件数が減少したというデータもある。しかも凶悪犯罪に関しては、海外生まれの住民はほぼ無関係であったことが明らかになった。[42] こうした調査結果を考えれば、外国人や移民から犯罪を連想させようとすることは、明らかに反知性主義的な扇動である。

ドイツでも、一部の地域で外国人への反感が強まった。[43] 戦後、ナチス時代の教訓から差別や暴力を排除する教育を徹底的に行った西側とは違い、旧東ドイツ地域では二〇〇〇年の世論調査の時点でさえ、「大半の外国人は犯罪者だ」と答える人が多かった。[44] 一部のメディアがドイツにおける難民による犯罪を誇張報道したという指摘もある。[45] これに対して、ドイツ政府の啓発活動が行われたが、その有効性に疑問が残った。ドイツ内務省は「外国人犯罪」よりも、最近「外国人に対する犯罪」という問題を指摘した。たとえば、メディアがよく誇張報道する「難民による犯罪」について、警察は難民が起こす犯罪のほとんどが軽犯罪である、それよりも難民に対する犯罪の方が大いに問題であると言明した。二〇一五年に外国人、とりわけ難民による犯罪の現状を詳しく調査し、難民の居住地域で特に犯罪率が上昇した形跡はないと発表する一方、[46] 同年、難民宿舎への暴力事件が一〇〇〇件以上起きたと発表した。これは前年度の五倍にあたり、そのほとんどが右翼による暴力であり、その中に放火のような凶悪犯罪が多かったということであった。[47] しかし、この啓発活動にも関わらず、最近移民・難民排除を求める政治勢力がますます強くなってきた。社会における排外主義な風潮を利用して誕生した「ドイツのための対案」（ＡｆＤ）という党は、二〇一五年と二〇一六年に一部の地方選で躍進し、上述のように二〇一七年にドイツ国会総選挙で九四議席（得票率は一三％）もとった。この党による「差別発言は目に余るものがある」、と三島憲一が指摘しており、今後もこの党が唱えている反知性主義的なスローガンが当分ドイツ政治を左右し続けるだろう。[48]

「外国人は犯罪を起こす」という先入観は、日本でも非常に深く社会に浸透している。二〇一一年三月一一日の東北大震災の直後、「外国人が犯罪を起こしている」という噂を信じた人の割合は、世論調査によると八六％にものぼった。[49] さらに問題なのは政府が啓発活動をほとんど行っていない。それどころか一部の官憲やメディアは「外国人による犯罪」について不確かな情報を流し、反知性主義的態度で国民を扇動していると言っても過言ではない。ただ、この問題は「外国人犯罪」に限られているものではない。社会学者の河合幹雄が『安全神話崩壊のパラドックス』[50] で指摘しているように、日本における犯罪をめぐる議論は複数な根本的矛盾を抱ている。犯罪が全体的に減少している時期でも「犯罪が増加しており、この町は危ない」といいながら、[51] 一部のメディアと官庁が「日本は安全だ」「東京は世界一安全なまちだ」と宣伝し続ける。『安全神話崩壊のパラドックス』の出版から十数年間が経った間、実は犯罪が大いに減少し続けているが、このような都合主義的な論法は今でも預絶えていない。

「外国人犯罪」問題について、人権保護団体のアムネスティ・インターナショナルがすでに二〇〇四年に以下のように指摘している。

最近、来日外国人による犯罪が増大し凶悪化しているという指摘を、警察やマスメディアが繰り返し流しています。（中略）（一方）警察発表の資料を読むと、「外国人犯罪」が急増・凶悪化している、という指摘は不正確であり、明確な根拠のない主張であることがわかります[52]。

この指摘が発表されて以来、外国人が関係する「犯罪認知件数」（捜査機関によって犯罪の発生が認知された件数）も「検挙件数」も急減しているのである。二〇一五年に、日本では外国人が関係する犯罪は戦後最低レベルに達していることは実情だ。一方、外国人犯罪を誇張することはヘイトスピーチに近い現象が大いに増えたことはなぜだろうか？

近年、「ヘイトスピーチ」が日本の社会において大きな問題になってきたが、政府は現在まで曖昧な態度をとり、ヘイトスピーチ禁止に積極的な姿勢を示していない。国会での議論をみても、安倍首相はヘイトスピーチを深刻な問題としてとらえておらず、強い反知性主義を露呈している。

日本人というのは（中略）和を重んじ、人を排除する排他的な国、国民ではなかったはずでございまして、どんなときにも礼儀正しく、人に対しては寛容の精神、そして謙虚でなければならないと、こう考えてきた日本人なんだろうと、このように思うわけでございまして、そういう中において、今、一部の国、民族を排除しようという言動のあることは極めて残念なことでありまして、そういう中において、やはり日本人が大切にしてきた寛容の精神、和の精神、そして謙虚さをいま一度見詰め直していく（中略）、このように考えております。(53)

幕末の攘夷思想のもと行われた数多くの暗殺、東アジアでの植民地化政策、アジア太平洋戦争における数々の戦争犯罪が、「和を重んじ」、「礼儀正しい」国民性とどのように整合性が取れるのかは理解しがたい。国会で、ヘイトスピーチのような人種差別問題が軽視されているようでは、国民の間で問題意識が形成されていないのも不思議ではない。

メディアも、この点に関しては啓発どころか、むしろ外国人への反感を煽るような報道をしている。たとえば、二〇一五年一〇月二九日朝日テレビで放送されたモーニングショーでは、コメンテーターの長嶋一茂が何の根拠もなく、いきなり「外国人犯罪をしっかりして欲しい」と発言した。番組ではその直前、日本政府の「地方創生」政策の一環でもある海外からの観光客誘致が大成功、という話題を取り上げていた。地方のホテルは満室、バス会社は大忙しで、三菱ふそうには旅客バスの注文が殺到していた。そんななか、中国人観光客らが二日間で五〇〇万円もの「爆買い」をする様子が映し出され、そのVTRを観た長嶋が突然この発言をしたのである。だがこれに対して、司会者からも他の出演者からも何のコメントもなく、もちろんテレビ局からの謝罪もなく番組は終わった。後で朝日テレビのウェブサイト経由で抗議した知り合いもいたが、一切の返信はなかったという。

この頃、日本は二〇二〇年オリンピックの東京招致が決まって盛り上がっていたが、開催の五年も前に、元スポーツ選手でさえ外国人を犯罪者としてしか認識できない事実は、日本人の人種差別意識を如実に物語っているといえよう。政府は、二〇二〇年の東京オリンピックの際に四〇〇〇万人の観光客を誘致したいとしているが、現在の政治・メディア・そしてスポーツ界の態度を見ると、外国人がいないオリンピックを望んでいるのかとさえ思えるほどだ。[54]

さらに問題なのは、日本の警察に反知性的な人種差別が深く根づいていることだ。日本の犯罪発生件数は二〇一五年には戦後最少になり、[55]外国人による犯罪も激減しているというのに、警察は予算確保に必死なあまり、「外国人犯罪」の危険性を強調している。『警察白書』にも、全体的に「犯罪情勢の悪化が懸念されるという記述ばかり目につく」という指摘もある。[56]外国人だけではない。「少年」、「青年」、「老人」など、自分では反論するのが難しい社会的弱者に「犯罪者予備軍」というレッテルを貼っているのだ。こうした警察によるレッテル貼りは、社会的弱者、はては障害者を攻撃してもよいという社会的風潮を生み、ホームレス襲撃事件などの増加につながりかねない。[57]日本の人口の中で外国人が占める割合は非常に低いにもかかわらず、『警察白書』では、「外国人犯罪」という特別な項目設け、多くの頁を割いている。また定期的に、『来日外国人犯罪の検挙状況』という冊子も刊行している。[58]

平成二八年の『警察白書』では、奇妙なことに冒頭で「国際テロ対策」という特集を組んでいる。[59]（前年平成二七年の「国際テロの脅威と警察の取り組み」というトピックスはわずか三頁だった）。[60]だが、二〇一五年から二〇一六年にかけて、日本ではテロの危険性が高まったのだろうか？　そうでなければ、このような特集は、単に国民の外国人に対する警戒心を煽るだけだろう。

この特集の第一節「国際テロ情勢」では、「その1　世界の国際テロ情勢」として「(1) イスラム過激派」、「(2) ISILの台頭」と、国際情勢について長々と説明しているが、教科書ではあるまいし、『警察白書』がなぜこのような解説をするのだろうかと首を傾げたくなる。続く「その2　我が国に関連した主なテロ事件」でも、「(1) 在アルジェリア邦人に対するテロ事件」(正しくは欧米日の会社員に対する襲撃)、「(2) シリアにおける邦人殺害テロ事件」と、日本の警察の管轄外の事柄が並んでいる。

特集の第二節「国際テロ対策」では「その1　警察における国際テロ対策」が三ページ半にわたって延々と説明されているが、興味深いことに日本人によるテロの可能性は全く論じられていない。ここも歴史学者にとっては疑問である。歴史上、外国人が日本人によるテロ事件の犠牲者になったことはわりと多いが(ヒュースケン駐日米総領事館通訳暗殺事件、明治時代のハーバー駐日独領事暗殺事件、大津事件、一九二八年の張作霖爆殺事件、一九六四年のライシャワー駐日米大使暗殺未遂事件、一九七二年のテルアビブ空港乱射事件等々)、外国人による日本国内でのテロ事件はないからである。[61]

外国人が被害者となる可能性について触れているのは、この長い巻頭特集の後、「トピックスI　訪日外国人等の急増への対応について」の中である。「観光立国の実現に向けた政府の各種取組等を受け、我が国を訪れる外国人数は、平成二五年に史上初めて一〇〇〇万人台に達した後、二七年には二〇〇〇万人に迫るなど、(中略) 急速に増加を続けている」[62]とし、その流れで初めて、「外国人が主たる被害者となるものは平成二六年以降わずかではあるが二年連続して増加している」と言及、その対策についても多少述べている。[63]

一方、現場でも、外国人による犯罪は著しく減少しているにもかかわらず、多くの県警が外国人を「犯罪者予備軍」として見なしている。たとえば、静岡県警では以前、犯罪に関わっている外国人の取り扱い方に関するマニュアルを作成、「来日外国人犯罪の特徴・犯罪被害に遭わないために」という冊子を国民（県民？）に配布した(64)。またウェブサイトでは、「少年の犯罪発生状況」、「犯罪概要」、「来日外国人犯罪の状況」という三つの項目に分けて犯罪統計を掲載しており、あたかも外国人が非常に危険であるかのような印象を国民に植えつけている(65)。さらに、埼玉県警のウェブサイトでは、「外国人犯罪に関する情報提供のお願い」というセクションが設けられ、「不良外国人が関係する組織的な事件が全国で多発しています」という記述で県民の不安を煽っている(66)。この「不良外国人」という言葉は、サイト全体で繰り返されており、かつて大日本帝国時代に頻繁に使われた「不逞鮮人」等の蔑視表現を思い出させる。最後に渋谷警察署では二〇一六年、いわゆる民泊の提供者に「テロを防いでオリンピックを成功させるために、皆さんの情報が必要です」というポスターを配布したが、そこには明らかに外国人とわかる八人の顔のイラストが描かれている（図1）。

図1　渋谷警察署のポスター

　このように、日本でテロが起きる可能性に外国人を結びつけて考えることは、歴史的に見ても全く根拠がない。それにもかかわらず、警察はいまだに一部の外国人を常時監視している。特に在日イスラム教徒の監視については最高裁判所まで「やむをえない」とし、「合憲」と判断しているのだ。[67]だがこうした監視は在日外国人ばかりか日本人にも大きな不安を与え、互いとの共存を非常に難しくするだろう。

こうしたレッテル貼りもまた警察の多くのウェブサイトで見られる。外国人による犯罪は激減している中、このようなデマが全く根拠なく官憲（警察）によって広げられていることは、まさに強い反知性主義的風潮であり、今後も増えるだろう在日外国人と日本人の共存を非常に難しくしている。啓発的な役割を果たすべきメディアはこのテーマについてほとんど取り上げておらず、まさに愚民化政策が進んでいると言えよう。

第4節　国家による暴力と排除：「非国民」の論理

反知性主義的風潮の中でレッテルが貼られるのは、外国人だけではない。「青年」、「老人」、それに近年では、「不良思想を提唱している者（反政府勢力）」にもレッテルが貼られ、強烈な排斥の対象になってきている――いわゆる「非国民」論と「売国奴」論である。

この風潮も欧米日の各国で見られ、アメリカでは、トランプ大統領の当選が決まった直後に、共和党のニュート・ギングリッチ議員が下院への「非アメリカ的活動委員会」の設置を提案した。[68]ドイツでも、ＡｆＤ支援者のデモでは政府関係者を「売国奴」、マスメディアを「嘘つき」呼ばわりすることが多く、トランプ大統領の「不誠実なメディア」論と酷似している。

日本でも、このような非国民論・売国奴論が近年著しい広がりを見せており、とりわけリベラル派の政治家やメディアを攻撃する際に用いられる。前田朗が指摘しているように、「非国民」という概念の定義は明らかでなく、政治スローガンに漠然と利用されることが多いが、[69]いずれの国でも共通しているのは、それが社会における「他者（ほとんどの場合、マイノリティを含む弱者）」を排除する扇動的な用語であるということだ。

しかし、「非国民」という言葉を使わずに、「非国民論」が論じられることも多々ある。たとえば、作家の曾野綾子は雑誌『SAPIO』で、「非国民」という言葉を使わずに強い排外主義的非国民論を展開している。

「私は今日本のことを、『こんな悪い国』『格差のひどい国』と言う人が許せない。『こんなひどい国』ならさっさと日本を捨てて出て行って欲しい。[70]」

ここでの「日本から出て行って欲しい」というのは、「国を批判する勢力はあってはいけない」、政策は指導的エリートによって提供され、それ以外の人々は政策や貧富の差といった社会問題について「口を出すべきでない」という前提に立っている。そして、「政府を批判する者は非国民であり、善良なる国民は社会問題について語ったり政府を批判したりしない」と言っているのだ。まさに、ドイツのミュラーが定義しているポピュリズムのレトリックであり、自分が国民の唯一な（唯一の）代弁者で、他の勢力は排除すべきという論理である。なお、政治学者による議論に対する非

表1　朝日新聞における「非国民」という言葉の使用頻度
（全文検索）

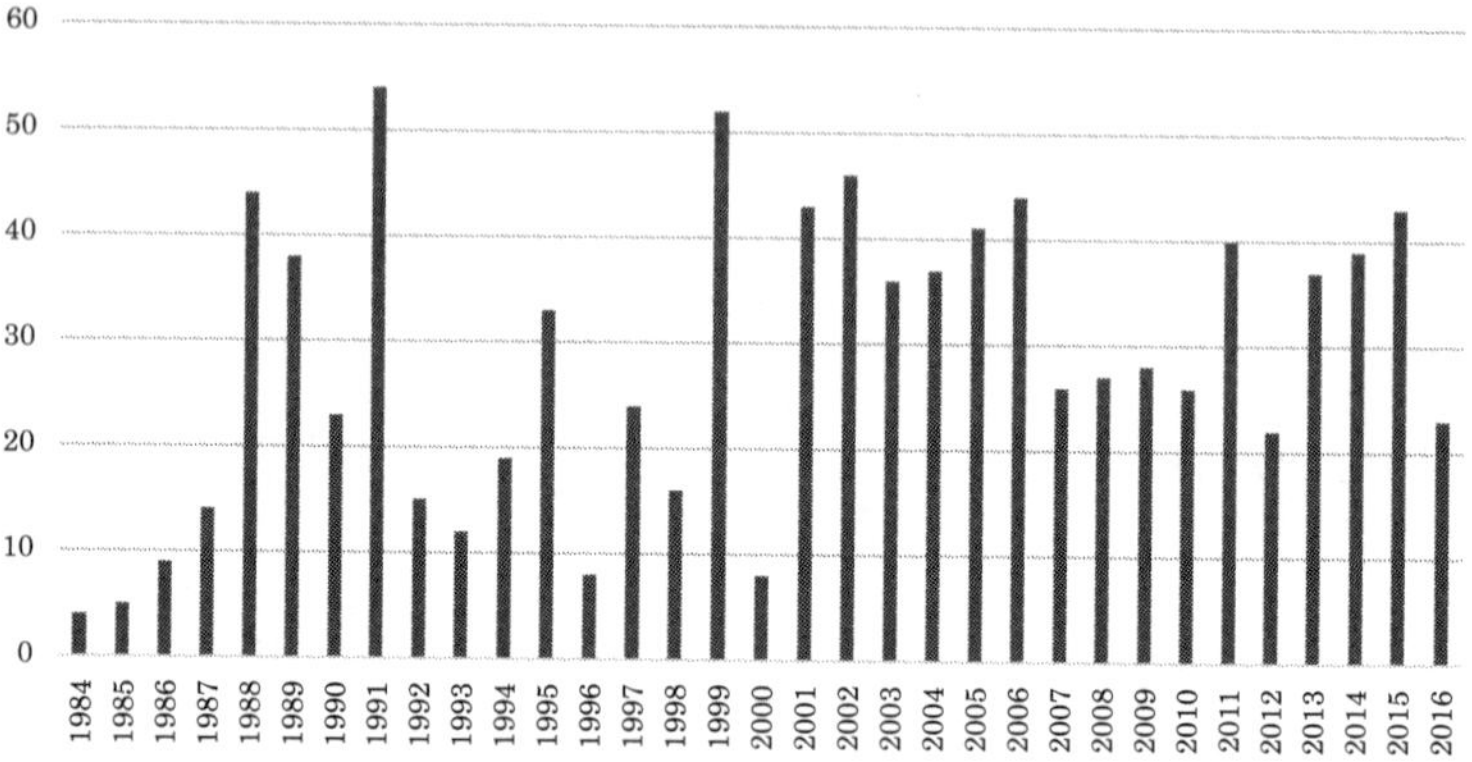

科学的な感情論でもある。

「非国民」という言葉は、どの国でも、戦時に使われる場合が多い。日本でも、アジア太平洋戦争中に頻繁に使用されたが、戦後数十年はメディアに登場することはほとんどなかった[71]。それが一九八〇年代後半から、急に使われるようになったのである（表1参照）。

なぜ、一九八〇年代後半からこれだけ頻出するようになったのだろうか？　当該記事を見てみると、そのほとんどが戦争体験を語る際に使われたものであることがわかる。朝日新聞の「声」というコラムには、「戦争で非国民扱いされた」などという体験談を寄せた読者が数多くいた[72]。その一方で一九八〇年代末からは、愛国心教育を支持する声[73]、言論の統制を求める声[74]、政治家による様々な暴言、「非国民」思考などに対する批判が報道されるようになった[75]。一九八九年と九〇年の「非国民」関連報道の大半は、昭和天皇の崩御に伴って過激化した右翼の動きに関連したものが目立った[76]。一九九一年には、湾岸戦争の影響で防衛政策に関心が集まり、それに伴って「非国民」問題が再浮上した。

その後はまたしばらく、「非国民」という言葉は戦争の体験談くらいにしか使われなくなるが、この状況は一九九九年に大きく変わる。この年、「国旗及び国歌に関する法律」が可決され、国による愛国心教育の強制が推し進められたからだ。[77] その後「非国民」議論は二〇〇〇年に一時下火となったものの、二〇〇一年には日本の教育問題やテロ特別措置法をめぐる議論、さらにアメリカでのテロ事件などもあって再燃し、アメリカ国内における「非国民」のレトリックの広がりが日本のメディアでも注目されるようになった。[78] また、日本の政治家による暴言も頻発するようになり、数多く報道された。こうした暴言は、当初は県議会や知事のレベルで留まっていたが、[79] 小泉政権時代には、政府批判イコール「反日」「非国民」として批判する政治家が増え、[80] こうした政治家による暴言・失言も目立ち始めた。[81]

二〇〇六年には、教育基本法改正の議論で愛国心教育が大きく報道され、「真の愛国者は非国民であった」というような、戦争体験の忘却を危惧する記事が頻繁に登場した。[82]

その後、民主党政権下では「非国民」関連報道は減少したが、第二次安倍政権成立（二〇一二年一二月）以降ふたたび増加、同時に反知性主義に関する報道も増え始める。とりわけ歴史修正主義運動をめぐる報道のなかで、「非国民論」が目立った。[83]

二〇一三年には特定秘密保護法案と集団的自衛権の議論において、反対勢力が「非国民」と批判されたことが報じられた。[84] この議論の中では、安倍政権の反知性的姿勢や、政府による学問の軽視などが指摘されている。[85] さらに二〇一六年に入ると、憲法改正の議論やヘイトスピーチを主唱する団体「在特会」関連の報道で、「非国民」という言葉が聞かれるようになった。[86]

このような排他的な「非国民論」は、話だけに終わらなかった。二〇一六年七月、施設に入所中の障がい者一九人が殺害される事件が起こったのである。犯人はまさに「非国民思考」から、「生きるに値しない人たちだから殺した」という。この事件は、ここまで述べてきた「非国民論」そのものだ。犯人は事件の数週間前、「自分の考えを是非、安倍晋三首相にも伝えていただきたい」と書いた手紙を衆議院議長宛てに送ったそうだ。近年、非国民論を唱える一部の政治家に大きく影響されたことは明らかである。

やはり、近年の日本政府の中心的な考えは、国民主義《ナショナリズム》思想を基礎にしながら国民を統率する一方、マイノリティーを排除することである。この統率思想は、「健全なナショナリズム」というレトリックでごまかそうとしても、[87]その暴力性や排除性は否定できない。前田朗が書いているように、この思想では「『健全な国民』が『健全でない国民』を平気で殺す」のであり、しかも誰が「健全でない国民」であるかは、殺す方が勝手に決めるのだ。[88]イギリスのEU離脱、トランプ大統領の当選、日本における反知性主義の普及、そして近い将来、一部の欧州諸国に極右政権が誕生する可能性を考えると、今後「非国民論」「不健全国民」論による暴力がはびこる危険があらゆる方面で懸念されている。

上述のように日本ではイスラム教徒がすでに監視下に置かれているが、アメリカでも二〇一六年の大統領選の時点から、トランプ大統領が米国内のイスラム教徒を監視下に置くべきだと主張している。そして第二次世界大戦中の日系アメリカ人強制収容が、模範的な前例として肯定的に取り上げられるようになった。[89] このことは、まさに現在の危機的な状況を物語っている。人類は、二〇世紀に犯した過ちを、二一世紀に繰り返すかもしれない――その可能性を真剣に議論すべき時期が来ているのではないだろうか。

結びにかえて

本章で見てきたように、近年世界中に強い反知性主義が広がり、それが極右勢力を増長させ、欧米日各国の民主政権にとって大きな脅威となっている。この動きにより、学問的な研究成果が軽視あるいは無視されており、その結果、外国人をはじめとする社会的弱者の排除、「非国民」とみなされる反体制勢力の排斥、はては民主主義そのものの否定へとつながっている。[90] こうした展開について、ナチス政権下のドイツを生きのびた反ナチ運動組織である告白教会の指導者マルティン・ニーメラー牧師は、戦後、感銘深い言葉で警告している。

ナチが共産主義者を襲つたとき、自分はやや不安になつた。
けれども結局自分は共産主義者でなかつたので何もしなかつた。
それからナチは社会主義者を攻撃した。自分の不安はやや増大した。
けれども自分は依然として社会主義者ではなかつた。そこでやはり何もしなかつた。
それから学校が、新聞が、ユダヤ人が、というふうに次々と攻撃の手が加わり、そのたびに自分の不安は増したが、なおも何事も行わなかった。
さてそれからナチは教会を攻撃した。そうして自分はまさに教会の人間であった。
そこで自分は何事かをした。しかしそのときにはすでに手遅れであった。[91]

反知性主義に基づく排外主義とは、決して外国人に限られたものではなく、いずれは障がい者や性的マイノリティーを含むあらゆる社会的弱者へと広がっていくということである。そういう意味で、近年の日本、アメリカ、ドイツなどにおける排外主義と歴史修正主義の類似性は決して見逃せない。

こうした危険性について国民を啓発し、警鐘を鳴らせるのは、学者とメディアだけである。これ以上の排外主義の蔓延を防ぐために、学者はメディアと協力しながら正しい事実（facts）を積極的に提供し、メディアも販売部数や視聴率を伸ばすことより倫理性を優先していかなければならない。日本では安倍政権がメディアに圧力をかけ始め、さらに二〇一四年一二月に同政権下で特定秘密保護法が施行された結果、日本における「表現の自由」は、国際比較ランキングで大きく順位を下げた。

二〇一七年現在、紛争や迫害によって故郷を追われた人の数は世界で六〇〇〇万人をはるかに超えている。[92]しかしそれよりもさらに多くの人が、自分の出身地以外に移民として定住している。日本国内の定住外国人は年々増え、二〇一六年末には二三八万人を超えた。一方、日本からも、毎年一〇万人以上が海外に移住している。グローバルな「人の移動」は今後も増えるだろう。[93]もはやどう見ても、他人事ではない(94)。
人の移動の増加と排外主義の増大化、この二つの現象を考えると、今や状況は危機的であり早急に行動を起こす必要があるだろう。

註

（1）演説の全文は以下のリンク参照：http://news.stanford.edu/2016/06/12/prepared-text-2016-stanford-commencement-address-ken-burns/。演説のビデオは、https://www.youtube.com/watch?v=ze5DZn_F310。バーンズについて、http://kenburns.com/principals/ken-burns を参照。

（2）http://edition.cnn.com/videos/world/2016/07/19/intv-amanpour-ken-burns-donald-trump.cnn/video/playlists を参照。同時期に、オバマ米国大統領もラトガーズ大学で演説し、「一部の政治家」による事実軽視の態度を強く批判、「事実、証拠、論理と学問への理解は重要なことであり、政策決定者に欠かせないものである」と述べて、政界における「反知性主義」に強い懸念を示した。https://youtu.be/xkCABjFT32A を参照。

（3）二〇一六年から、*Foreign Affairs* 誌（November/December ２０１６号、vol. 95, no. 6)、『ニューズウィーク日本版』（2017/3/14）、*Social Europe Journal*（vol. 11, spring 2017）が相次いでポピュリズムに関する特集を組んでいる。

（4）*Oxford English Dictionary*.

（5）Jan-Werner Müller, *Was ist Populismus?: Ein Essay*. Suhrkamp, 2016.

（6）榊原英資『幼児化する日本社会：拝金主義と反知性主義』東洋経済新報社、二〇〇七年、二三六頁。

（7）Richard Hofstadter, *Anti-Intellectualism in American Life*（Vintage, 1964), p. 47. "In modern culture the evangelical movement has been the most powerful carrier of this kind of religious anti-intellectualism."（ibid., chapter III)

（８）赤坂真理「どんな兵器よりも破壊的なもの」内田樹編『日本の反知性主義』晶文社、二〇一五年、一三三頁。

（９）Elvin Lim, *The Anti-Intellectual Presidency* (Oxford University Press, 2008).

（10）同前、第二章。

（11）同前、p. 67.

（12）Tom Nichols, *The Death of Expertise*, Oxford University Press, 2017 (Kindle edition); Tom Nichols, "How America Lost Faith in Expertise," *Foreign Affairs* 96/2 (2017), 60-73.

（13）Nichols, *The Death of Expertise*, pos. 46.

（14）内田樹編『日本の反知性主義』晶文社、二〇一五年、文藝春秋編『「反知性主義」に陥らないための必読書70冊』文藝春秋、二〇一五年、小田嶋隆『超・反知性主義入門』日経ＢＰ社、二〇一五年、佐藤優、斎藤環『反知性主義とファシズム』金曜日、二〇一五年、清水康雄編『反知性主義と向き合う：特集』（『現代思想』第43巻第３号、二〇一五年）、佐藤優『知性とは何か』祥伝社新書、二〇一五年。

（15）「『政権、学問バカにしている』」『朝日新聞』二〇一五年九月一二日、二九頁。「安保法案ＮＯ、学問の垣根越え　学者９７６６人が賛同、廃案要請」『朝日新聞』二〇一五年七月一五日、三九頁。安倍首相の母校の成蹊大学でさえ、「安全保障関連法に反対する」声明が出された。各大学の取り組みについて、http://anti-security-related-bill.jp/link.html を参照。

（16）上村達男『ＮＨＫはなぜ、反知性主義に乗っ取られたのか法・ルール・規範なきガバナンスに支配される』東洋経済新報社、二〇一五年。

（17）著者が作成したデータベースによる。詳細は別稿に委ねる。

（18）菅野完『日本会議の研究』扶桑社、二〇一六年。

（19）歴史学とはそもそも学問か否か、科学か否かという古くから行われている議論について触れる必要がある。単純に考えると、世界中の大学に「歴史学部」や「歴史学科」があることから、一つの学問（discipline）として成立しているといってよいだろう。日本でも、科学者の意見を国内外に発信する代表機関「日本学術会議（Science Council of Japan）」に歴史学者が議論する部門があるし、日本にいる歴史学者が日本学術振興会の科学研究費助成プログラムに申請することもできるので、一つの学問として認められていると言えよう。

（20） https://youtu.be/qwumVaUQi2M を参照。

（21） APA ホテルの賞について http://ronbun.apa.co.jp を参照。

（22） Heisler, Martin (ed.), The Politics of History in Comparative Perspective（*The Annals of The American Academy of Political and Social Science*, vol. 617, May 2008）を参照。

（23） 歴史・検討委員会編『大東亜戦争の総括』、1985: 11, 308 頁。

（24） サーラ・スヴェン「東アジアとヨーロッパにおける『戦後70周年』」『戦争責任研究』87号、二〇一六年を参照。

（25） 『朝日新聞』二〇一六年九月一〇日、http://www.asahi.com/articles/DA3S12552409.html。

（26） 二〇一六年七月二一日付の朝日新聞では非常に小さい記事しかなかった。Japan Times はかなり大きく報道した。

（27） http://www.asahi.com/and_M/information/pressrelease/Cdpress000135459.html.

（28） http://www.huffingtonpost.jp/2016/07/10/mihara_n_10914060.html を参照。

（29） このスローガンが二〇〇六年に新聞報道で初めて登場する。「新憲法・教育改革、安倍氏が政権公約」『朝日新聞』二〇〇六年〇九月〇二日、一頁、「安倍官房長官の出馬会見〈要旨〉」『朝日新聞』二〇〇六年〇九月〇二日、四頁。

（30） 安倍晋三、百田尚樹、『日本よ、世界の真ん中で咲き誇れ』ワック、2013 という文献で非常に攻撃的なレトリックを展開している。

（31） 白井聡「反知性主義、その世界的文脈と日本的特徴」内田樹編『日本の反知性主義』晶文社、二〇一五年、七六頁。

（32） "Mexican immigration is associated with no appreciable change in the rates of either violent or property crimes in U.S. cities." Chalfin, Aaron (2014), "What is the Contribution of Mexican Immigration to U.S. Crime Rates?," *American Law and Economics Review* V16, N1, pp. 220–268.

（33） Chalfin 2014, 221. この論点はメキシコからの移民に限らずに、移民全体に関する結論である。Spenkuch,

J.（2014）, “Understanding the Impact of Immigration on Crime,” *American Law and Economics Review* 16/1, pp. 177-219も同様な結論をつけている。なお、51本の論文をmeta-studyとして分析した研究も同じ結論付けしている：Ousey, Graham C. and Charis E. Kubrin（2018）, “Immigration and Crime: Assessing a Contentious Issue.” *Annual Review of Criminology* 1/2018, pp. 1-22. Robert Sampsonも移民が多い時期にはむしろ犯罪率が下がることを指摘している。Sampson, Robert J., “Rethinking Crime and Immigration,” *Contexts* 7/2008, pp. 28-33（https://contexts.org/articles/files/2008/01/contexts_winter08_sampson.pdf）も参照。

（34） “Trump's remarks baffle Swedes,” *The New York Times International*, 22 February 2017, 4.

（35） http://www.nytimes.com/2015/11/17/us/politics/gop-governors-vow-to-close-doors-to-syrian-refugees.htmlを参照。

（36） http://www.newamerica.org/in-depth/terrorism-in-america/what-threat-united-states-today/#americas-layered-defensesを参照。その大半はじつはアメリカ国籍を持つイスラム教徒であった。

（37） http://www.snopes.com/toddlers-killed-americans-terrorists/を参照。

（38） http://www.nws.noaa.gov/om/hazstats/resources/weather_fatalities.pdfを参照。

（39） http://www.cdc.gov/injury/wisqars/fatal_injury_reports.htmlを参照。

（40） http://www.pewtrusts.org/en/research-and-analysis/blogs/stateline/2016/09/14/despite-governors-protests-syrian-refugees-settle-across-the-usを参照。

（41） http://www.vox.com/2016/6/23/12005814/brexit-eu-referendum-immigrants.

（42） Bell, Brian and Stephen Machin（2013）, “Immigration and Crime: Evidence for the UK and Other Countries.” *Migration Observatory Briefing*, COMPAS, University of Oxford.

（43） Musa Okwonga, “Fake news, German racism,” *The New York Times International*, 24 February 2017, 14.

（44） 熊谷徹『日本とドイツ』集英社、二〇一五年、二五頁。

（45） “German media ‘distort’ refugee crime rates, study finds,” http://www.dw.com/en/german-media-distort-refugee-crime-rates-study-finds/a-39921894.

(46) http://www.bmi.bund.de/SharedDocs/Pressemitteilungen/DE/2015/11/lagebild1-im-kontext-zuwanderung-2015.html. 比較社会研究者のRainer Geißlerの研究で、それぞれ同じ社会層のドイツに定住している外国人とドイツ人を比べると、外国人の検挙率の方が低いことが分かった。Geißler, Rainer（2008）: Der "kriminelle Ausländer" – Vorurteil oder Realität? Zum Stereotyp des "kriminellen Ausländers", in: IDA – NRW（Hg.）: *Überblick* 1/2008, 14. Jg., pp. 3-9を参照。

(47) http://www.spiegel.de/politik/deutschland/fluechtlingsheime-bundeskriminalamt-zaehlt-mehr-als-1000-attacken-a-1074448.html.

(48) 三島憲一「争点隠し　排除と差別を助長」『朝日新聞』二〇一七年一〇月五日。

(49) "80% Believed fake rumors of crime by foreigners in Japan after quake," *Mainichi Daily News* 13 March 2017.

(50) 河合幹雄が『安全神話崩壊のパラドックス』岩波書店、二〇〇四年。

(51) 河合はそれを「体感治安」という現象で説明している。同右、二七三頁。

(52)『アムネスティーニュースレター』二〇〇四年一一月一五日。

(53) 参議院予算委員会会議録第十四号（その一）平成二五年五月七日、四頁。

(54) 長嶋事件以外でも、外国人差別主義を表す事件がここ数年あったが、ここで省略する。

(55) 二〇一五年一年間の全国での犯罪発生件数は、前の年に比べて九・三％減少し、一〇九万九〇四八件にのぼり、戦後最も少ない件数となった。警察庁『平成26、27年の犯罪情勢』平成二八年七月、七八頁（https://www.npa.go.jp/toukei/seianki/h26-27hanzaizyousei.pdf）。外国人が関わっている「凶悪犯」は全体の一・三％で特に比率が低いことも指摘に値する。『来日外国人犯罪の検挙状況』一～三頁。

(56) 前掲河合『安全神話崩壊のパラドックス』。本書はこの警察による犯罪の問題性の誇張と「日本は世界一安全な国である」という矛盾を分析している。

(57)「差別あおる指導者喝采」『朝日新聞』二〇一六年一二月二五日二面。

(58) 警察庁刑事局組織犯罪対策部国際捜査管理官『来日外国人犯罪の検挙状況』警察庁刑事局組織犯罪対策部国際捜査管理官、平成二八年。

(59) 警察庁『平成28年警察白書』警察庁、二〇一六年。
(60) 警察庁『平成27年警察白書』警察庁、二〇一五年。
(61) 別冊宝島編集部編『昭和・平成　日本テロ事件史』、二〇〇五年、室伏哲郎『日本のテロリスト』弘文堂、一九六二年。
(62) 『平成28年警察白書　概要版』一四頁。
(63) 同前。なお、警察庁『平成26、27年の犯罪情勢』平成二八年、九八〜九九頁でも、「外国人被害の状況」に関する言及がある。
(64) 現在は利用されていないようだが、このサイトで閲覧可：http://www.debito.org/TheCommunity/shizuokakeisatsuhandbook.html.
(65) https://www.pref.shizuoka.jp/police/kurashi/nenkan/index.html.
(66) https://www.police.pref.saitama.lg.jp/e0150/kurashi/joho-rainiti.html.
(67) 「警察がイスラム教徒監視　『やむを得ない』？」『朝日新聞』二〇一六年八月二日。
(68) Gregory Krieg, "Newt Gingrich wants new House Un-American Activities Committee," CNN, 14 June 2016.
(69) 前田朗『非国民がやってきた』耕文社、二〇〇九年、一七頁。
(70) 曾野綾子「国を捨てるということ」『SAPIO』2016/2、一二頁。
(71) 朝日新聞のデータベースを（見出し・キーワードで）検索すると、一九四六年〜一九八〇年までで「非国民」というキーワードでヒットしたのは二件のみで、一九八〇年代は一〇件以下になっている。一方、一九八五年以降の全文検索では、朝日新聞の場合は一〇〇〇件近くの記事がヒットしている。読売新聞の場合は一九四六年〜二〇一六年六月末までで合計二三五件（二〇一〇年三件、二〇一一年八件、二〇一二年一〇件、二〇一三年七件、二〇一四年五件、二〇一五年一一件）で、読売のこのテーマへの無関心が伺える。そのため本論文では、主に朝日新聞に焦点を当てて分析している。
(72) 例えば、「戦時中の民のこころは（声・エコー）」『朝日新聞』一九八八年八月二〇日、「『非国民』と呼ばれた戦中」『朝日新聞』一九九〇年一一月九日、「『非国民』の時代知るゆえ」『朝日新聞』二〇〇四年三月六日。
(73) 「抑圧や強制で育たぬ祖国愛（声）」『朝日新聞』一九八八年一〇月一二日。
(74) 「天皇制反対訴え3人逮捕される」『朝日新聞』一九八九年一月六日。
(75) 「非国民発言で紛糾」『朝日新聞』一九八九年三月一一日。
(76) たとえば、「大喪の日なぜ営業　いやがらせ右翼逮捕　名古屋スーパーご難」『朝日新聞』一九八九年五月二日。
(77) 「『君が代』の強制に反対」『朝日新聞』一九九九年一〇月三日。
(78) 「緊張の米、挙国一致現象　政府批判にヤジ、赤狩りの空気　テロ以降」『朝日新聞』二〇〇一年一〇月三日。
(79) 「戦前思い出す岐阜知事発言（声）」『朝日新聞』一九八九年五月二日。
(80) 「批判を許さん『反日』の発想（声）」『朝日新聞』二〇〇四年四月二九日。
(81) 「柏村参院議員の『反日的分子』発言で市民団体などが抗議」『朝日新聞』二〇〇四年四月三〇日、「『反日』発言は見過ごせない（声）」『朝日新聞』二〇〇四年五月二日。
(82) 「（声）真の愛国者は当時は非国民」『朝日新聞』二〇〇六年五月二八日、「（声）語りつぐ戦争　反戦的な母に非国民と反発」『朝日新聞』二〇〇四年一二月一八日。
(83) 「語り始めた歴史認識　慰安婦強制『確証ない』」『朝日新聞』二〇一二年九月一九日。
(84) 「作家・堺屋太一：2『一億玉砕』に疑問」『朝日新聞』二〇一四年四月八日。
(85) 「『政権、学問をバカにしてる』」『朝日新聞』二〇一五年九月一二日。
(86) 「緊急事態条項「災難対応」美名の陰に」『朝日新聞』（岡山版）二〇一六年六月一九日、「在特会の言動、賠償増額　高松高裁、『人種差別』も認定」『朝日新聞』二〇一六年四月二七日。
(87) 安倍晋三首相も『美しい国へ』のなかで、「健全なナショナリズム」を弁護している。
(88) 前掲前田『非国民がやってきた』一八頁。
(89) http://www.japantimes.co.jp/news/2016/11/21/world/social-issues-world/concerns-grow-trump-ally-cites-japanese-american-internment-precedent-muslim-registry/ を参照。

(90) Dorothée de Nève, "Der Trumpismus bedroht die Demokratie auch in Hessen," http://hessenschau.de/politik/gastbeitrag-der-trumpismus-bedroht-die-demokratie-auch-in-hessen,gastbeitrag-trump-100.html.

(91) 丸山眞男『増補版 現代政治の思想と行動』未來社、一九六四年五月三〇日、475-476頁より引用。原文について http://martin-niemoeller-stiftung.de/martin-niemoeller/was-sagte-niemoeller-wirklich を参照。

(92) http://www.unhcr.org/figures-at-a-glance.html を参照。

(93) 外務省によると、二〇一六年の上位八か国(米国、中国、豪州、英国、タイ、カナダ、ブラジル、ドイツ)の在留邦人数は一〇〇万人弱で、二〇年前に比べ二倍に増加した。外務省領事局政策課『海外在留邦人数調査統計』(平成二八年要約版)を参照。

(94) http://www.japantimes.co.jp/news/2017/03/17/national/record-2-38-million-foreign-residents-living-japan-2016/ を参照。

第7章　安倍晋三論——「全体主義」の文脈で『新しい国へ』を読む

浅野一弘

問題の所在

「全体主義とはなんであろうか」という問いに対して、明確に回答できる人間はどのくらい存在するであろうか。おそらく、日本にいるわれわれの大半が、この質問の答えに窮するのではなかろうか。というのは、現在、われわれは、「全体主義」とはほど遠い状態で、日常生活を送っているはずであるからだ。だが、近年の論壇をみていると、日本にいるわれわれ全員が、「全体主義とはなんであろうか」との問いに明確な回答を示すことのできる日がくるように思えてならない。

その好例としてあげられるのが、自民党の日本国憲法改正草案（二〇一二年四月二七日・決定）の存在である。現に、大谷実・学校法人同志社総長は、「自民党の憲法改正草案には『個人が大切にされすぎているので、もっと公の利益や秩序を大切にしないといけない』という考えが出ているように見える」と断じている。さらに、大谷は、二〇一四年度の卒業式の祝辞で、つぎのように述べたのであった。(1)

私は、今日の我が国の社会や個人の考え方の基本、価値観は、個人主義に帰着すると考える。国や社会は何にも勝って、個人の自由な考え方や生き方を大切に扱わなければならないという原則だ。個人主義は、利己主義に反対し、全体主義とも反対する。

安倍首相の憲法改正の意欲は並々ならぬものがある。自民党憲法改正草案では、「個人の尊重」という文言は改められ、「人の尊重」となっている。「個人主義を助長してきた嫌いがあるので改める」というものだ。個人主義を、柔らかい形ではあるが改めようとしている。これまで明確に否定されてきた全体主義への転換を目指していると言ってよいかと思う。

卒業生の皆さんは、遅かれ早かれ憲法改正問題に直面するが、そのときには、本日あえて申し上げた個人主義を思い起こしていただきたい。そして、熟慮に熟慮を重ねて、最終的に判断して頂きたいと思う。

これは、日本国憲法・第一三条の規定に関する発言で、現行では、「すべて国民は、個人として尊重される。生命、自由及び幸福追求に対する国民の権利については、公共の福祉に反しない限り、立法その他の国政の上で、最大の尊重を必要とする」とされているものが、自民党の憲法改正草案では、「全て国民は、人として尊重される。生命、自由及び幸福追求に対する国民の権利については、公益及び公の秩序に反しない限り、立法その他の国政の上で、最大限に尊重されなければならない」とされているのだ。[2]

さて、本稿では、まずはじめに、「全体主義」というワードをめぐる近年の論壇の動向を紹介する。そこからは、いまの日本の政治情勢を「全体主義」ととらえる論調がいかに多いかがわかるはずだ。つづけて、「全体主義」の意味を整理する。その折り、「全体主義」という用語が、事典などで、どのように説明されているのかに着目したい。つぎに、「全体主義」という文脈で、安倍晋三首相の著作『新しい国へ—美しい国へ　完全版—』を解読する。もっとも、「全体主義という言葉には強いイデオロギー的含意があり、その言葉を使うこと自体が一つの態度決定を意味しているから、そのことに注意して用いなければならない」との見解があることもふまえたうえで、議論を展開しようと思う。[3] そして、最後に、「全体主義」との関連で、日本政治の〝主役〟であるわれわれが留意すべきことがらについて、ふれておく。

第1節　「全体主義」ということばをめぐる近年の論壇

民主党の蓮舫・代表代行は、「（第三次安倍改造内閣で新設された）一億総活躍、なんか戦前を思い出すような全体主義的なキャッチコピーで、誰が名前を付けたのかと素朴に思う」との印象を語ったが、[4] 近年の論壇に目をやると、「全体主義」という観点で、安倍政権や自民党をとらえている主張が多いことに気づく。

たとえば、安倍政権下の二〇一三年一二月一三日、特定秘密保護法の公布（施行：二〇一四年一二月一〇日）にあたって、ジャーナリストの保阪正康は、「今までの日本は、もし戦争が起こったら、という枠組みがない、平時の法体系でした。安倍首相は、この法体系そのものを見直しているのです」とし、特定秘密保護法が、「平時から戦時へと移行する法体系の一部なんです。憲法改正、集団的自衛権の行使容認、日本版NSCの創設。これらが構成する法体系です」と述べている。さらに、保阪は、自民党が「党内のバランスがまったく働かない。右翼化した政党になってしまった」との警告を発したのち、「今すぐ戦争をやるわけではありません。でも、ゆくゆくは、太平洋戦争の前にできた国家総動員法みたいな法律を平気で考え出すのではないかと心配です。今の自民党は、保守政党じゃなくて右翼化した全体主義政党ですから」と断じている[5]。

ちなみに、特定秘密保護法の公布を受けて、北海道和寒町議会や兵庫県新温泉町議会のように、同法の廃止を求める意見書を採択した地方議会もあった。なかでも、愛媛県上島町議会の場合、『特定秘密』の対象を広げることにより、主権者たる国民の知る権利を担保する内部告発や取材活動を萎縮させ、官僚や行政機関による情報隠蔽を助長し日本国憲法に保障される基本的人権を根底から阻害し、再び我が国を全体主義社会に向かわせかねない法律である」として、同法と「全体主義」とを関連づけた決議を採択している（二〇一四年三月一〇日）ことは、注目にあたいする[6]。

大きな議論をよんだ特定秘密保護法にくわえて、アベノミクスの手法にも注目した佐和隆光・滋賀大学学長は、「安倍政権の本質はなかなか見えにくかったが、統制色の強いアベノミクス、特定秘密保護法のごり押しなどを見ると、全体主義を志向する政権だと言わざるをえない」との認識を披露している。[7]

さらに、安倍政権に批判的な山口二郎・法政大学教授は、「ナチズムやスターリン主義の衝撃を受け止め、文学では全体主義支配を題材として、権力がどこまで人間を支配、管理できるか、想像力を広げて地獄絵を描くという作品が現れた。それがディストピア（ユートピアの対極）小説である。現在の日本は、ジョージ・オーウェルの『一九八四年』に代表される、この種のディストピア小説をどこまで実際の世界で実現できるか、国を挙げて実験しているようなものである」としたうえで、とりわけ、「二〇一五年は、第二次世界大戦の終結から七〇年の節目の年である。安倍政権および、それを支える勢力が歴史認識の問題に執念を持つのも、全体主義的志向の現れ」としている。[8] しかも、山口は、「スターリン時代のソ連や旧東ドイツのように、地域や職場はもとより家族の中にまで相互監視と密告が奨励された状態は、非政治的世界の否定、人間生活の全面的政治化とよぶことができる」とし、「安倍政権が目指しているのも、社会の全面的政治化である」と断じている。そのうえで、「反対者を除去し、安倍的なるものに向けて政治化を進めるという政治手法」のことを「安倍的全体主義」とまでいいきっているのだ。そして、その「政治化のゴールに置かれている」のが、「安倍が個人的に抱く権威主義的ナショナリズム、歴史修正主義、戦後民主主義への復讐」であると分析している。[9]

おなじく安倍政権批判を展開する評論家の佐高信は、「祖父の岸の妖気を受け継いで、孫の安倍は強権政治を進めている」として、「いま、自民党は、祖父の岸譲りの全体主義者、安倍によって、保守の知恵を持った者は隅に追いやられ、安倍とその仲間たちが主流を占めている」との状況認識を披露している。[10]

また、九条の会・事務局長をつとめる小森陽一・東京大学教授にいたっては、小泉純一郎政権時からすでに、「国の内と外に『敵をつくる』ことによって、政治の破綻から目をそらせて、その『敵が悪い』という『大衆煽動的な全体主義』をマスメディアを利用してやっていくことになりました」とし、「（第一次）安倍政権が、国民生活や経済にかかわる無能さを、どこでぎりぎり担保しているかといえば、それはイデオロギー問題です。つまり、安倍政権は『美しい日本』を掲げたナショナリズム扇動内閣であり、同時に、『大日本帝国の復活』を狙う『靖国史観』政権」（カッコ内、引用者補足）とまでよんでいる。[11]

日本をおおう、こうした全体主義的な空気への懸念は、文壇からも提起されている。作家の中村文則は、二〇一五年二月二八日におこなわれた雑誌の対談（対談者：田中慎弥）で、「僕は最近、現実の世の中が少しずつ全体主義の方向に傾きつつあると認識していて、そういう世界の中でどんな政治的な言葉を言えばよいのかって考えると、もしかしたら従来の方法では伝わりにくくなってるんじゃないかとも思ったんです」「僕は今の日本の流れに対して危機感を持っていて。全体主義的傾向がもっとはっきり出てきた時にはもう遅い。そうなったら、誰も聞く耳を持たなくなる」と、いまの政治状況を憂えている。[12]

安倍政権を危険視するこのような声は、各界からだされており、芸術の領域からは、映画作家の想田和弘が、「日本社会には安倍政権という『病い』を育て発症させてしまうような体質がある。

安倍政権が幾度にもわたる選挙を生き延び、勢力を伸ばしているのは、民主的諸価値が軽視されたり全体主義的政策が推進されたりしてもそれを重大視せず、『それでも民主党よりマシだよね』と容認している私たちがいるからである。職場や家庭や教育現場などにおける私たちの生活そのものが全体主義的価値観に侵食され、民主的諸価値が希薄化しているからこそ、私たちはファシストたちへの免疫機能を適切に働かせることができないのではないだろうか」との警鐘をならしている。[13]

また、普天間飛行場の移設問題をかかえる沖縄県の地元紙とのインタビューにおいて、音楽家の坂本龍一は、「六月に自民党の若手勉強会であった一連の報道圧力や百田発言などについて」とする問いに、「政府に反対する意見を述べるメディアや個人は全部しょっぴく、あるいは潰（つぶ）してしまうという体制は全体主義ですよね。明確に自民党の人たちがそういう意識を持っているということがはっきりしている。面と向かってそういう体制が好きですか？　そうなってほしいですか？　と聞けばまだほとんどの人は嫌だ、困ると言うでしょう。ただ、そう単刀直入には聞いてこないで、じわじわと自主規制させるような空気がすでに気が付かないうちに始まっている。自分たちが明確な意識を持たないうちに自主規制が広がっているのは非常に大きな問題です。敏感にそういうことに目を向けてできるだけ明確に反対意見を言わないと、全体主義体制になってしまうでしょうね」と応じている。[14]ここでいう「自民党の若手勉強会であった一連の報道圧力や百田発言」とは、二〇一五年六月二五日、「安倍晋三首相に近い自民党の若手議員約四〇人」が、「憲法改正を推進する勉強会『文化芸術懇話会』の初会合を党本部で開いた」折り、講師としてまねかれた作家の百田尚樹が、「沖縄の地元紙が政府に批判的だとの意見が出たのに対し、『沖縄の二つの新聞はつぶさないといけない』と発言した」ことをさしている[15]。この文化芸術懇話会に対する批判は、地方自治体の首長からも提起されている。たとえば、岩手県の「達増拓也知事は『全体主義、ファシズムに向かう言動だ』と痛烈に批判した」という。しかも、達増は、「国政でみられるような全体主義的なものを岩手に及ぼしていいのか」とも指摘している[16]。

なお、沖縄県の地元紙で、近年の政治状況を全体主義という観点でとらえた論調は、坂本の発言以外にもあり、たとえば、『琉球新報』は、「自民議員発言／異論排除は全体主義への道」と題する社説のなかで、「安全保障関連法案に抗議する若者グループ『SEALDs（シールズ）』の主張について、自民党の武藤貴也衆院議員がツイッターで『「戦争に行きたくない」という極端な利己的考え』と批判した」ことをとりあげ、「シールズのメンバーは主に一〇代から二〇代前半の学生だ。若い世代の政治参加は健全な民主主義国家の姿だといえよう。これに対し、異なる意見に『利己的』とレッテルを貼ってどんどん排除すれば、行き着く先は全体主義国家だ」と論じている[17]。

こうしたなか、いまの情勢を「全体主義」ととらえる声が、保守陣営からもあがってきていることは、注目にあたいする。その好例が、「自由主義的な保守主義」をかかげる、佐藤優・元外務省主任分析官の発言であろう。佐藤は、二〇一四年一二月一四日におこなわれた第四七回衆議院議員総選挙にふれ、「自民党の選挙ポスターのコピーは、『景気回復、この道しかない』というもの」であったが、「『この道しかない』というのは、一九八八年のソビエト連邦のゴルバチョフ政権のスローガンと同じなのです」と述べている。そのうえで、「そもそも『この道しかない』などという言葉は、民主主義国のスローガンとしてあり得ません。『ダメなものはダメ』なら、まだあり得ます。いくつかの選択肢のうちで、やはり、やってはいけないことはあるということですから」とし、「しかし『この道しかない』は、それ以外の選択肢はないということになります。これではまるで全体主義国です」と断じている。(18)

さらに、「憲法を改正して自衛隊を正式な軍隊にすべきだという立場」をとりつつも、「解釈改憲による集団的自衛権行使の容認に反対」というスタンスの漫画家・小林よしのりは、(19)みずからのブログ（二〇一五年七月一三日付）で、「来年の参院選で自民党が負けて、衆参のねじれ国会になってしまえば、安倍スターリンの全体主義が崩れて、他の議員が言いたいこと言えるようになるのだが」との気もちを吐露している。(20)小林のこうした言動がでてくる背景には、六月二五日に開催予定であった、自民党の「若手のハト派国会議員らによる『過去を学び「分厚い保守政治」を目指す若手議員の会』」による勉強会での小林の講演が急きょ中止となったことが関係している。(21)

おなじように、憲法改正を主張しつつも、「安全保障法制を『違憲』として廃止」すべきとして、第二四回参議院議員通常選挙（二〇一六年七月一〇日）に、政治団体・国民怒りの声をたちあげ、立候補した小林節・慶應義塾大学名誉教授は、「新しい全体主義を止めることができなかった」との思いを吐露した。(22)ちなみに、小林は、自民党が制作した「ほのぼの一家の憲法改正ってなぁに?」という漫画の小冊子の記述についても、「今の憲法が個人主義的で『個人の自由が強調されすぎて、家族の絆や地域の連帯が希薄になった』との記述には呆れはてる」とし、「個人主義を批判し、全体主義を目指しているとしたら恐ろしいこと。自由主義とは本来、個人主義になるもの。家族の絆などは道徳的問題であり、法で強制されるべきものではありません。例えば、全体主義になれば自由に離婚もできなくなり、離婚は憲法違反になることも考えられる」として、自民党政権下で進行する憲法改正論議に異を唱えている。[23]

くわえて、かつて、自民党選出の衆議院議員として自治相もつとめた、白川勝彦は、第四七回衆議院選挙をまえにした、二〇一四年一二月一〇日、みずからのホームページで、「ファッショというのは、いつも全体主義的で、反自由主義的、非論理的で、なおかつ反文化的であったと、歴史が教えている」としたうえで、「安倍・自公〝合体〟体制は、〝全体主義的で、反自由主義的な思想〟と〝非論理的で反文化的な手法〟で、二五％の有権者を取り込もうとしている。マスコミがその先頭に立って、その役割を果たしているのだ」と、自・公連立政権を一刀両断にしている。[24]

ところで、マスメディアと全体主義との関連については、宗教学者の島薗進も言及している。[25]

戦前とパラレルに進んでいる戦後において、全体主義がやはりよみがえるのか、と問われれば、答えはイエスです。もうすでに現在の日本は、いくつかの局面では全体主義の様相を帯びていると考えてもいいでしょう。

もちろん、戦前とは大衆の熱の帯び方が違います。「下からの」というより「上から」静かに統制を強めるような、冷めた全体主義です。

たとえば、NHKはじめマスコミがかなり統制されてきています。それこそ戦前が戻ってきたとも言えるし、中国のメディア状況のようでもあります。我々国民が真実を知ることができず、強要された国家の宣伝に我々は従うようになってきている。つまり、これは全体主義的な傾向でしょう。

このように、近年の論壇では、保守層もふくめ、安倍政権を危険視する声がたかまってきているのである。

第2節　事典にみる「全体主義」

では、ここで、さまざまな事典などをもとに、「全体主義」ということばの定義をこころみよう。

まずはじめに、『精選版　日本国語大辞典』〔第二巻〕では、「全体主義」（totalitarianism）とは、「個人は全体（国家、民族、階級など）の構成部分として初めて存在意義があると考え、国家権力が個人の私生活にまで干渉したり統制を加えたりする体制、あるいはそれを是認する思想。ナチズム、ファシズムなどに代表される」との説明が付されている。[26] また、『広辞苑』〔第六版〕によると、「個人に対する全体（国家・民族）の絶対的優位の主張のもとに諸集団を一元的に組み替え、諸個人を全体の目標に総動員する思想および体制」のことをいうそうだ。そして、この「全体主義を原理とする国家」を「全体主義国家」（＝「全体国家」）とよび、「多くは一国一党制をとる」とされる。「代表的なものはナチス－ドイツ・ファシスト－イタリア」があり、場合によっては、「スターリン時代のソ連を含めることもある」ようだ。[27]

では、つぎに、百科事典のなかで、「全体主義」がどのように定義されているのかに着目しよう。

たとえば、『ブリタニカ国際大百科事典』には、「全体主義は、『全体』という言葉に示されるように個人の尊厳と個別集団の独立性を排し、全体としての人民、社会、国家などを優先させる思想、運動、さらにはそのような思想と運動に基づいて形成された政治体制をさす、と定義することができる」とある。(28)

さらに、同事典には、つぎのようにも記されている。(29)

「全体主義的」ないし「全体主義」という言葉の最初の用例は、一九二五年にムッソリーニが演説のなかで「われわれの強烈なる全体主義的意思」として用いたことにあるとされている。ドイツでは、「全体戦争」「全体的動員」のような軍事用語としての使用例があったが、三一年に、のちにナチスの御用法学者になったシュミットがナチスの国家理念を「全体主義的」totalitär と形容している。しかしヒトラーは、イタリア・ファシズムがドイツ・ナチズムの先輩であるかのように解されるのを嫌い、全体主義という言葉を使うときにはいつも頭に「いわゆる」をつけ、むしろ「権威主義」Autoritarismus という語を用いた。他方ソ連では、全体主義という言葉は「ファッショ的」政治体制（ここでは、ファシズムは単にイタリアだけでなく、ドイツ、日本なども含む）にきびしく限定して用いられ、特に第二次世界大戦後、この言葉がソ連の政治体制に対する非難の意味をこめて西欧世界で使われるようになったのに対しては、強く反対している。しかし、ムッソリーニのイタリア、ヒトラーのドイツ、スターリンのソ連は、広く全体主義の原型とみなされるようになった。

また、『世界大百科事典』のなかでは、「〈個〉に対する〈全体〉（国家、民族、階級など）の優位を徹底的に追求しようとする思想・運動・体制をいう」との定義がなされたあと、「〈全体主義〉という表現がファシズムに対する弾劾の言葉として初めて登場したのは、一九二九年一一月二日の《タイムズ》（ロンドン）といわれる。この概念はその後、三九年八月の独ソ不可侵条約の成立を経て、イタリアのファシズム、ドイツのナチズムとソビエトのスターリン体制の支配の共通の特質を抽出して告発する言葉」として確立していったと記されている。[30]

なお、学説史的には、「四〇年代初頭には、E・レーデラーの《大衆の国家》(1940)、ノイマン Sigmund Neumann (1904-62)《恒久の革命》(1942) など全体主義理論の古典的著作が生まれた。第二次大戦後、とりわけ五〇年代のいわゆる米ソ冷戦期には、〈全体主義〉理論は、〈自由世界〉を擁護して〈共産主義〉を告発する理論として流布し、H・アレントの《全体主義の起源》(1951) やフリードリヒ Carl J. Friedrich (1901-84)、ブレジンスキー Zbigniew K. Brzezinski《全体主義独裁と専制支配》(1956) がその代表的著作として東西のイデオロギー的対抗のなかで大きな影響力を発揮した」ようだ。[31]

ただ、「この冷戦イデオロギー的な性格の故に、六〇年代にはこの概念は次第に敬遠されるようになる。さらに、ナチズムやスターリニズムに関する実証史学的研究が進展し、この両者を一括して解釈する枠組自体が問題視されるようになり、ナチズム、スターリニズムの実証的研究の文脈ではその歴史的役割を終えた」と指摘する事典（＝『政治学事典』〔弘文堂〕）もあることを付言しておく。[32]

つぎに、政治学関連の事典に目を転じよう。中村哲・丸山真男・辻清明の三名が編集委員となった、『政治学事典』（平凡社）には、「大衆のおくれた観念型態を利用しつつ、超越的観念により、現実の権力関係を遮蔽し、またそれによつて権力的な統合を可能にすると同時に、その権力構造を制度的に固定化するとき、全体主義体制が成立する。そしてこの体制のよつてたつ原理を全体主義という」と定義されている。[33]

また、「現実の社会に対立が生じているといないとにかかわらず、人間の思考様式そのものを変えることによって、対立など存在しえない新しい社会に住んでいるのだと人びとに信じさせる企て」を「全体主義」とする『現代政治学小辞典』〔新版〕の定義もある。同辞典によると、「人間の思考様式を変える方式は、イデオロギーによる教化」がもちいられ、その手段としては、「マス・メディアの活用」がなされるそうだ。[34]

では、「全体主義」は、どのようにして確立されていったのか。『岩波小辞典　政治　第3版』では、以下のような記述がなされている。[35]

第一次大戦後ドイツおよびイタリアでは、もともと政治制度としての民主主義を運営してゆくだけの社会的条件が十分でなかった上に、戦後の経済的社会的危機がこれに加わって、政治的混乱を招いた。ファシストは、この政治的混乱が民主政治によって克服されるのではなく、逆に、そのような不安定こそ民主政治の中核をなす自由主義・合理主義・功利主義等の世界観の所産であると宣伝して、まず自由主義・社会主義・共産主義を弾圧したのちに、すべての政治的自由にたいして圧迫を加えた。その際、新政治体制の理論的根拠として、知性よりも本能に訴える非合理主義的な民族的神秘主義を基礎として、〈民族精神〉〈民族の神話〉〈民族の血と祖国の土〉等を強調した。こうして、全体主義理念の下に、権威国家・指導者国家としての独裁制が確立された。

こうしてみてもわかるように、「全体主義の定義は論者によって異なるが、それは、独裁的な指導者の支配と市民的・政治的自由の否定を伝統的な専制や暴政ならびに権威主義体制と共有しつつ、それらとは異なり、イデオロギーによる政治的な動員が強度になされるとともに、私的領域が破壊され、全面的な政治化が進む。すなわち経済活動や宗教、文化、思想から余暇に至るまで党と国家権力の統制下におこうとする、強制的な画一化がなされることが特色とされる」という（前掲『政治学事典』〔弘文堂〕）[36]。

なかには、『新訂版　現代政治学事典』のなかにある、「今日では、社会組織の内部の個人や集団への抑圧を示す権威主義、独裁、専制政治などの類似の概念と混用されているので、定義し難い。個人的生活や集団的生活のあらゆる諸相を全体的に統制することがその指標となる」といった指摘をする識者もいるほどだ[37]。

いずれにせよ、さまざまな事典に共通しているポイントは、「全体主義」が「民主主義を否定する原理」であるという事実であろう[38]。

なお、最後に、日本における「全体主義」の特質について付言しておきたい。事典ではないが、政治思想家の藤田省三が興味深い指摘をしているので、それを紹介しておこう。[39]

問題の三十年代の全体主義化については、もう今更言うまでもないであろう。一般に比較的気づかれていない点だけを一言しておこう。ナチズムとかファシズムとか言うと、今ではもう、暗い・圧制的な面ばかりをまず思い浮かべるであろうが、広く知られた事実を例として言えば、「ベルリンの祭典」にしても、「ベルリン・オリンピック」にしても華やかと言ってもよいような壮大な空虚を撒き散らしながらそれは出てきたのであった。それ以前の当初からそうだったからこそ（西欧）世界運動としてそれは出発したのであった。日本は、卑俗なものには違いないがその壮大（美？）への憧れがあったからこそ、新しいファシズムやスターリニズムに行動スタイルを含めて追随・模倣しようとしたのであった。

また、前出の『ブリタニカ国際大百科事典』によると、「日本では、全体主義への運動は新しい中心を生み出さず、伝統的な天皇支配への帰一を目指すものとして現れた」とされている。[40]

第3節 『新しい国へ――美しい国へ　完全版――』を読む

はたして、近年の論壇で提起されているように、安倍政権や自民党は、「全体主義」的色彩をおびているのであろうか。ここでは、二〇一三年一月二〇日に刊行された、安倍の著作『新しい国へ——美しい国へ　完全版——』を中心に、検証してみたい。

周知のように、安倍が二〇〇六年七月二一日に刊行した『美しい国へ』は話題作となったが、この『新しい国へ』は、副題にあるとおり、前著『美しい国へ』の「完全版」で、安倍の「政治家としての根本姿勢」をまとめた、『美しい国へ』の「内容には、一切手を加えておりません。今回は、自民党がふたたび政権を奪取するに際して、私が考える具体的政策を、附しました」というものである。そして、安倍は、「この国をどこに導くべきか」について、『新しい国へ』のなかで、「私なりの考えを述べたい」と、「まえがき——『新しい国へ』刊行にあたって——」で述べている。(41) それゆえ、同書を読みとくことで、安倍の国家観の一端が浮き彫りになってくると思われる。

さて、安倍の言説を検討するまえに、ここで、安倍のプロフィールを紹介しておこう。(42)

安倍は、一九五四年九月二一日、安倍晋太郎・洋子夫妻の二男として生まれた。ちなみに、「名前の『晋』は吉田松陰の弟子、高杉晋作にちなむ」という。(43) 晋太郎の父は、安倍寛・元衆議院議員で、(44) 洋子の父は、第五六代・第五七代内閣総理大臣の職をつとめた、岸信介である（第六一・第六二・第六三代内閣総理大臣の佐藤栄作は、大叔父）。こうした家庭環境もあってか、安倍は、「果たして自分にその能力があるのかという疑問もありました」としつつも、「私も将来は政治家に、と常々感じていました」と述べている。(45) さて、一九七七年に、成蹊大学法学部政治学科を卒業した安倍は、「語学留学のため渡米」し、「南カリフォルニア大学に入学し、政治学を専攻」した。(46) そして、一九七九年に、神戸製鋼所に入社している。三年間の会社員生活をへたのち、安倍は、父・晋太郎の外務大臣秘書官に就任する（一九八二年）。「楽しい会社員生活でしたが、政治への思いも募り、後に父の秘書になりました」という人生の岐路にあたって、安倍は、「何かを選択するとは何かを捨てることだと実感した」そうだ[47]。そうしたなか、晋太郎の死（一九九一年五月一五日）を受けて、一九九三年七月一八日の第四〇回衆議院議員総選挙に出馬し、当選をはたした[48]。このときの様子について、安倍は、「安倍家は代々政治家なので、私が世襲でひ弱だと周囲から囁かれ、対立候補も旧安倍派でしたので、大変厳しい選挙でした。傘もささず、全身ずぶ濡れで必死に遊説していると、その姿を見かけた方々から励ましの温かい言葉をいただきました。そのためか、父の故郷である湯谷町では父のかつての得票数を上回るほど」であったという[49]。

ところで、政治家となった安倍は、〝出世コース〟をかけあがり、二〇〇〇年に内閣官房副長官（第二次森喜朗内閣）、二〇〇三年に自民党幹事長、二〇〇五年に内閣官房長官（第三次小泉純一郎改造内閣）の要職を歴任した。そして、二〇〇六年九月二六日、第九〇代内閣総理大臣へとのぼりつめたのだ[50]。だが、周知のように、二〇〇七年九月二六日に、その職を辞すこととなった。その後、二〇一二年九月二六日には、自民党総裁に返り咲き、二〇一二年一二月二六日、第九六代内閣総理大臣として、ふたたび、官邸入りをはたしたのであった。

その安倍の著書の特徴ともいえるのが、ことさらに、国家を重要視している事実である。しかも、安倍は、同世代の人間のなかでも、はやいうちから国家の存在に着目していたようで、「わたしは、一九五四年（昭和二十九年）生まれである。団塊と新人類にはさまれた、どちらかというと影の薄い世代で、後年『シラケ世代』などと呼ばれることもあった。しかし、父も祖父も政治家という家庭に育ったから、年を経るにつれ、同世代の他の人たちよりは、どちらかというと国とか国家というものを意識するようになっていた」と記している。[51] そうした安倍が、「政治家を志したのは、ほかでもない、わたしがこうありたいと願う国をつくるためにこの道を選んだ」ということで、安倍は、美しい国づくりのために、「この道しかない」との思いをもって、政治家をこころざしたのだ。そうしたつよい思いがあるからこそ、「政治家は実現したいと思う政策と実行力がすべてである。確たる信念に裏打ちされているなら、批判はもとより覚悟のうえだ」との政治姿勢がみちびきだされていった。[52]

安倍は、べつの著書でも、「靖国神社の問題は、常に国家の問題を考えさせられます。私たちの自由など、さまざまな権利を担保するものは最終的には国家です。国家が存続するためには、時として身の危険を冒してでも、命を投げうってでも守ろうとする人がいない限り、国家は成り立ちません。その人の歩みを顕彰することを国家が放棄したら、誰が国のために汗や血を流すかということですね」と、国家の重要性について論じている。そして、安倍は、パスポートを例にとり、「これは外交の力を示すものです。外交の力があるかないかで、皆さんが持っているパスポートの価値も変化し、日本国民が海外旅行をする際の安全にも関わってくるのです」と述べるのだ。[53] ただ、『新しい国へ』のなかでは、「国民がパスポートをもつことによって国家の保護を受けられるということは、裏を返せば、個々人にも、応分の義務が生じるということでもある」と、国民のはたすべき義務の存在を指摘する。[54] もしかすると、こうした安倍の思いは、自民党憲法改正草案のなかの「この憲法が国民に保障する自由及び権利は、国民の不断の努力により、保持されなければならない。国民は、これを濫用してはならず、自由及び権利には責任及び義務が伴うことを自覚し、常に公益及び公の秩序に反してはならない」（第一二条：「国民の責務」）といった条文などに結実しているのかもしれない。[55]

ちなみに、自民党憲法改正草案との関連でいうと、「国家と国民は対立関係にあるのではなく、相関関係にある、というべきだろう」と述べる安倍が[56]、「個人の自由と国家との関係は、自由主義国家においても、ときには緊張関係ともなりうる。しかし、個人の自由を担保しているのは国家なのである。それらの機能が他国の支配によって停止させられれば、天賦の権利が制限されてしまうのは自明であろう」と語っているが[57]、自民党の作成した、「日本国憲法改正草案　Q＆A」〔増補版〕には、「人権規定も、我が国の歴史、文化、伝統を踏まえたものであることも必要だと考えます。現行憲法の規定の中には、西欧の天賦人権説に基づいて規定されていると思われるものが散見されることから、こうした規定は改める必要があると考えました」（傍点、引用者）との記述がなされている。[58]ということは、現在、日本が他国の支配下にないにもかかわらず、自民党の憲法改正草案では、「天賦の権利」が制限されるというかたちになっている。そのため、自民党憲法改正草案をめぐっては、「個人の権利・自由にたいして全体の利益が優先するという政治の原理およびその体制」を追求する[59]、「全体主義」の文脈でとらえることができるとの見解もでてくるということになろう。

天賦人権説にくわえて、憲法学界で常識とされる、立憲主義の考え方についても、安倍は、「憲法の議論でよく言われるのは、憲法というのは国の権力を縛るものだという考え方です。しかしこれはある意味、古色蒼然とした考え方であって、専制主義的な王制があった時代では、憲法はたしかに権力者に対して権力の行使を縛るものでした」との異論をはさんでいる[60]。こうした認識は、自民党憲法改正草案のなかの国民による「憲法尊重擁護義務」―「全て国民は、この憲法を尊重しなければならない」（自民党憲法改正草案・第一〇二条一項）―につながるとみてよい。もしかすると、このような動きが、「日本の国は、戦後半世紀以上にわたって、自由と民主主義、そして基本的人権を守り、国際平和に貢献してきた。当たり前のようだが、世界は、日本人のそうした行動をしっかりみているのである。日本人自身がつくりあげたこの国のかたちに、わたしたちは堂々と胸を張るべきであろう。わたしたちは、こういう国のありかたを、今後もけっして変えるつもりはないのだから」（傍点、引用者）という、安倍の発言とのあいだに、齟齬があると判断され、「全体主義」との批判を受けているのかもしれない[61]。

ところで、一九五一年九月八日に締結された日米安全保障条約について、「日本に内乱が起きたときは、米軍が出動できることになっていたり、アメリカ人が日本国内で犯罪をおかしても、日本には裁判権がないなど、独立国とは名ばかりの、いかにも隷属的な条約を結んでいたのだった」と記しているように、安倍は、この当時の日本は、独立国家としての体をなしていないとの認識をいだいていたようだ。それゆえ、安保改定というかたちで、「この片務的な条約を対等にちかい条約にして、まず独立国家の要件を満たそうとしていた」、祖父・岸の姿をたかく評価するというスタンスがみちびきだされる[62]。くわえて、安倍の考えでは、集団的自衛権の行使を容認し、日米両国の「双務性を高めることは、信頼の絆を強め、より対等な関係をつくりあげることにつながる」ようだ[63]。その意味でも、安倍は、「安全保障について考える、つまり日本を守るということは、とりもなおさず、その体制の基盤である自由と民主主義を守ることである」と強調する[64]。こうした過程をへて、「この国に生まれ育ったのだから、わたしは、この国に自信をもって生きていきたい」という気もちをかたちにしていこうということになるのであろう[65]。

さらに、「わが国の安全保障と憲法との乖離を解釈でしのぐのは、もはや限界にある」とする安倍にとって[66]、〝普通の国〟となるうえで不可避なのが、「国の骨格は、日本国民自らの手で、白地からつくりださなければならない。そうしてこそはじめて、真の独立が回復できる」とする、〝押しつけ憲法〟からの脱却＝憲法改正なのであろう[67]。なかでも、「当時、草案づくりにあたった民政局ですら首をかしげたといわれる憲法第九条の規定は、いっぽうで独立国としての要件を欠くことになった」との文言からわかるように、憲法改正の核心を第九条と考えているのだ[68]。ただ、安倍は、べつの著作で、「世界を見れば国防軍は当たり前の話」としつつも、「自民党の憲法草案では九条第一項に関しては字句の整理をしたくらいで、平和主義、戦争放棄という考え方自体は変えない」と断じている[69]。だが、自民党憲法改正草案の第九条の二には、あらたに、「我が国の平和と独立並びに国及び国民の安全を確保するため、内閣総理大臣を最高指揮官とする国防軍を保持する」という規定がもうけられているため、安倍政治の方向性を「全体主義」ととらえるむきもあるにちがいない。

また、安倍は、「戦後日本は、六十年前の戦争の原因と敗戦の理由をひたすら国家主義に求めた。その結果、戦後の日本人の心性のどこかに、国家＝悪という方程式がビルトインされてしまった。

だから、国家的見地からの発想がなかなかできない。いやむしろ忌避するような傾向が強い。戦後教育の蹉跌のひとつである」と論じ、日本人の愛国心のなさの原因を「自虐的な偏向教育」という〝悪〟に求める。[70] その戦後教育の弊害の例として、安倍が注目するのが、「日本青少年研究所が日本・アメリカ・中国の高校生を対象におこなった『高校生の学習意識と日常生活』(二〇〇四年)という調査」の結果である。同調査中の「国に対して誇りをもっているか」という設問に対して、『もっている』と答えた者が、日本は五〇・九パーセントであったのにたいし、米国は七〇・九パーセント(中国七九・四パーセント)」という数字に、「衝撃を受けた」という。[71] また、べつの書籍で、安倍は、「日本、中国、アメリカの子供たちを対象にした」、総理府の意識調査でも、「『あなたたちは自分の国のために何かしたいと考えていますか』という問いに対して、『はい』と答えた日本の子供たちは、残念ながら五〇%に満たなかった」事実を問題視している。[72] そして、この数字の原因について、「日本という国が悪い国だと教えられれば、日本のために尽くそうとは思うはずがありません。そして、日本人として自分の国の文化や伝統に自信を持たなければ、自分自身に対する自信も自尊心も芽生えるはずがありません。これは明らかなことでしょう」と分析し、「だからこそ私たちは、教育基本法を改正した」と語っている。[73] 安倍にとって、「教育の目的は、志ある国民を育て、品格ある国家をつくること」であって、「教育の再興は国家の任である」のだ。[74] ここでも、国家というキーワードが前面におしだされていることがみてとれる。

さて、ある識者によると、かつての「天皇を中心とした『家族的共同体国家』観こそ、日本の全体主義イデオロギーのもっともいちじるしい特徴をなしていたことは間違いない」そうだ。[75] 安倍の著作からは、こうしたにおいを感じとることもできる。現に、「日本の歴史は、天皇を縦糸にして織られてきた長大なタペストリーだといった。日本の国柄をあらわす根幹が天皇制である」「戦後の日本社会が基本的に安定性を失わなかったのは、行政府の長とは違う『天皇』という微動だにしない存在があってはじめて可能だったのではないか」「アメリカという国には、日本のように百二十五代にわたって天皇を戴いてきたという歴史があるわけではない」といった記述などは、その好例といえよう。[76] また、べつの著作において、安倍は、「天皇陛下の権威は日本国の権威である」とまで断じている。[77] その意味において、自民党憲法改正草案のなかにある、「日本国は、長い歴史と固有の文化を持ち、国民統合の象徴である天皇を戴く国家であって、国民主権の下、立法、行政及び司法の三権分立に基づいて統治される」(前文)という記述や第一条の「天皇は、日本国の元首であり、日本国及び日本国民統合の象徴であって、その地位は、主権の存する日本国民の総意に基づく」という文言などは、まさに、「全体主義」の様相をおびた表現といわれても否定しがたいのかもしれない。[78]

くわえて、安倍は、皇室のあり方について、「二千年以上にわたって連綿と続いてきた皇室の歴史は、世界に比類のないものである。そして皇位はすべて『男系』によって継承されてきた」としたうえで、「私は、皇室の歴史と断絶した『女系天皇』には、明確に反対である」と主張している。[79] こうした思いをもつこともあってか、「ジェンダーフリーは明らかに間違いだ」「ジェンダーフリーを進めている人たちは、結婚や家族の価値を認めていないと思える。子供たちに行われている教育は決して笑い話ではない。家族の破壊だ」とまでいいきるのだ。[80] 自分なりの理想の家族像を有する安倍の考えの一端は、自民党憲法改正草案・第二四条一項の「家族は、社会の自然かつ基礎的な単位として、尊重される。家族は、互いに助け合わなければならない」という規定にもみてとれるのかもしれない。

日本政治と「全体主義」

本稿では、「全体主義」という観点から、安倍の著作『新しい国へ――美しい国へ 完全版――』を解読した。先述したように、「全体主義という言葉には強いイデオロギー的含意があり、その言葉を使うこと自体が一つの態度決定を意味しているから、そのことに注意して用いなければならない」ことはいうまでもない。だが、第二節でみたように、これほどまでに多くの場で、日本政治の現状を「全体主義」という語で形容する論調が多いことは看過できない事実である。したがって、今後、われわれは、日本が全体主義的な色彩をよりつよめていくことになるのかどうかをめぐって、注意深くみまもっていく必要があるのではなかろうか。なぜなら、「全体主義は、一つの完成したものとしてではなく、絶えざる全体主義化への過程とみなければならない」からである。[81]

最後に、「全体主義を一党支配、あるいは国家が社会を呑みつくす現象ととらえる俗見」とはべつに、「指導者という中心的な存在が自らの党と国家を破壊して、私的支配をしくこと」と分析した、レオナード・シャピーロのことばを紹介しておこう。[82]

おそらく概念としては、全体主義はとらえどころがなく、定義しにくく、デマゴーグに濫用されやすく、もし誤って用いられると、政体の取りうる多くの形態の霞を通して道を探そうとしているわれわれに混乱の源になる。しかし、その概念なくしてはわれわれはそれだけ貧困になるであろう。少なくとも、一人の個人の熱狂、傲慢さ、野望、横柄さが何百万の男女を狂気と苦痛と恐怖と破滅に陥し込むことができる時代にあって、諸国民の歴史、おそらくはすべての国民の歴史に複数の段階があることを想起させる手だてを失うことになるからである。

注

（1）『朝日新聞』（大阪版）二〇一五年五月二六日、三七面。

（2）「日本国憲法改正草案（現行憲法対照）」（https://www.jimin.jp/policy/policy_topics/pdf/seisaku-109.pdf〔二〇一六年八月三〇日〕）、五―六頁。

（3）河合秀和「全体主義」『ブリタニカ国際大百科事典 10』（ティビーエス・ブリタニカ、一九九五年）、六六三頁。

（4）《朝日新聞デジタル》（二〇一五年一〇月九日）。なお、「一億総活躍」ということばをめぐって、政治コラムニストの後藤謙次は、「一億総活躍という耳慣れない言葉に『皆さんが不思議だと思っている』（自民党総務会長の二階俊博）など、身内からも意味不明との声が漏れる。さらに戦時中の『一億総特攻』『一億総動員』など全体主義的な印象を与えるとして批判も噴出だ。支持する声より否定的な見方が圧倒的に多い」と述べている（『週刊ダイヤモンド』二〇一五年一〇月二四日号、一一二頁）。

（5）『週刊朝日』二〇一三年一二月二七日号、二七頁。なお、保阪は、自民党の憲法改正草案にも否定的なスタンスで、「自民党の憲法改正草案が堂々と前に出て、国民投票をすることになれば、完全に民主主義が終わったということになります」とまで語っている（『北海道新聞』二〇一六年九月二七日、二三面）。
（6）愛媛県上島町議会の資料。
（7）『朝日新聞』二〇一三年一二月一三日、二一面。
（8）山口二郎「安倍流改憲は日本をどこに連れて行くのか」樋口陽一・山口二郎編『安倍流改憲にNOを！』（岩波書店、二〇一五年）、二一一頁および二一八頁。
（9）山口二郎「安倍的全体主義はどこから来て、どこへ行くのか」海渡雄一・川内博史・木村朗・熊野直樹・白井聡・想田和弘・成澤宗男・森達也・山口二郎著『開戦前夜』のファシズムに抗して』（かもがわ出版、二〇一五年）、二五頁および二七頁。なお、同論文のなかで、民主党政権樹立の〝立役者〟の一人ともいうべき山口が、「政権交代と、その好機をつぶした民主党が安倍的ファシズムを用意したということもできる」と述べているのは、注目にあたいする（同上、二一頁）。
（10）佐高信編『安倍「壊憲」政権に異議あり―保守からの発言―』（河出書房新社、二〇一五年）、一八頁および二五頁。
（11）『「反戦情報」号外　小森陽一　憲法・教育・現代社会を語る』（反戦情報編集部、二〇〇八年）、七九頁および一〇五頁。
（12）『新潮』二〇一五年五月号、一三九頁。
（13）想田和弘「『熱狂なきファシズム』に抵抗するために」海渡・川内・木村・熊野・白井・想田・成澤・森・山口著、前掲書『「開戦前夜」のファシズムに抗して』、四一―四二頁。
（14）『沖縄タイムス』二〇一五年一一月二四日、二面。
（15）同前、二〇一五年六月二七日、五面。
（16）『朝日新聞』（岩手全県版）二〇一五年七月九日、二五面。
（17）『琉球新報』二〇一五年八月九日、二面。
（18）副島隆彦・佐藤優『崩れゆく世界　生き延びる知恵』（キャップス、二〇一五年）、一八頁および二一一―二一二頁。ちなみに、佐藤の対談者である評論家・副島隆彦は、「これからの日本は、金融政策（異次元の量的緩和。即ちジャブジャブマネー）を中心に統制経済をもっともっとやって、全体主義（トータリテリアニズム）への道を歩むでしょう」との予測を披露している（同上、二二頁）。
(19)『朝日新聞』二〇一五年九月二三日、三〇面。
(20) http://yoshinori-kobayashi.com/8057/（二〇一六年八月三〇日）。
(21)『毎日新聞』二〇一五年七月二一日、二六面。なお、小林は、この件に関する毎日新聞社の取材に対して、「国民には言論の自由があり、民主主義の根幹をなしている。（自民党は）全体主義になっている」と、語ったという（同上）。
(22)『朝日新聞』二〇一六年七月一一日、一八面。
(23)『週刊朝日』二〇一五年五月二九日号、二四頁。
(24) http://www.liberal-shirakawa.net/tsurezuregusa/index.php?itemid=1658（二〇一六年八月三〇日）。なお、白川は、特定秘密保護法の審議にふれて、「安倍首相のもとに簡単に進み、全体主義につながるような怖さがある」とも述べている（『朝日新聞』二〇一三年一一月二八日、三八面）。
(25) 中島岳志・島薗進『愛国と信仰の構造―全体主義はよみがえるのか―』（集英社、二〇一六年）、二五三頁。
(26) 小学館国語辞典編集部編『精選版　日本国語大辞典』〔第二巻〕（小学館、二〇〇六年）、一〇三三頁。
(27) 新村出編『広辞苑』〔第六版〕（岩波書店、二〇〇八年）、一六〇一頁。
(28) 河合、前掲「全体主義」前掲書『ブリタニカ国際大百科事典　10』、六六二頁。
(29) 同前。
(30) 山口定「全体主義」『世界大百科事典』〔改訂新版〕第一六巻（平凡社、二〇〇七年）、一四〇頁。
(31) 同前。
(32) 川崎修「全体主義」猪口孝＝大澤真幸＝岡沢憲芙＝山本吉宣＝スティーブン・R・リード編『政治学事典』（弘文堂、二〇〇〇年）、六五九頁。
(33) 下中邦彦編『政治学事典』（平凡社、一九五四年）、八〇四頁。
(34) 阿部齊「全体主義」阿部齊・内田満・高柳先男編『現代政治学小辞典』〔新版〕（有斐閣、一九九九年）、二七一頁。
(35) 辻清明編『岩波小辞典　政治　第3版』（岩波書店、一九七五年）、一四八頁。

(36) 川崎、前掲「全体主義」猪口＝大澤＝岡沢＝山本＝リード編、前掲書『政治学事典』、六五九頁。
(37) 柳沢謙次「全体主義」大学教育社編『新訂版 現代政治学事典』(ブレーン出版、一九九八年)、五九四頁。
(38) 辻編、前掲書『岩波小辞典 政治 第3版』、一四八頁。
(39) 藤田省三『全体主義の時代経験』(みすず書房、一九九五年)、六一頁。
(40) 河合、前掲「全体主義」前掲書『ブリタニカ国際大百科事典 10』、六六三頁。
(41) 安倍晋三『新しい国へ―美しい国へ 完全版―』(文藝春秋、二〇一三年)、五頁。
(42) http://www.s-abe.or.jp/profile (二〇一六年八月三〇日) および http://www.kantei.go.jp/jp/96_abe/meibo/daijin/abe_shinzo.html (二〇一六年八月三〇日)。
(43) 『読売新聞』二〇〇六年九月二一日、一三面。
(44) 安倍寛は、「戦時中、翼賛選挙に抗して軍部の弾圧を受けながら代議士を続けた」人物である(安倍、前掲書『新しい国へ』、二二〇頁)。
(45) 海竜社編集部編『軌跡 安倍晋三語録』(海竜社、二〇一三年)、二二三頁。
(46) 同前、一六二頁。興味深いことに、安倍個人のホームページや首相官邸のホームページのプロフィール欄をみても、なぜか、米国留学については明記されていない。
(47) 同前、一四頁および二二三頁。
(48) 安倍によれば、「私が父の秘書をしているときに、急死した参院議員の後継者をめぐって、私に、ぜひ立候補しないかという話があった」らしく、「私は固辞したのですが、その頃、入院していた祖父(岸信介)から病室に呼ばれました。亡くなる半年くらい前のことでしたが、『政治をやる志があるのなら、若いうちにチャンスがあれば勇気を持って決断しなければ駄目だ。その選挙に出たらどうだ』と言われたのです。私は祖父に、『私は父と一緒に政治家をやるわけにはいかないし、父自身が総裁を目指していますから、結果として足を引っ張ることになりかねない』と伝えると、『おお、そうか。それは自分で決めたらよい』と言われました」という逸話があるようだ(同上、一〇三―一〇四頁)。
(49) 同前、二二二頁。
(50) ちなみに、安倍は、「総理総裁を目指すべきかどうか、具体的に意識するようになったのは、幹事長を辞めて、幹事長代理になった頃です（二〇〇四年九月、参議院選挙で民主党に敗北した責任を取る形で辞任）」と語っている（同上、九八頁）。
(51) 安倍、前掲書『新しい国へ』、二三頁。
(52) 同前、四四頁。
(53) 安倍晋三・岡崎久彦『この国を守る決意』（扶桑社、二〇〇四年）、一五〇頁。
(54) 安倍、前掲書『新しい国へ』、六八頁。
(55) 自由民主党「日本国憲法改正草案（現行憲法対照）」（二〇一二年四月二七日）（https://www.jimin.jp/policy/policy_topics/pdf/seisaku-109.pdf〔二〇一六年八月三〇日〕）、二五頁。
(56) 安倍、前掲書『新しい国へ』、六九頁。
(57) 同前、六七頁。
(58) 自由民主党「日本国憲法改正草案 Q&A」〔増補版〕（二〇一三年一〇月）（https://jimin.ncss.nifty.com/pdf/pamphlet/kenpou_qa.pdf〔二〇一六年八月三〇日〕）、一三頁。
(59) 辻編、前掲書『岩波小辞典 政治 第3版』、一四八頁。
(60) 安倍晋三・百田尚樹『日本よ、世界の真ん中で咲き誇れ』（ワック、二〇一三年）、四四頁。
(61) 安倍、前掲書『新しい国へ』、七三頁。
(62) 同前、二七―二八頁。
(63) 同前、一三五頁。
(64) 同前、七〇頁。
(65) 同前、三〇頁。
(66) 同前、一三八頁。
(67) 同前、三三頁。
(68) 同前、一二七頁。
(69) 安倍・百田『日本よ、世界の真ん中で咲き誇れ』、三六頁および三九頁。
(70) 安倍、前掲書『新しい国へ』、二〇四頁。

(71) 同前、二〇九頁。
(72) 海竜社編集部編、前掲書『軌跡　安倍晋三語録』、七五―七六頁。なお、おなじ質問に、「中国やアメリカは八〇％以上が『はい』と答えています」とのことだ（同上、七六頁）。
(73) 同前、七六頁。
(74) 安倍、前掲書『新しい国へ』、二〇九頁。
(75) 柴田敏夫「全体主義―日本ファシズムのイデオロギー―」河原宏・浅沼和典・竹山護夫・浜口晴彦・柴田敏夫・星野昭吉『日本のファシズム』（有斐閣、一九七九年）、二〇八頁。
(76) 安倍、前掲書『新しい国へ』、一〇五頁、一〇七頁および一二五頁。
(77) 海竜社編集部編、前掲書『軌跡　安倍晋三語録』、九三頁。
(78) 自由民主党、前掲「日本国憲法改正草案」（二〇一二年四月二七日）、一―二頁。
(79) 海竜社編集部編、前掲書『軌跡　安倍晋三語録』、八二―八三頁。
(80) 同前、六九頁および七一頁。
(81) 河合、前掲「全体主義」前掲書『ブリタニカ国際大百科事典　10』、六六三頁。
(82) レオナード・シャピーロ著、河合秀和訳『全体主義』（福村出版、一九七七年）、一七一―一七二頁および一八九頁。

第8章　未来のための脱原発論

生田目学文

問題の所在

二〇一一年三月一一日、東日本大震災の発生によって東京電力福島第一原子力発電所（以下、福一と記す）が未曾有の大事故を起こし、以後、全国の原発が稼働を停止した。

福一事故は、高い技術力を誇る日本において原発が大事故を起こすことはありえない、という、いわゆる「安全神話」が根底から崩壊した大事故であった。これにより、電気を作る手段の一つに過ぎない原子力発電は日本でひとたび大きな事故が起これば大規模な損害をもたらす施設であることが明らかになった。無数の活断層を持つ地震大国である日本では、今後も南海トラフにおける東海・東南海・南海地震という連動型巨大地震、そして各地の活火山の噴火が原発事故を誘発する事態が懸念されている。福一事故後、反原発運動はかつてない盛り上がりを見せた。国民の新エネルギーへの期待も大きく、技術も進歩している。一方、震災から六年が経過しても福島県内外に避難している人々は依然として八万人を超える。[1]この人々は故郷を追われ、生活を破壊され、そして忘れ去られようとしている「棄民」と呼ばれる状況に追い込まれている。[2]

事故時の民主党政権・菅直人首相は七月一三日の記者会見において、原子力への依存度を段階的に引き下げ、最終的に原発ゼロ社会を目指す「脱原発」を宣言した。この大事故には国際社会も衝撃を受け、それまで原発を推進してきたドイツ、イタリア、スイス、台湾などが脱原発に舵を切った。[3]日本を凌ぐ原発大国であるフランスにおいてさえも、原発依存度を現行の七〇%から五〇%とする「縮原発」政策にエネルギー政策を転換した。[4]ところが、菅首相が退陣し、さらに二〇一二年一二月に自民党が政権を奪還して第二次安倍晋三内閣が誕生して以来、政府は各地の原発再稼働さらには原発輸出へと原発推進を加速させている。政府は二〇一五年六月一日、二〇三〇年度の望ましい電源構成案を決め、老朽原発の稼働延長を前提に原子力の比率を二〇～二二%とした。[5]日本が原発に回帰するのはなぜなのか。

原発は高度な技術と大規模な設備を要する「多面的」な施設である。[6]いかに効率よく電気を生産し供給するかは自然科学の領域であるが、これに関する社会科学的な側面は、一つの村の中での議論から地球環境問題まで「空間的」な広がりを持ち、建設計画の段階から住民の意思決定、稼働、廃炉、放射性廃棄物の処理まで、一〇万年という範囲の「時間的」な幅を要する、多岐にわたる問題である。さらに、労働と人権の問題、過疎と開発、防災、エネルギー、原子力村、軍事利用への転換などが絡み合う非常に複雑な問題でもある。原発の問題はかように多面的で複雑である上に、専門家をしても「わからない」ことが数多く存在する。

本稿は、原発の何が問題か（いわば脱原発への促進要因）そしてなぜ日本は原発をやめることができないのか（脱原発の阻害要因）という問いについて、これまで得られた知見からその論点をまとめ、今後の在り方について考察することを目的とする。本論考において軸となるのは「空間的」「時間的」そして「意識的」な視点である。すなわち、社会にとって非常に重要な課題でありながら大きく意見が割れる原発という不明瞭で複雑な問題を、「空間的」に狭い視点で見るのか広い視点で見るのか、「時間的」に短期的視点から見るのか長期的視点から見るのか、そして「意識的」に閉じた視点で見るのか開いた視点で見るのか、依拠する視点によって導かれる結論は大きく異なってくると筆者は考えるからである。我々が今後取るべき責任ある行動とは何か、未来の世代に対してすでに残してしまった膨大な負の遺産を増やさないために何をすべきか、そのために努力していく道筋を考えたい。

第1節　原発の何が問題なのか

1　「わからない」ことばかりの福一事故がもたらした影響

原発事故の被害は極めて特異だ。放射能汚染の影響はすぐには数字や形状で示せない。汚染によって地域の経済も生活も破壊される。健康被害の面では仮にがんが発生するにしても、数年後とか二〇〜三〇年後にならないとわからない。それゆえにかえって不気味さが漂う。

——柳田邦男[7]

原発の「安全神話」は、事故は起こらないという前提に立って構築され、事故への備えを怠ってきたが故に、大事故が起きた福一について「わからない」ことばかりが次々と生じてきた。第一に、事故を起こした「実際の原子炉の状況は誰にもわからない」ということだ。[8]政府は福一の廃炉作業を三〇〜四〇年と見積もっているが、それでも楽観的な推測である。メルトダウンした三基もの原子炉の中で、核燃料がどこでどうなっているか確認することができていない。現在も人間は格納容器には近付けず、ロボットで映像を撮るなどの調査をしている段階である。[9]これらは現在も発熱し続けており、「水を入れ続けていかないと何が起きるかわからない」のである。[10]建屋に地下水が流れ込み、毎日約四〇〇トンもの放射性廃水が生み出されている。

第二に、福一事故によって引き起こされた放射能による汚染が人間や環境に与える影響は正確にわからない。放射線障害には二種類あり、閾値《しきいち》のある「確定的影響」と言われる急性障害と、閾値なしという仮定に基づく「確率的影響」と言われる、がん、白血病、遺伝的障害などの晩発性障害とに分けられる。急性障害は、一シーベルト（一〇〇〇ミリシーベルト）を超える高線量の放射線に被曝した後数時間以内に認められる嘔吐、数日から数週間にかけて生じる下痢、血液細胞数の減少、出血、脱毛などである。チェルノブイリ原発事故では、重度に被曝した作業員一三四名のうち、二八名が数週間以内に死亡した。[11] そうすると一部で主張されたように、放射線による急性障害という点においては、住民についても原発作業員についても「福島第一原発事故の放射能による死者はゼロ」であると言うことはできる。[12]

しかしそうした発言が激しい批判を受けたように、それはあまりにも狭隘《きょうあい》な視野での観測であり、原発事故の深刻さは見えてこない。特に大きな問題は、事故で大量に放出された放射能から受ける低線量被曝による健康被害の影響である。これについて「わからない」ことが様々な形の分断や差別を生み、人々を苦しめている。

低線量被曝と晩発性放射線障害との関連は解明されていない。福一事故後、政府や専門家たちは「直ちに健康への影響はない」と繰り返し述べてきたが、それでは長期的な影響についてはどうなのか。放射性元素は二〇〇種類以上あり、それぞれに固有の半減期、生物学的特性、食物連鎖と人体への侵入経路があるが、その生物学的経路はわかっていない。放射線は目に見えず、無味無臭である。がんの兆候が現れた場合、その病因を正確に突き止めるのは不可能だが、広島や長崎のデータなどから放射線ががんの原因になることを証明している論文は多数あると言う。[13]

日本では「年間一ミリシーベルト」という基準が、公衆の被曝限度として福一事故以前から用いられてきた。国際放射線防護委員会（ＩＣＲＰ）は二〇一一年三月二一日、公衆が浴びる最大放射線量を二〇～一〇〇ミリシーベルトとすること、また、事故を起こした原子炉を管理下に置いた段階では、公衆の年間被曝量を一～二〇ミリシーベルトとすること、そして長期的には、公衆の年間被曝量を一ミリシーベルトに抑えることを推奨した。[14] ＩＣＲＰは原発推進の組織とみなされているが、二〇〇七年の勧告では「一〇〇ミリシーベルト以下の線量においては不確実性が伴うものの、ガンの場合、疫学研究および実験的研究が放射線リスクの証拠を提供している」そして「一〇〇ミリシーベルトを下回る低被曝領域でのガンまたは遺伝性影響の発生率は、関係する臓器および組織の被ばく量増加に比例して増加すると仮定するのが科学的に妥当」として閾値なしの直線モデルを適用するのが適切であると記している。[15]日本政府は二〇一一年一二月にその最も緩い二〇ミリを採用した。五ミリも検討されたが、避難者増を懸念して見送られたと言う。[16]このように設定された基準に関し、「何が危険で、どの程度の量なら安全なのかの基準値が、科学ではなく政治的に決められ、住民は説得の対象になっている」[17]、避難者の帰還政策や原発労働者の被曝限度基準の設定などについて「科学が政治の道具になっている」と厳しく批判されている。[18]「財政負担と住民の被ばくを衡量《こうりょう》している時点で、日本政府の人権感覚欠如が如実に露呈している」のである。[19]

低線量の放射能を取りこむことは、とりわけ乳幼児にとって有害であり[20]、女性は年少者も大人も関係なく放射線に対する抵抗力が低い。[21]放射線に関係するがんの死亡率は、女性のほうが男性よりも三七・五パーセント高く、幼児は大人と比べて三～四倍、女児は男児の二倍近くの高い確率でがんになる可能性がある。[22]ドイツの疫学調査「原子力発電所周辺での子どものガンに関する調査」（KiKK調査）二〇〇七年報告書によると、五歳以下の子どもが白血病にかかるリスクが、居住地と原発との距離が近いほど増加することが初めて科学的に立証された。[23]

福島県による調査で、対象となる事故当時一八歳以下の約三八万人の子どもたちのうち事故から六年が経過した二〇一七年六月の時点で一九一人ががんまたはその疑いがあるとされ、一五二人ががんと診断された[24]。次々と見つかる甲状腺がんの患者について、政府と福島県は一貫して被曝との因果関係を否定している。専門家の間でも原発事故による可能性が高いとする者は少数で、可能性は排除しないまでも「考えにくい」と言う者が多い[25]。小児甲状腺がんが高い率で発見されている点は、検査が震災前とは異なり非常に網羅的に行われ、無症状の対象者も検査されるため精度が上がり、発見率が上がる「スクリーニング効果」で説明されている。しかし、通常年間一〇万人に一〜三人と言われる小児甲状腺がんの発症が二〇倍から五〇倍という数の多さをこれでは説明できないという反論がある[26]。福島県内の甲状腺がんは福一事故による放射性物質の大量放出の影響であり、「今後さらに多発することは避けられない」という分析が医学雑誌に発表された[27]。

低線量被曝の影響について「健康被害があるという証拠は何も見つかっていません[28]」したがって危険とは言えないと考えることもできるだろう。しかしそれは非常に短期的な見方である。また低線量被曝で閾値なしの比例モデルを用いた場合、一〇〇ミリシーベルト被曝するとがんで死亡する確率が〇・五％上昇する点について「被曝しなくても癌で死ぬ確率が三三・三％」これをわずかに高めるだけ、そして「タバコを吸う人は、癌で死ぬ確率が男性だと二倍程度、女性だと一・六倍程度上昇」し、低線量被曝の数十倍のリスクであるという見解もある[29]。しかし被曝は煙草などの嗜好とは無関係に、好むと好まざるとに関わらず自然放射線等日常のリスクに加えて累積的に強制されるリスクなのである。たとえわずかな線量でも、人体を貫くことで引き起こされる複雑なDNA二本鎖切断は細胞の修復ミスを引き起こし、突然変異やゲノムの不安定性の原因となって、がんを誘発する。「一・三ミリシーベルトという低レベルでも、二本鎖切断が起こり、切断数は線量に比例して直線的に上昇することが証明されている」のである。[30]

さらに、原発事故のために長距離移動の避難を強いられた高齢者や、逃げることができず取り残された病気の患者、避難所生活の疲労や原発事故の精神的ショックなどで体調を崩して死亡または自殺した人など、いわゆる「原発関連死」は二〇一四年一二月二六日までに一八二二人になったと発表された。[31] こうした人々が次々と亡くなったのは放射線を浴びたからではないが、明らかに原発事故が原因である。「人々は避難し、食生活が変わり、医療制度が影響を受け」数多くの人々が亡くなったのである。[32] 今後も開かれた視点および長期的な視点からの慎重な観察と対応が欠かせない。

2　放射性廃棄物をどうするのか

原発は地球温暖化の原因となる二酸化炭素を排出しない「クリーンエネルギー」と宣伝され、推進されてきた。しかし、これによって「生み出された長寿命放射能核種は『安全』でも『クリーン』でもない」[33]。今後少なくとも一〇万年もの間、人類の三〇〇〇世代先まで生態系から隔離しなくてはならない猛毒の遺産なのである。一〇万年後というのは途方もない先の未来である。今から一〇万年前の地球では、ヒトの祖先であるホモサピエンスがアフリカから世界各地に移動し始め、欧州ではネアンデルタール人がヤリでマンモス狩りをしていたのだ。[34]

原発の稼働により大量に発生する放射性廃棄物の最終処分をどうするかという問題は、当初から指摘されていた重要案件だった。長期的な視点からすれば、出続ける核のゴミの処分方法が解決しなければ運転開始という選択肢はなかっただろう。ところが、政府も電力会社も「そのうちなんとかなるだろう」「誰かがなんとかするだろう」という認識のまま処分場を作らず、「原発はトイレなきマンション」と言われる状態で稼働し続け半世紀が経過した。[35] 短期的な利益を優先した結果である。地球上にはすでに二〇～三〇万トンと言われる放射性廃棄物が存在する。

フィンランドのオルキルオト島では、地下五〇〇メートルに大規模な放射性廃棄物処理施設「オンカロ」（「隠れた場所」という意味）が建設されている。国内で排出される放射性廃棄物を埋蔵し、永久に封鎖する計画で、完成は二世紀先と言われている。一八億年前の地層が残るこの地においては、恒久的な地層処分が可能と言うが、建設中のオンカロは将来国内分だけでも第二、第三の施設が必要となり、しかも海外の核廃棄物については考慮されていない。放射性廃棄物にはウランなどが含まれていることから、現在は厄介者の核廃棄物だが、未来の技術で「宝物」になる可能性もある、ともみなされている。オンカロが危険な場所であることを文字や絵に残して将来に伝えるべきか、痕跡を残さず人類の記憶から消し去るようにすべきか、科学者の間でも意見が分かれている。[36] すなわち、これも「わからない」問題なのである。

日本はどうするのか。かつては、太陽に打ち込む、海底に埋めるなどの案が出されたが、いずれも実現可能性が低く採用されていない。地上での保管は戦争・事故・洪水・地震・津波といった数々の危険が存在するため、現在は水中での中間貯蔵（一〇〇年ほど）を経て、地中深くに埋設して処分する「深地層処分」が有力とされている。しかし、日本は国土が狭い上に地下水脈に富み、言うまでもなく地震大国、火山大国である。オンカロのような地層処分という選択肢については「世界一の地震国に放射能のゴミを埋め捨てにできる場所などない」というのが現時点での結論である。[37] 二〇一一年五月「日米が共同で、モンゴルに使用済み核燃料などの貯蔵・処分場をつくる計画を立てている」というスクープ記事がモンゴルの人々を激怒させた。[38] 日本に最終処分場が見つからないので、海外にその責任を押し付けようというのはあまりにも身勝手な、閉じた意識の視点からの話だろう。

福島の復興に向けて福一周辺の除染作業が行われているが、この汚染された土地を「除染」することは放射能を無害化するということではない。汚染地域の表土を削り取り、袋詰めにし、山積みにしている。除染作業で出た放射性廃棄物を詰めた黒い袋（フレコンバッグ）の総数は約一四万個に上り、福島県内で「黒いピラミッド」と呼ばれている。耐用期間は三年から五年で、すでに一部が破損し、汚染された土や草木などがむき出しになっているが、政府はこれまで明確な対応策を示していない。[39] さらに、除染の対象となっているのは住宅の周辺で、山や森の中は除染できない。[40] 高地にある放射能はやがて雨とともに流れ落ちて来る。「除染」とは放射性物質を移動させるだけの「移染」に過ぎず、これら大量の汚染土の最終的な処分についても解決には至っていない。[41]「除染という名の環境破壊」であるという非難の声もある。[42]

福一はもちろん、老朽化していく原発はいずれ廃炉となる。そこからも大量に出る「核のゴミ」は「低レベル」でも三〇〇年は管理しなくてはならない。[43] 今後再稼働を進めればさらに核のゴミを増やすことになるのである。原理的には核のゴミを無害化する、あるいは半減期の長い放射性物質を半減期の短い放射性物質に変換することは可能で、研究も行われているが、現時点で明るい兆しは見られない。[44] 一部の論調に見られる「百年後には百年後の科学技術と知恵がある」「その時代の科学、技術を使って災害に備えればいい」という考えは、極めて近視眼的かつ無責任な未来への責任転嫁である。[45]

3　原発テロへの備え

「原発はまた、必ず爆発する！」現役キャリア官僚が匿名で出版し、二〇一三年のベストセラーとなった小説の帯の一節である。[46] 日本海側のある県の山奥深く、吹雪の悪天候を突き、テロリストが送電線を爆破、全電源を喪失した原発がメルトダウンを起こす……。

核テロあるいは放射能テロと呼ばれるテロ行為が差し迫った安全保障問題の一つとして取り上げられるようになったのは、ソ連の崩壊に伴うロシアの核管理問題に端を発する一九九〇年代以降であった。核テロリズムには、テロ組織による核兵器の窃盗をはじめ六つの形態があり、原発テロはその一つである。日本においても一九九〇年代後半に特に原子力発電所への攻撃という事態への対応の必要性が政府内部で議論され、その警備は重要な課題となったと言う。[47] しかし、原発へのテロの可能性はすでに早くから認識され、政府による研究も秘密裏に行われていた。福一事故後、一九八四年に外務省が極秘研究を行なっていた事実が報じられたのである。[48] そこでは三つのシナリオが想定され、誘導型爆弾の攻撃によって原子炉が直接破壊される最悪の場合には一万八千人が急性死亡するという衝撃的なものであった。外務省は報告書を作成したが、反原発運動の拡大を恐れ、公表しなかった。テロで過酷事故が起こることはあり得ないという前提に立った、まさに閉じた視点からの議論であった。[49]

しかし、隣国北朝鮮はミサイルと核兵器の開発に邁進し、韓国・米国・そして日本へのミサイル攻撃を幾度となく宣言している。度重なるミサイル発射実験に、日本政府はJアラートを使用した緊急速報メールを配信する、国民に対して住民避難訓練を呼びかけるなどしているが、当然攻撃目標と考えられる日本海側に並ぶ原発を政府は再稼働しようとしている。この明らかな矛盾に気付かないとするならば、その視野は極めて閉ざされたものである。「北朝鮮が日本を攻撃するのであれば、『核兵器』など使用する必要はない（中略）日本の原発のどれかをミサイル攻撃すればよい」のだ[50]。

福一事故後、「残念なことですが、原発の電源を断つだけでいいのだということをテロリストは学んでしまいました」（IAEAデニス・フローリー事務次長）という認識のもと、世界は原発テロへの警戒を強めている[51]。フランスでは環境保護団体の侵入事件や核物質盗難事件が相次いだ。大地震や津波などが少ないフランスでは、天災よりもテロへの警戒心が強い。「そのフランスで二重、三重の警戒網を敷いても、テロのリスクを解消できない現実は、より脆弱とみられている日本の原発の警備体制に不安を抱かせる」ものである[52]。

二〇一三年五月、警察と海上保安庁特殊部隊が原発テロ対策訓練を実施したが、武装した警備員が常駐していないなど安全対策に対する海外からの評価は厳しい。米国のシンクタンク「核脅威削減評議会」（NTI）による日本の評価は三二カ国中二三位で、先進国中で最低であった。それには日本独自の理由もある。核物質が欧米諸国では核兵器並みの「軍事機密」として扱われるのに対し、日本は「平和利用」を前提としているために、原子力政策への国民の理解を得るため「透明性」及び「公開性」が重要とされてきたからである。[53]

日本は「核燃料サイクル」実現を理由に二〇一六年三月の時点で四八トンものプルトニウムを保有し、[54]世界の一割近くを占めているが、後述する一向に進展しない核燃料サイクル事業にプルトニウムは溜まる一方である。[55]日本の核物質が盗難に遭えば、「日本のせいで、どこかで攻撃を受けるかもしれない」と非難される。[56]原発テロの問題については、国際的な広い視点から日本の置かれている状況を理解することが必要だ。

第2節　日本はなぜ原発をやめられないのか

1　「原子力村」という利権構造

福一事故という未曾有の大事故を経験した日本が、なぜかくも容易に原発回帰の道を歩むのかについては、多数の論者がいわゆる「原子力村」と呼ばれる利権構造の存在を指摘している。先に紹介した現役官僚による原発テロの物語は「原発再稼働を虎視眈々と狙う電力業界、経済界、政界のトライアングルを克明に描いた内容」となっている。[57]日本の「原子力村」は、電力会社を中心とする産業界・財界、官僚、政治家、学者、さらにメディアをも含む他国に例を見ない巨大で強力な「原子力複合体」である。[58]これに対する批判には、「ムラ」どころか「原子力マフィア」壮大な「原子力シンジケート」だという辛辣なものもある。[59]

原子力推進の最大の理由は「カネ」である。様々な業者が政治家や官僚などと結び付き、公的機関の財政経済活動に便乗して手に入れる巨額の利益を伴う「利権」が存在する。原子力発電所の設置、維持に多額の税金が投入されることによって生じる利権が「原発利権」と呼ばれる。原発一基を作るのに三〇〇〇億から五〇〇〇億円の利権が生じると言われている。[60]

これらの利権を得られる者は多岐にわたる。まず、日本の電力会社は独占企業であり、原価包括方式で発電に要する燃料を高く購入すればするほど利益が出る構造になっている。そして、価格競争がないのでコスト削減の努力を行わなくとも利益は減らない。増えるコストは電力料金に上乗せすればよい。発電にかかる費用だけでなく、「人件費や広告費、果ては事故の賠償金や廃炉費用までも電気料金に上乗せして回収することができる」のである。[61] 総合建設事業者いわゆるゼネコンは「まず、原発をつくることで儲けて、事故が起きたら除染で儲けて、収束作業で下請け労働者の賃金をピンハネして儲けて、遮水壁をつくることでまた儲けてと、何をやっても儲かる構造になっている」。[62] そして電力業界に対して便宜を図る官僚・政治家に対する政治献金、さらに彼らの天下りによる利権も生じてきた。これは「長い間、ベールに包まれていた」問題であったが、福一事故をきっかけに電力会社の元社員たちが公に証言するようになった。そこでは電力会社が選挙支援と政治資金によって政治家を動かし、政治家は人事権を使って官僚を縛り、官僚が業界に許認可権を与えるという「政官電の三角関係」が具体的に浮き彫りにされている。[63]

原子力村は東京だけではなく、「原発の立地地域の隅々にも広がっている」。[64] 原発の立地については、安全性への懸念からいずれの地においても激しい反対運動が起きてきたが、「電源三法」による交付金という形で地域に金銭的に還元することで解決してきた。この「原発マネー」[65]は「安全と引き換えに国から出る、いわゆる『毒まんじゅう』とさえ言われることもあった」[66]と言う。原発一基で、運転開始までの一〇年間に四四九億円が地元に支払われる。運転後も交付金は一〇年間支給される。

学会も「村」を構成する要素である。「御用学者」と呼ばれる専門家たちが原発の安全性を喧伝し、人々を欺いてきたと言うのだ。電力業界は東京大学を中心とする原子力研究者たちに多額の研究助成金や寄付を与えてきた。「東大大学院工学系研究科には東電から一〇年間で五億円が流れ込んでいた」と指摘される。[67]原発推進を支える学者とは逆に、原発に批判的な学者は徹底的に「排除」されると言う。平和運動に関わり、大学在籍中から原発の危険性について警告してきた反対派の草分けであった東京大学工学部原子力工学科一期生で立命館大学名誉教授の安斎育郎氏が最初期の例であった。[68]

最後に、「安全神話」を国民に刷り込み、原発推進に貢献したのがメディアである。「東電は、民放の主要なニュース番組の時間帯をスポンサーとして押さえています。したがって、東電批判はもちろん、原発批判はタブーなのです」と言う。メディアへの圧力は地方にも及ぶ。福一事故前、原発に批判的な「骨のある番組を制作したローカルテレビ局」があったが、そうした動きには直ちに「番組提供中止」や「スポットの発注中止」といった圧力がかけられた。経営基盤が弱く、地域経済において大きな影響力を持つ電力会社に依存する地方局は、「自主規制」という「原子力ムラへの隷属を余儀なくされていった」のである。[69]

電力九社が一九七〇年代から福一事故が起こるまでの約四〇年間に使った宣伝広告費は二兆四〇〇〇億円に上る。芸能人や著名人が登場する広告は、まるで「本人が語っているように見えるが、もちろん本文はコピーライターがリライトしており、本人の肉声ではない」。しかしそれを観る視聴者は原発の安全性や将来性を説く著名な彼らの言葉を信じてしまう。直に発言しているのだから「この人はこう考えているんだ」と思うのは当然とも言える。それは業界による「だましのテクニック」[70]と指摘されるが、人々の「メディアリテラシー」が問われていると同時に、著名人たちも生活のために働いているという側面はあるにしても、その影響力の大きさが故に、自らの発言には責任を持たなくてはならないだろう。

企業が広告によって自社の宣伝をするのは当然である。しかし、電力会社は地域の独占企業であり競争が存在しない点を考えれば、このような巨額な広告費は必要だろうか。また、電力会社は広告主である優位な立場を利用し、「反原発を匂わせる記事掲載があると、記事を担当する編集局ではなく、まずは広告を担当する営業局に文句をつけ、広告出稿の削減をちらつかせて圧力をかけるのが常套手段であった」[71]。広告業界最大手の電通と博報堂は「反原発報道を望まない東電や関電、電事連などの『意向』は両社によってメディア各社に伝えられ、隠然たる威力を発揮していった」と言う[72]。原発推進に反する声をメディアが故意に封じるというのは大きな問題だ。

原発が安いというのも実は神話であったことがすでに明らかである。経済産業省等の試算では、原発は一度臨界に達すれば定期点検まで止める必要がないなど、発電そのものの効率を比較することによって安さを宣伝してきたが、それはコストを安く示すのに都合のよい狭い視点からの試算であった。主に原発のために存在している「揚水発電」を加えると、コストは高くなる。むしろ「くみ上げるための電力消費のほうが発電量よりも多く」エネルギーを三〇%も失っていると言う。[73]二〇〇四年の政府による費用推計が一八兆八〇〇〇億円にも上る「将来のツケとしての膨大なバックエンドコスト」[74]すなわち使用済み核燃料の処理と処分の費用もある。福一事故後、予備電力装置のより高い位置への設置など安全対策のための様々な方策が当然コストを押し上げることになった。さらには、先に挙げた原発テロへの対策費用や廃炉の費用等を考慮すれば、原発のコストが非常に高くなるのは必定である。原発先進国フランスにおいてもこれまで原子力エネルギーを推進してきた最大の根拠である「安い原子力」神話が崩壊し、コスト高騰の問題が「縮原発実現のカギ」となっている。[75]視点を少し広げれば、原発がいかに高くつくものかが理解できる。

　最後に、福一という過酷事故を起こした原子力村の責任はどう問われるのか。これまで「これほどの歴史的大事故を起こし、無数の人びとの家や田畑を奪っておきながら、その責任を問われた人物がひとりもいなかった」[76]。それはなぜなのか。それは日本の法律では放射能汚染についての罰則がない――正確に言えば、大気汚染防止法、土壌汚染対策法、水質汚濁防止法のいずれにおいても適用除外となっている――からである。さらに、環境基本法第一三条で、放射性物質による各種汚染の防止については「原子力基本法その他の関係法律で定める」としておきながら、なにも定めていないのである。[77]誰も責任を取らないだけでなく、日本政府自体が原子力村の一部として福一事故をできるだけ小さく見せかけようとしてきた。「事故を起こした張本人の東京電力を庇い、原子力の安全神話を唱えて旗を振ってきた自分たちの誰もが処分されないようにし、身体も一切傷つかないようにして、正面に立ってものを言えない人たち、力の弱い人たちに、すべてのしわ寄せを押しつけ、我慢を強いて」きたのである。「保護してきたのは、被害に遭った国民の生命と身体と財産ではなくて、原子力を推進してきた人たちの利権と地位」であった[78]。「安全神話」が崩壊した今、原子力村はメディアを通じて異なる施策を実行し始めた。それが「原発事故の影響を極力矮小化し、『事故で放出された放射能の危険性は小さく、健康への悪影響はない』という『安心神話』の流布である[79]」。そして今後各地の原発を再稼働し、新たな原発を作り、輸出まですると言うのだ。「原子力村」は日本政府を含む強大な利益共同体であるが、非常に閉鎖的であり、国民全体あるいは地球規模で見ればごく一部の組織の利益になっているに過ぎない。未曾有の福一事故さえも生き残り、既得権益を手放さない原子力村を変えるためには、広い視点からの多角的な、かつ透明性の高い議論を重ねていくことが重要である。

2　日米同盟と原子力発電

一九五〇年台前半の日本は、第三の被爆とも言われた第五福竜丸事件などによる反核反米感情が燃え上がっていた。これを阻止したい米国とそれに追随する日本政府は核の「平和」利用を強く推進していった。当時はまだ安い石油が自由に手に入る時代であったにもかかわらず、原子力は「未来のエネルギー」として広く宣伝された。エネルギー資源を海外に依存する日本にとって、原発は「準国産」エネルギーであるというものであった。日本の世論は一九五五年に開催された「原子力平和利用博覧会」を機に原発推進へと傾き、同年一二月原子力基本法が成立、翌一九五六年一月に原子力委員会が設置され、原子力発電への流れが本格化した。

「それは米国の意向を反映したもの」であった[80]。原子力の「平和利用」は一九五三年に米国のアイゼンハワー大統領による「平和のための原子力」演説から始まったものであるが、それは核技術の拡散を防ぎ、同盟諸国を縛るための戦略であった。「世界の核を管理したい米国は、軍事であれ平和利用であれ、コントロールしたい。原子炉は米国の技術を使いながら、設計の肝心なところは機密にする。それが同盟国を囲い込み、支配する手法なのです」と指摘されている[81]。その延長線上において、日米原子力産業が弱体化すれば、日米同盟の「生命線」すら脅かされるという懸念も示されている[82]。

日本が原発をやめられないのは「安保村」の存在があるからであると言われる。「安保村」は日米安保推進派がつくる利益共同体であり、同時に大手マスコミを中心に推進派に都合のいい情報を広め、反対派の意見は弾圧する言論統制組織で、「原子力村」よりもはるかに規模を大きくした存在である[83]。日本全体に及ぶ言論空間では「米国との同盟関係に響くこと」を敢えてしたくない[84]、「米国の機嫌を損ねたくない[85]」、そして米国の意図を「語ること自体が陰謀論[86]」というものだ。日本は米国と一九五五年に「日米原子力協定」を結び、一九六八年、一九八八年にこれを改定している。これは「平和的目的のための原子力の研究、開発及び利用」のために結ばれたものであるが、原子力利用において米国政府が日本政府を拘束する役割を果たしてきたと言う。その第一二条四項では、日本が独自の判断で協定を変更もしくは終了できないことになっている。さらに第一六条三項では、この協定の終了後においてもほとんど全ての条項が効力を失わないことが規定されている[87]。「アメリカ側の了承なしに日本側だけで決めていいのは電気料金だけ」つまり「アメリカの了承がないと、日本の意向だけでは絶対にやめられない」のだ[88]。しかし、日本側からこの点について公式に異議が唱えられたことはない。「日本も世界を牛耳る米国の属国という枠組みから出たくない」のだと言う[89]。

日本の「対米従属路線」は戦後一貫して日本政府の既定路線であった。米国と同盟関係を結んだ当時の吉田茂首相を中心とした保守的な政治体制を維持し、自由民主党を軸に五五年体制と言われる日本の政治体制を確立した。この体制が崩壊した一九九三年にも、歴史的な政権交代と言われた二〇〇九年にも「安保村」を中心としたこの路線は維持され今日に至っている。それは「日米地位協定」を始め日米政府間で結ばれている数々の取り決めが存在しているからであり、日本の政治家がいかなる公約を掲げて選挙に勝利しても、米国の意に沿わない政策は実現不可能になっている、ということが近年の研究によって明らかにされてきた[90]。

特にこのことが国民の目の前に明らかにされたのが普天間基地移設の問題であった。二〇〇九年に圧倒的な国民の支持で誕生した鳩山政権が国民に対する公約に基づいて実行しようとしたにもかかわらず、就任後まもなく様々な圧力によって頓挫してしまったものである。日本国民には「そもそも最初から選ぶ権利などなかったのだということがわかってしまった。（中略）『どこか別の場所』ですでに決まっている方針から外れるような政策は、いっさいおこなえない」のである。さらに二〇一四年に起きた沖縄国際大学・米軍ヘリ墜落事故で明らかになったのは、米軍機が事故を起こした場合いかなる場所でも直ちに米軍がこれを封鎖し、日本側の立ち入りを拒否することができる、ということであった。「警察も消防も知事も国会議員も、米軍の許可がないと」中に入ることができない。「いきなり治外法権エリアになる」のである。「日米安保条約のような高度な政治的問題については、最高裁は憲法判断をしないでよい」。日本式の「統治行為論」として知られるこの司法の政治判断放棄は、一九五九年の砂川訴訟最高裁判決で法的に確定した。日本国憲法第八一条「最高裁判所は、一切の法律、命令、規則又は処分が憲法に適合するかしないかを決定する権限を有する終審裁判所である」に「完全に違反」しているのだが、「安保条約とそれに関する取り決めが、憲法をふくむ日本の国内法全体に優越する構造」ができ上がっているのである[91]。

それは日米安全保障条約のもとでの安保政策に止まらず、原子力政策でも同様の構造があることが指摘されている。すなわち、米国の意向だけでなく、これを知る立場にある日本の官僚たちに権限が生まれ、法的な抑制が効かなくなるというものである。原発への「統治行為論」はすでに一九七八年の伊方原発訴訟一審判決で「原子炉の設置は国の高度の政策的判断と密接に関連することから、原子炉の設置許可は周辺住民との関係でも国の裁量行為に属する」と述べられている[92]。二〇一二年に改正された「原子力基本法」には「我が国の安全保障に資することを目的として」という文言が加えられ、原子力の軍事利用の懸念が生じてきた[93]。普天間基地問題に代表される「沖縄イコール福島」という構造は、行政が「わが国の存立の基礎にきわめて重大な関係を持つ」と判断した問題については、自由に治外法権状態を設定できることであり、「その行きついた先が、現実に放射能汚染が進行し、多くの国民が被曝しつづけるなかでの原発再稼働」という政策決定なのである[94]。

日本の安全保障の観点から米国との同盟関係が重要であることは論を待たないが、これを絶対視し何事にも優先することは、主権国家として本末転倒であり「属国」の誹りを免れないだろう。米国への盲目的な追従は非常に閉鎖的で狭い視点であり、北朝鮮の核問題への米国の強硬姿勢に歩調を合わせる姿に見られるように、多大な危険とリスクを伴うものである。北東アジア、東アジア、さらに世界的な視野に立ち、国民の安全を守る方策を示していくことが求められる。原発をどうすべきかについては、広い視点から、そして様々な角度から検討しなければならない。

3　核武装カード

米国はこれまで日本の核武装は望んでこなかった。日本が過剰なプルトニウムを持つことを懸念し、返還を求めてきた。米国は常に同盟国の動向を監視し、原発の軍事転用に目を光らせている。(95)しかし、二〇一七年に就任したドナルド・トランプ大統領は米国第一主義を掲げ、東アジア地域の安全保障から距離を置く可能性も示しており、北朝鮮ならびに急速な軍備増強と海洋進出を加速させる中国という情勢を背景に、日本の核武装に対する姿勢も変化する可能性がある。「強大な核武装をした中国に対して、核武装させた日本とインドで挟み撃ちにし、アジアの核の安定をはかる。これがアメリカにとって最良の安全政策である」(96)という指摘が現実的な選択肢になるかもしれない。一方、日本には米国の思惑とそれに追随する姿勢とは別に、「核を持ちたいという願望もある」と言う。(97)

日本国内での「核武装論」すなわち日本が核兵器を保有することを求めるあるいは正当化する議論は、かつては口に出すことも憚《はばか》る「タブー」であった。しかし日本の核武装については早くも一九五〇年代から政府内で議論され、一九五七年五月には当時の岸信介首相が自衛の範囲内での核兵器保有の可能性について言及している。[98] 米国も同じ年に日本の核武装について研究を行い、一九六七年までに自力で核兵器開発する能力があると結論付けている。[99]「非核三原則」でノーベル平和賞を受賞した佐藤栄作首相も「隠れもなき核武装論者であった[100]」。

今世紀に入ると、北朝鮮の核ミサイルの脅威や中国脅威論を背景に「核武装論」は年を追って声高になってきている。数多くの本が出版され、ついには若者を教育しようとする漫画まで世に出ている。[101] そして「政界では核武装容認発言が相次ぎ、核武装を肯定する政党も国政選挙に参加」している。[102] 二〇〇二年五月には現首相の安倍晋三官房副長官がある会合で日本は合憲的に核兵器を保有することができると述べたことが指摘された。[103]

日本政府の公式見解としては、一九六九年「わが国の外交政策大綱」において「核兵器については、NPT（核不拡散条約）に参加すると否とにかかわらず、当面核兵器は保有しない政策をとるが、核兵器製造の経済的・技術的ポテンシャルは常に保持するとともにこれに対する掣肘をうけないよう配慮する[104]」、一九九八年六月一七日参議院予算委員会での内閣法制局長官「憲法解釈上我が国を防衛するために必要最小限にとどまるならば、核兵器の使用も可能であるということに論理的にはなる[105]」などがあり、日本の核武装の可能性を否定していない。

原発を再開したいのは「核武装が必要と思っている人たち」という指摘もある。[106] 核武装論者たちの考えは、日本は「核戦力を持つことは一応断念するが、将来核戦力を必要とする情況が生まれるかもしれないので、これらの設備を作っておいて、潜在能力は保持する」そして「それを使うにせよ、使わないにせよ、カードは持っておく必要があるということだ」[107]。石破茂元防衛大臣も「核の潜在的抑止力を維持するために、原発をやめるべきとは思いません」と発言している[108]。

現存する日本の原発はすべて軍事転用が難しいと言われる軽水炉であるが、これらを核武装と結びつけるのが「核燃料サイクル」である。軽水炉から出る高レベル廃棄物を再処理施設で処理してプルトニウムを取り出し、これを燃料として高速増殖炉が発電する仕組みである。燃料を消費しながらさらに多くのプルトニウムを生み出せることから「夢の原子炉」と呼ばれた。核兵器用に高度に濃縮しなくてはならないウランと異なり、プルトニウムはそのまま核兵器に使用することができる。二〇〇四年三月に経済産業省の若手官僚が匿名で出し、話題となった文書「一九兆円の請求書～止まらない核燃料サイクル」は「国と電力業界の原子力利権を巡る政界、官界、業界、自治体のたかりの構図と既得権への固執」を指摘する一方、先に示したように四八トンものプルトニウムを保有しながらさらに回収する政策に「核オプション!?」と疑問を呈している[109]。

しかし、核燃料サイクルは既に破綻している。冷却材に水を使う通常の原発と異なり高温のナトリウムを使うが、水や空気に触れると燃え出すので大きな危険を伴う。高速増殖原型炉「もんじゅ」は一九九四年に初臨界に達した後まもなくナトリウム漏れ事故や炉内での燃料交換装置の落下事故が発生、約一万点の機器の点検漏れなどもあり、再開の目処は立っていない。そして政府はついに二〇一六年一二月「もんじゅ」を廃炉にする方針を決め、福井県もこの決定を容認した[110]。しかし、「日米原子力協定により、日本は核保有国以外で例外的に核燃料サイクルを認められた国だ。軍事転用可能なプルトニウムを保有し、潜在的な『核の抑止力』を維持したい人々にとって、日本国内での核燃料サイクルは意地でも続けたい選択肢になっているとも言われる」[111]。予断は許されない。

核武装論者の多くは核戦争を仕掛けたいわけではなく、日本を守る術として核兵器保有を求めている。つまり米国の核の傘に頼らない独自の「抑止力」を持ち、これによって北朝鮮の恫喝外交に対処し、大国化する中国を牽制したいという思惑がある。さらに、皮肉にも世界の安全保障を担う国際連合安全保障理事会で拒否権を持つ五大国すべてが公認の核兵器保有国であるという事実から、核を持つことが日本の国際的威信を高め、真の大国となる証であるという考えが見られる。しかしそうした軍事力とりわけ核兵器の力に頼む見方は国際政治を見る目として非常に狭隘である。米国の核の傘に依存してきたことが事実であったとしても、日本が非核三原則を掲げる平和国家として戦後七〇年以上の平和と繁栄を維持してきたことは国際社会が認めるところであり、一方で「日本の核政策に関する基礎的研究」によれば、米国、ソ連、イギリス、フランスに中国が加わった段階、つまり一九六〇年代の半ばに、「すでに核兵器を持つことが大国の条件ではなくなっている」のである[112]。核とミサイルで恫喝を続ける北朝鮮は明らかに軍事的な脅威であるが、そもそも「抑止力」というのは心理的な効果を期待する力であり、抑止しようとする相手が抑止されているかどうかは相手次第である。核抑止論が前提とする合理性を疑われる金正恩氏という指導者を持つ国家に対し、日本の核武装がどのような効果があるのか、むしろ逆効果となるのではないか。そして、中国との関係において日本が抑止力として十分な核戦力を持つことができるのか、それにはどのくらい時間が必要でそれまでをどうするのか。さらには、経済的相互依存や国際秩序への影響など軍事的な要素以外に考慮すべき点は数多い。そしてもう一つ、日本が頼りにしている日米同盟をどうするのか。国際的な視点から見れば、日本の核武装は国際社会で推進されている核兵器違法化の動きや核不拡散体制を崩壊させ、世界を非常に危険な方向に大きく変えることになるだろう。「『原発を止めることはできない。それは日本の核抑止力をなくすことだ』という論議は、事実を考慮しない空論である」という指摘は当然である[113]。

第3節　目先の利益と未来への責任

以上の議論を空間的・時間的・意識的視点から整理すると、図1のようにまとめることができる。空間的な視点とは、地域か国家か国際かといった地理的要素以外にも、いわゆる「原子力村」のような概念的構造を指すことを含む。時間的な視点とは、たとえば政策決定を行うに当たって二〇二〇年に開催予定の東京五輪までの三年間で見るのか、子どもや孫の世代さらには遠い未来のことを考慮するのかといった視点である。意識的な視点とは、たとえば自らの利益の外側にある利益に目を向ける意識があるのか否か、あるいは自らの考えとは異なる他者の異論に耳を傾ける開かれた意識があるのか否か、という視点である。これらの視点は個別的にではなく総合的に見ることも重要だ。「原子力村」の利権構造は「狭い」だけでなく「村」の中の利益だけを考える「閉じた」意識に基づいた構造である。

狭い、短い、そして閉じた視点からの考えは目に見える当座の状況に縛られ、その外側について

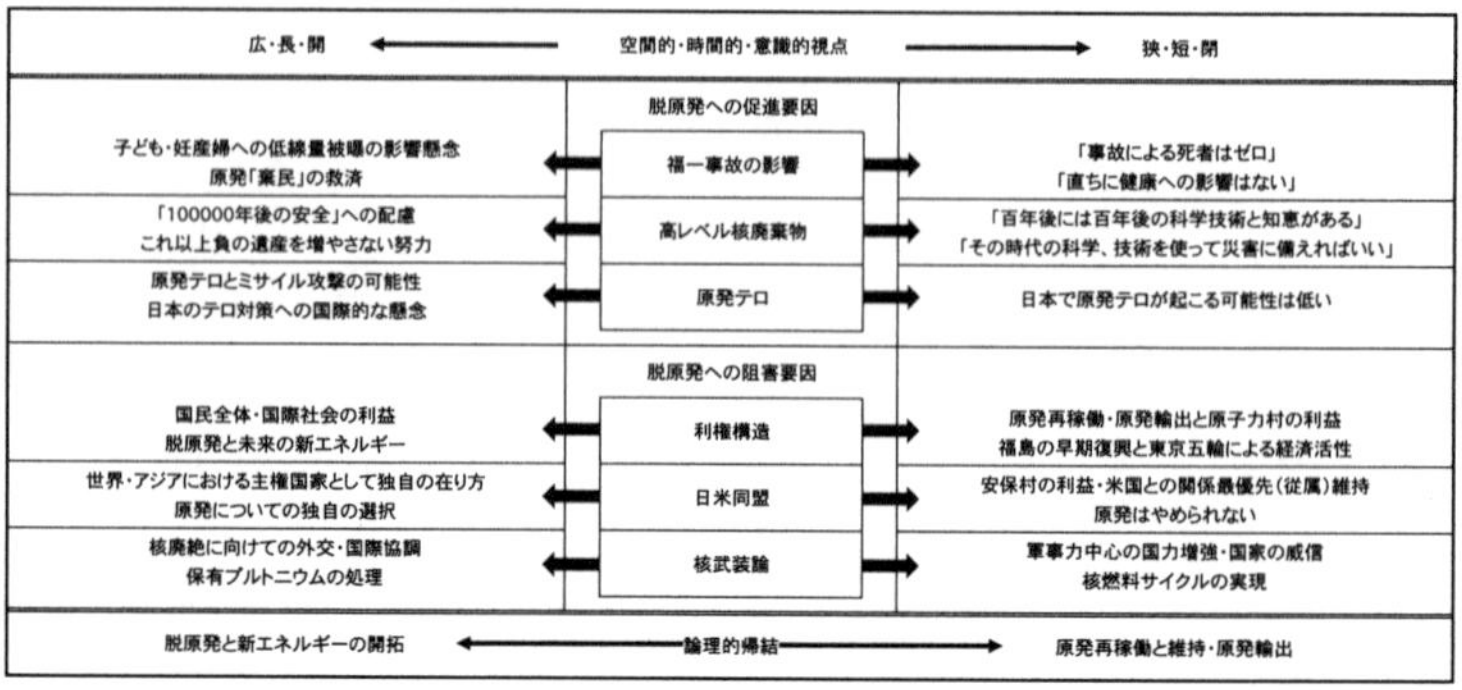

図１　原発の視点

は楽観的な見通しになりやすい。福一から放出された放射能についての「直ちに健康への影響はない」はその典型である。そしてそうした視点は自らの責任回避、他者や後世への責任転嫁を誘発する。「まず自分の定年までは大地震が来ないだろう」という考え方が福一事故を防ぐための「自己制御性」「多重防御性」を奪い取ったと指摘されるように[114]、事故が起きた後には容易に想起されるような事態に備え対処することなくやり過ごした結果、福一事故は起きた。その姿勢はまさにフランス王ルイ一五世の愛人であったポンパドゥール侯爵夫人の言葉とされる「我亡き後に洪水よ来たれ」と言うのがふさわしい。

　これらの「視点」から見た「責任」という問題を最も明らかな形で示しているのが、「自主避難者」の問題である。先に示したように国は一般人の年間被曝限度の二〇倍の二〇ミリシーベルト以上を避難基準としたが、法に定められた基準が突然引き上げられ、しかも子どもや妊婦の立ち入りが制限される病院や研究機関の放射線管理区域の基準（三ヶ月で一・三ミリシーベルト）よりはるかに高い値に納得できない住民たちは自ら安全を求めて住処を離れた。現在も四万人にも及ぶと言われる自主避難者は福島県内の住民に限らない。

福島県内一一市町村にわたる避難指示区域内からの強制避難者には、月一〇万円の精神的損害賠償や不動産などの財物賠償などが支払われる一方で、区域外の場合は福島市など県内二三市町村の住民について、大人一二万円、一八歳以下と妊婦は五二万円（実際に自主避難した場合は二〇万円上乗せ）の一律定額の賠償が支払われるだけである。これはあくまでも一時金で、一家で総額一〇〇万円ほどというのが相場と言われ、強制避難者との間には大きな額の差がある。[115]

放射能による健康被害を受けやすい幼い子どもを持つ数多くの母親たちが自主的に避難し、父親は仕事のために福島に残って単身生活を送らざるを得ない「母子避難」という状況も生じた。彼女たちは、避難指示がない避難は「自主的」なもので「自己責任」である、という福島に残る人たちへの罪悪感と闘い、夫と離れてストレスや怒りを抱きながら子どもの健康のために暮らしている。[116]二重生活による経済的な負担も大きい。[117]避難が長期化するにつれて夫婦の間に溝が生まれ、離婚に至った事例も多い。[118]さらに、県民健康調査以外での検査結果は、仮に甲状腺がんになったとしても福島県の調査の統計には含まれない、また県民健康調査以外で見つかった甲状腺がんの治療には、福島県が行なっている治療費の全額支援は受けられないことになっている。[119]

二〇一五年五月一七日、自主避難者について、二〇一七年三月で住宅の無償提供を打ち切ることを福島県が検討しており、関係市町村との調整に入ったと報じられた。[120]自主避難者たちは大きな衝撃を受けたが、それは金銭的な問題だけではなかった。「無償提供を続ける限り、帰還が進まない」「避難生活が長期化することで、復興の遅れにつながりかねない」という福島県と被災自治体の幹部による匿名の発言が掲載され、「被害者であるはずの自分たちに、批判の矛先を向けている故郷の本音があらわになった」ことであった。[121] 政府は「放射線が人間の五感で認知できない不明確な存在であるのをよいことに、被害の広さ、長さ、そして責任を限りなく矮小化してきた」[122]、すなわち狭く、短く、閉ざした視点から政策決定が為されてきたということである。政府はさらに、五月十九日「避難指示解除準備区域と居住制限区域からの避難者に対する慰謝料の支払いを二〇一八年三月で打ち切り」、六月七日「強制避難商工業者に対する営業損害賠償金の支払いを二〇一六年度分で打ち切り」と被災者支援の終了を宣言し、福島への帰還を促している。

原発事故が起き、避難指示の有無で人々は分けられた。その後、住む場所の放射能汚染の程度で、人々は再度分けられ、被曝影響に対する個々人の認識の違いで、人々はさらに分断された。避難する人と、とどまる人。とどまった人のなかでも、放射能汚染と向き合う人、本当は気になっているけど考えないようにしている人、まったく気にせず日常を過ごす人、さまざまだ。[123]

福一事故によって様々な形の「分断」が引き起こされた。原子力災害は他の災害にない「被害累積性」という顕著な特徴を有し、非常に複雑で難しい問題を人々に突きつけている。これは、福一事故で避難した人々が自宅から避難所、みなしを含む仮設住宅、復興公営住宅へと生活の場を転々と長期にわたって移動する中で、家族やコミュニティと分断され、教育、仕事、福祉、介護、医療等に関わる様々な問題が新たに付加されていくというものである。[124] 人間同士だけではない。家畜やペットなど「動物たちを人間から引き裂き、謂れのない死に追い込んでいた[125]」。

分断は社会的な弱者への差別を生み出す。そもそも「原子力は、常に既に巨大な構造的差別を内包している」と言う[126]。原発の現場では下請け・孫請けといった原発労働者への差別、国内では電力消費地である都会が原発稼働のリスクを押し付ける「過疎地」への差別、そしてモンゴルへの核廃棄物押し付けに見られる地球規模での「周縁」への差別である。さらに福一事故後は「同じ被曝でも子どもの方が影響を受ける」「貧しい側ほど放射能を受け入れざるをえない[127]」事実がある。そして高レベル放射性廃棄物という一〇万年にも及ぶ毒物を「選択権もない未来の人々に押し付ける」、これは「未来犯罪」であると厳しく批判されているのである[128]。

未来のために

原子力発電の起源となる放射線は、一八九五年ドイツの物理学者ヴィルヘルム・レントゲンがX線を発見したことによって人類にもたらされた。翌一八九六年フランスのベクレルはウラン鉱石が放出したアルファ線が写真乾版を露光させることを発見し、こうした効果を持つ物質を「放射線」と名付けた。一八九八年にはピエールとマリーのキュリー夫妻がラジウムを発見、ここから本格的な放射線の研究が始まった。一九三八年ドイツのハーンが原子核分裂を発見し、その結果膨大なエネルギーが放出される事実が明らかになった。上記物理学者・化学者たちはこうした功績により、人体を透過するX線写真で大きな反響を呼んだ第一回物理学賞受賞のレントゲンを始め、いずれもノーベル賞を受賞した。

これら近代の輝かしい発見の歴史は、それまで人類が多くの事実について「知らなかった」ことを意味する。受賞者たちの多くが放射線の毒性を知らず、あるいは過小評価したが故に若くして世を去った。そして今なお専門家たちにとってすらこれほど多くの「わからない」ことが存在する。目で見ることもできず、味も臭いもなく、環境中に一度放出された放射能は、回収することが極めて困難である。発電の結果生じる高レベル核廃棄物は、安全になるまでに一〇万年もの年月を要する。人類誕生から二〇万年、文明発祥から四〇〇〇年、放射線発見から一二二年、原子爆弾の開発から七二年、そしていわゆる平和利用として日本で原発が稼働してからわずか五四年である。核の膨大なエネルギーを解き放ち、生命を殺す大量破壊兵器を作ることには長けてきたが、これを制御し平和な暮らしのためのエネルギーとして利用することについて、人間は依然として未熟である。

原発の稼働には高度な技術が必要だが、基本的に電気を作るということに関しては火力発電と同じ「湯沸かし器」である。実際に電気を発生させるのは核燃料ではなくその熱によって水が蒸発し、その蒸気が回すタービンである。そしてこの過程で原発は膨大な熱量を無駄にしている。「原子炉内で発生した熱のうち、電気に変えられるのは三分の一だけで、残りの三分の二は利用できずに海に捨てられ」それによって地域の生態系を破壊しているのである。[129] 大きなリスクを背負いながら、未熟な技術によってこの力を利用する責任を未来の世代に対して一〇万年にわたり負うことができるのか。

仮に将来放射能を無害化する技術が開発され、原発事故対策も核廃棄物問題も解決したとしたら、あるいは核廃棄物を「宝」として再利用するすべを発見したとしたら、後の世の人々は我々の世代について「よくぞ解決策を先伸ばしししてくれた」「宝を残してくれた」と評価するだろうか。目先の利益のために重大な問題を無策のまま先送りした我々は、軽蔑の対象以外何者でもないだろう。このままでは、我々は後世に対する「無責任世代」として歴史にその名を残すことになるだろう。「放射性物質による人権侵害や核廃棄物による負の遺産をできる限り少なくし、次の世代の人々に引き渡すのが、これまで核兵器や原子力発電所の存在を容認・黙認してきた、今を生きる私たちの責務なのである[130]」。

人間が取り扱うものである以上事故は必ず起こる。それに対応できる技術、そして安全に核廃棄物を処理できる技術が確立するまで、原子力発電が研究の域から一般利用の域に出ることは許されるべきではない。これによって生ずる短期的な経済的損失は原発利用を継続する長期的リスクにはるかに及ばない。空間的に広い視野、時間的に長期的な視野、そして意識的に開かれた視野から見れば答えは明らかである。原発は直ちにやめ、未来ある新エネルギーに向かわなければならない。

（本稿は東北福祉大学感性福祉研究所における「文部科学省私立大学戦略的研究基盤形成支援事業（平成二四年度〜平成二八年度）」による私学助成を得て行われた研究成果の一部である。）

註

（1）二〇一七年一月現在、福島県から県内外で避難をしている人々は県内四万一〇二八人、県外三万九八一八人、合計八万八四六人（自主避難者約三万二千人を含む）。復興庁「全国の避難者等の数」二〇一七年一月三一日、http://www.reconstruction.go.jp/topics/main-cat2/sub-cat2-1/hinanshasuu.html、二〇一七年七月三〇日参照。

（2）日野行介『原発棄民〜フクシマ5年後の真実』毎日新聞出版、二〇一六年。

（3）小出裕章『図解 原発のウソ』扶桑社、二〇一二年、一〇四〜一〇五頁。

（4）篠田航一・宮川裕章『独仏「原発」二つの選択』筑摩書房、二〇一六年、二一六〜二一九頁。

（5）「原発比率二〇〜二二％案決定　政府、三〇年度の電源構成」『日本経済新聞』二〇一五年六月一日。http://www.nikkei.com/article/DGXLASFS01H0A_R00C15A6MM0000/、二〇一七年七月三〇日参照。

（6）上丸洋一『原発とメディア〜新聞ジャーナリズム2度目の敗北』朝日新聞出版、二〇一二年、四一九〜四二〇頁。

（7）柳田邦男『終わらない原発事故と「日本病」』新潮社、二〇一六年、一八頁。

（8）小出、前掲書、二八頁。

（9）朝日新聞「溶けた核燃料か、取り出し方法は見えず　福島第一3号機」二〇一七年七月二一日、http://www.asahi.com/articles/ASK7P5RTNK7PULBJ00N.html、二〇一七年七月三〇日参照。海老澤徹「原発事故の経過と今後」今中哲二・海老澤徹・川野眞治・小出裕章・小林圭二・瀬尾健『「新聞うずみ火」連続講演　熊取六人組 原発事故を斬る』岩波書店、二〇一六年、一四六頁。

（10）小出、前掲書、六九頁。

（11）海外電力調査会編著『みんなの知らない世界の原子力』日本電気協会新聞部、一一三頁。

（12）たとえば二〇一三年六月一七日の自民党の高市早苗政調会長（当時）の発言など。

（13）ヘレン・カルディコット「はじめに」ヘレン・カルディコット編『終わりなき危機〜日本のメディアが伝えない、世界の科学者による福島原発事故研究報告書』ブックマン社、二〇一五年、八頁。

（14）佐藤嘉幸・田口卓臣『脱原発の哲学』人文書院、二〇一六年、九六頁。

(15) 同前、一〇四〜一〇五頁。
(16) 朝日新聞「年二〇ミリシーベルト、安全か問う〜避難指示解除基準、訴訟が本格化〜南相馬市民ら」二〇一六年三月三日、七頁。
(17) 朝日新聞「『風評ではなく実害』原発事故後の苦悩伝える〜県農民連会長、国際シンポで訴え／福島県」二〇一五年四月一三日、一九頁。
(18) 朝日新聞「原発事故による健康影響、医療の倫理性問う〜国際会議で専門家ら報告／福島県」二〇一五年九月二三日、二五頁。
(19) 村上雄一「放射線被ばくと人権に関する一考察〜脱被ばくへ向けて」福島大学行政社会学会『行政社会論集』第二六巻第二号、二〇一四年一月、六〇頁。
(20) スティーブン・スター「放射性セシウムに汚染された日本」『終わりなき危機』七三頁。
(21) メアリー・オルソン「原子力時代におけるジェンダー問題」『終わりなき危機』二〇五頁。
(22) ハーバート・エイブラムス「低レベル電離放射線の被曝によるがんの危険性」『終わりなき危機』二三〇頁。
(23) 村上、前掲論文、五二頁。
(24) 朝日新聞「甲状腺がんの子、経過観察症例も把握へ〜福島県が方針」二〇一七年六月五日、http://www.asahi.com/articles/ASK654H8RK65UGTB00F.html。
(25) 生田目学文・春川美土里「福島第一原子力発電所事故と新聞報道二〇一一—二〇一六〜住民の健康被害に対する影響について」『感性福祉研究所年報』第一八号、二〇一七年、二一九頁。
(26) 七沢潔『テレビと原発報道の六〇年』彩流社、二〇一六年、九六頁。
(27) 吉野太一郎「『福島の子供の甲状腺がん発症率は二〇〜五〇倍』津田敏秀氏ら論文で指摘」『The Huffington Post』二〇一五年一〇月八日、http://www.huffingtonpost.jp/2015/10/08/tsuda-toshihide-fukushima-pandemic_n_8262682.html、二〇一七年七月三〇日参照。
(28) 藤沢数希『「反原発」の不都合な真実』新潮社、二〇一二年、四四頁。
(29) 同前、五四〜五五頁。

(30) 崎山比早子「国会事故調査委員会の調査結果」『終わりなき危機』四七頁。
(31) 『福島民報』二〇一四年一二月二七日(小出裕章『原発と戦争を推し進める愚かな国、日本』毎日新聞出版、二〇一五年、三八頁より)。
(32) スティーブン・ウィング「原子力施設から放出される放射線についての疫学調査」『終わりなき危機』二二〇頁。小出裕章「福島第一原発事故がもたらした社会状況と私たちの生き方」『「新聞うずみ火」連続講演 熊取六人組 原発事故を斬る』一一六頁。
(33) スター、前掲論文、八二頁。
(34) 篠田・宮川、前掲書、一八五頁。
(35) 本間龍『原発プロパガンダ』岩波書店、二〇一六年、四四頁。
(36) マイケル・マドセン『一〇〇〇〇〇年後の安全』二〇一〇年、ドキュメンタリー映画、デンマーク。
(37) 小出裕章『原発と戦争を推し進める愚かな国、日本』毎日新聞出版、二〇一五年、一一二頁。
(38) 小森敦司『日本はなぜ脱原発できないのか~「原子力村」という利権』平凡社、二〇一六年、一四六頁。
(39) 週プレニュース「汚染土入りの〝除染袋〟が次々と破れ始めている?」二〇一四年七月三日、http://wpb.shueisha.co.jp/2014/07/03/32076/、二〇一七年七月三〇日参照。
(40) 今中哲二「放射能に耐える時代」『「新聞うずみ火」連続講演 熊取六人組 原発事故を斬る』四七頁。
(41) 小出『図解 原発のウソ』六六頁。
(42) 今中、前掲論文、四七頁。
(43) 小出『図解 原発のウソ』一一二頁。
(44) 小出、前掲論文、一二七頁。
(45) 高嶋哲夫『世界に嗤われる日本の原発戦略』PHP研究所、二〇一五年、一二〇~一二二頁。
(46) 若杉冽『原発ホワイトアウト』講談社、二〇一五年。
(47) 宮坂直史『国際テロリズム論』芦書房、二〇〇二年、一六六頁。
(48) 東京新聞「被ばく死 最悪一・八万人 原発攻撃被害 八四年に極秘研究」二〇一五年四月八日、一頁。
(49) 朝日新聞「原発への攻撃、極秘に被害予測 一九八四年に外務省」二〇一一年七月三一日、http://www.

asahi.com/special/10005/TKY201107300615.html、二〇一七年七月三〇日参照。

(50) 槌田敦ほか『隠して核武装する日本』影書房、二〇〇七年、一二三頁。

(51) 日本放送協会『ＮＨＫスペシャル～原発テロ～日本が直面する新たなリスク』二〇一三年一〇月七日放送。

(52) 篠田・宮川、前掲書、一六五頁。

(53) 日本放送協会、前掲映像資料。

(54) 毎日新聞「プルトニウム　国内外に四八トン　日本への国際的懸念なお」二〇一六年三月二一日、https://mainichi.jp/articles/20160322/k00/00m/040/082000c、二〇一七年七月三〇日参照。

(55) 桐島瞬「たまり続ける日本のプルトニウム～原発再稼働で指摘される別の問題」『ＡＥＲＡ』二〇一五年一一月一七日『東洋経済オンライン』http://toyokeizai.net/articles/-/92842、二〇一七年七月三〇日参照。

(56) 日本放送協会、前掲映像資料。

(57) 堀潤「現役官僚が原発利権を告発！小説『原発ホワイトアウト』著者、若杉冽氏が明かす〝モンスターシステム〟とは」『Yahoo! Japan ニュース』https://news.yahoo.co.jp/byline/horijun/20140205-00032349/、二〇一七年七月三一日参照。

(58) 小森、前掲書、四頁。

(59) 広瀬隆・明石昇二郎『原発の闇を暴く』集英社、二〇一一年、八頁。

(60) 川野眞「アカデミズムの社会的責任を考えながら」『「新聞うずみ火」連続講演　熊取六人組　原発事故を斬る』七八頁。

(61) 小出『原発と戦争を推し進める愚かな国、日本』一五頁。

(62) 小出、前掲論文、八八頁。

(63) 朝日新聞特別報道部『原発利権を追う～電力をめぐるカネと権力の構造』朝日新聞出版、二〇一四年、一七六頁。

(64) 小森、前掲論文、五二頁。

(65) 日本放送協会『ＮＨＫスペシャル～三・一一～あの日から一年～調査報告～原発マネー～〝三兆円〟は

地域をどう変えたのか』二〇一二年放送。
(66) 小森、前掲論文、五二頁。
(67) 広瀬・明石、前掲書、一一一頁。
(68) 大島堅一『原発のコスト～エネルギー転換への視点』岩波書店、二〇一一年、一五四～一五五頁。
(69) 本間、前掲書、一〇六頁。
(70) 同前、一四七～一四八頁。
(71) 同前、二二頁。
(72) 同前、ii～iv頁。
(73) 小出『図解 原発のウソ』七七頁。
(74) 大島、前掲書、一一四～一一八頁。
(75) 篠田・宮川、前掲書、二二七頁。
(76) 矢部宏治『日本はなぜ、「基地」と「原発」を止められないのか』集英社インターナショナル、二〇一四年、五五頁。
(77) 同前、九〇～九一頁。
(78) 小出『原発と戦争を推し進める愚かな国、日本』四五頁。
(79) 本間、前掲書、一五七頁。
(80) 孫崎享『戦後史の正体』創元社、二〇一二年、一七四頁。
(81) 朝日新聞「身近な「存在」どう考える～専門家2人に聞く」二〇一四年八月二四日神奈川県版、三五頁、NPOピースデポ特別顧問・梅林宏道氏の発言。
(82) 鈴木達治郎・猿田佐世編『アメリカは日本の原子力政策をどうみているか』岩波書店、二〇頁。
(83) 前泊博盛『本当は憲法より大切な「日米地位協定入門」』創元社、二〇一三年、六五頁。
(84) 朝日新聞、前掲記事。
(85) 小出『原発と戦争を推し進める愚かな国、日本』一二六～一二七頁。
(86) 前泊、前掲書、六五頁。

(87) 矢部、前掲書、九五〜九七頁。
(88) 同前、九五〜九六頁。
(89) 小出『原発と戦争を推し進める愚かな国、日本』一二八頁。
(90) 末浪靖司『機密解禁文書にみる日米同盟』高文研、二〇一五年。末浪靖司『対米従属の正体〜九条「解釈改憲」から密約まで〜米公文書館からの報告』高文研、二〇一二年。前泊博盛編著『本当は憲法より大切な「日米地位協定入門」』創元社、二〇一三年。矢部宏治『日本はなぜ、「戦争ができる国」になったのか』集英社インターナショナル、二〇一六年。矢部宏治『日本はなぜ、「基地」と「原発」を止められないのか』集英社インターナショナル、二〇一四年。孫崎享『戦後史の正体』創元社、二〇一二年。
(91) 矢部『日本はなぜ、「基地」と「原発」を止められないのか』二〇〜二二、三三、四四、四九頁。
(92) 前泊、前掲書、二五五〜二五六頁。
(93) 槌田敦ほか『隠して核武装する日本』影書房、二〇〇七年、ii頁。
(94) 矢部、前掲書、五四、八七頁。
(95) 朝日新聞「身近な『存在』どう考える〜専門家2人に聞く」二〇一四年八月二四日神奈川県版、三五頁、NPOピースデポ特別顧問・梅林宏道氏の発言。
(96) 槌田ほか、前掲書、七二頁。
(97) 小出『原発と戦争を推し進める愚かな国、日本』一二八頁。
(98) 参議院内閣委員会、一九五七年一一月五日、https://kokkai.ndl.go.jp/。
(99) Department of State Office of Intelligence Research, Division of Research for Far East. 1957. "Intelligence Report: The Outlook for Nuclear Weapons Production in Japan." Released to the Nautilus Institute under the US Freedom of Information Act, p. 4.
(100) 槌田ほか、前掲書、九九頁。
(101) 中川八洋『日本核武装の選択』徳間書店、二〇〇四年。西部邁『核武装論〜当たり前の話をしようではないか』講談社、二〇〇七年。西村幸祐編『ぼくらの核武装論〜タブー超突破！今だから論じる。考える。』オークラ出版、二〇〇七年。田母神俊雄『サルでもわかる 日本核武装論』飛鳥新社、二〇〇九年。平

(102) 松茂雄『日本核武装入門』飛鳥新社、二〇一二年。井上和彦ほか『「核武装」が日本を救う』青林堂、二〇一一年。田母神俊雄『日本核武装計画～真の平和と自立のために』祥伝社、二〇一三年など。
(103) 槌田ほか、前掲書、一七二頁。
(104) Buszynski, Leszek. 2004. *Asia Pacific Security: Values and Idnetity*. New York: RoutledgeCurzon, p. 78.
(105) 小出、前掲論文、一二〇～一二一頁。
(106) 槌田ほか、前掲書、一四頁。
(107) 武田邦彦『原発と日本の核武装』詩想社、二〇一六年、四一～四八頁。
(108) 有馬哲夫『原発と原爆～「日・米・英」核武装の暗闘』文藝春秋、二〇一二年、一五二、二二四～二二五頁。
(109) 槌田ほか、前掲書、v頁。
(110) 「一九兆円の請求書～止まらない核燃料サイクル」kakujoho.net/rokkasho/19chou040317.pdf。
(111) 朝日新聞「もんじゅ廃炉、福井県知事が容認へ～きょう表明」二〇一七年五月七日、http://www.asahi.com/articles/ASK667G18K66PTIL03M.html、二〇一七年七月三〇日参照。
(112) 篠田・宮川、前掲書、一三一～一三二頁。
(113) 有馬哲夫、前掲書、二二二頁。
(114) 武田、前掲書、二一七頁。
(115) 同前、一二九～一三四頁。
(116) 日野、前掲書、六〇～六一頁。
(117) 朝日新聞「安心して子ども育てたいだけ　残る人と溝、本心隠して生活　福島・母子避難アンケート」二〇一二年七月二三日、三八頁。
(118) 日野、前掲書、六〇～六一頁。
(119) 吉田千亜『ルポ 母子避難～消されゆく原発事故被害者』岩波書店、二〇一六年、三九頁。
(120) 同前、六〇頁。
(121) 朝日新聞「自主避難、住宅提供終了へ　福島県調整　一六年度で」二〇一五年五月一七日朝刊一面。

(121) 日野、前掲書、一七八～一七九頁。
(122) 同前、二三〇頁。
(123) 吉田、前掲書、二一一～二一二頁。
(124) 山川充夫「原発事故被災者の居住保障」NHK『視点・論点』二〇一七年一月二三日放送。
(125) 七沢、前掲書、八頁。
(126) 佐藤・田口、前掲書、二二一頁。
(127) 小出『図解 原発のウソ』二一〇頁。
(128) 小出『原発と戦争を推し進める愚かな国、日本』二二四頁。
(129) 同前、一九九頁、元東京大学原子核研究所助教授・水戸巌氏の発言。
(130) 村上、前掲論文、六三頁。

第9章　自発的隷従の精神構造と日本のアイデンティティ
――「対米従属」研究の手掛りとして

長谷川雄一

第1節　民衆の変わり身の早さと自発的隷従

作家の高見順（一九〇七～一九六五）は一九四五（昭和二〇）年当時、政府の強い支援の許で設立された日本文学報国会に参加する傍ら、戦時下極限に追い詰められていく日本とその国民の様子を極めて克明に記録する日記を書き続けていた[1]。後に『敗戦日記』と称されることになるその記録の中で、高見はポツダム宣言を受諾して以降の日本人の虚脱、混乱、そして自分達の上に君臨していた「権力者」或いは「権威」の交代に伴う価値観の大転換といった有様を赤裸々に描いている。本稿は冷戦終結後の現代日本において深化の度合いを増していると思われるいわゆる「対米従属」問題に関連して日本人の精神構造の一端を解明しようと試みるものであるが、高見の日記に描かれている価値観の転換に直面する民衆の混乱した様相にはそのヒント、手掛りがあるように思われるので、最初にいささか日記に沿いながらみて行きたいと思う。

高見はポツダム宣言受諾前の記述で、広島への原爆投下に対する政府の「隠蔽政策」について「万事につけてこの政策だが、――隠せば隠すだけ、むしろ誇大に伝わるだろう。その害の方が警戒すべきなのではないか。万事につけて、今までいつもそうだったが[2]――」（八月八日）と日常的になっていた政府の情報隠蔽策を批判すると共に、八月一〇日の陸軍大臣布告においてソ連の対日宣戦と侵攻について「何をか言はん」との文言があったことを捉え、「かかる状態に至ったのは、何も敵のせいのみではない。指導側の無能無策からもきているのだ。しかるにその自らの無能無策を棚に上げて「何をか言はん」とは。嗚呼かかる軍部がこの破滅に陥れたのである[3]」（八月一一日）と何よりも戦争を遂行して来た権力機構の「無責任ぶり」への憤りを顕わにしていた。これに対して国民については、「外でしたってかまわないはずの対ソ戦や新型爆弾の話」も民衆が黙して語らない状況を「大変な訓練のされ方、そういうことがしみじみと感じられる。同時に民衆の表情にはどうなろうとかまわない、どうなろうとしようがないといったあきらめの色が濃い。絶望の暗さもないのだ。無表情だ。どうにかなるだろうといった、いわば無色無味無臭の表情だ[4]」と観察した上で、「日本人は敗戦の経験がないのだから、思えば幸福な国民である。まるで箱入り娘だ。従順でそして無智[5]」（同前）との認識を示していた。

その「箱入り娘」で「従順で無智」な国民がいよいよ敗戦を迎えるとどうなったのか、八月一五日以降の高見の観察は厳しさを増して行く。

八月一六日の日記では、前日に天皇の詔書の朗読をうけて敗戦を知らされた民衆について「雰囲気は極めて穏やかなものだった。平静である。昂奮しているものは一人も見かけない[6]」と述べていた一方で、「突然の敗戦にがっかりしている。（中略）こんなことで敗けるのはいやだ、戦争をつづければいいのにと、そういう人が多い。つづければ敗けるはずはないのに、そういうのである」という一面をも民衆が有していることに驚きを示していた。これについて高見は「特攻機温存、本土決戦不敗という政府の宣伝が一般民衆によくきいている。原子爆弾の威力についても、事実を隠蔽していたため、民衆は知らない。あんなもの――といっている」と分析し、「愚民化政策が成功したものだと思う。自国の政府が自国民に対して愚民化政策を採ったのである![7]」と断じている。

他方これまで戦時体制を維持してきた権力機構、すなわち高見のいう「役人」側はどうだったのだろうか。これについても高見は冷厳に観察し続けていた。高見が調査部長の任にあった日本文学報国会は情報局の統轄下にあったが、「大東亜戦争完遂」という目的のために誕生したはずの文学報国会は敗戦を迎えても解散を許されないどころか、八月二二日という早い段階で情報局の「情報官」が事もあろうに「今後は、たとえばアメリカのご機嫌をとって貰うような作品を書いていただくかもしれません」といったことさえ述べていたことを記している。こうした情報局の卑屈としかいえない姿勢に高見はただ「今日に至ってもなお芸術家を意のままに頤使できると考えている役人の不遜も恐るべきもの[8]」とあきれ果てるばかりであった。

また八月二二日に高見が浅草のビアホールに行って顔なじみの店の経営者に酒を振る舞われた時、敗戦間もないのに「六区が戦前同様の賑わいであること」に驚愕すると共に店主より「警視庁から占領軍相手のキャバレーを準備するように命令が出たこと」を告げられたのであった。さらに「淫売集めもしなくてはならないのです、いやどうも」と相手が述べたのに対し高見が「集まらなくて大変でしょう」と応えると、「それがどうもなかなか希望者が多いのです」[9]との返事で高見は唯々驚くのみであった。実際八月二九日の日記には、『東京新聞』の広告に「特殊慰安婦施設」と覚しき施設において接客婦千名を募ったところ、四千名の応募者があって係員を「憤慨」させたとの記事も紹介されていた。[10]また関連して「特殊慰安婦施設協会のキャバレー」の記述が日記の一一月一四日の条にある。この日銀座松坂屋の横に看板が出ていたので入って行くと「連合国軍隊ニ限ル」の貼紙を目撃する。高見はかつて「支那人と犬、入るべからず」と上海の公園に貼紙されていたことを想起するのであったが、今度は日本人が銀座の真中で、こうした貼紙に直面せざるをえない状況にあることに得も言われぬ感慨を噛みしめるのであった。それと同時に「日本人入るべからずのキャバレーが日本人自らの手によって作られたものであるということ」、加えて「その企画経営者が終戦前は「尊皇攘夷」を唱えていた右翼結社であるということ」は特記に値するとしていた。[11]

そしてこの特殊慰安婦問題について高見は、「世界に一体こういう例があるのだろうか。占領軍のために被占領地の人間が自らいちはやく婦女子を集めて淫売屋を作るというような例が――。支那ではなかった。南方でもなかった。懐柔策が巧みとされている支那人も、自ら支那女性を駆り立てて、淫売婦にし、占領軍の日本兵のために人肉市場を設けるというようなことはしなかった。かかる恥ずかしい真似は支那国民はしなかった。日本人だけがなし得ることではないか」と嘆くのであった。さらに「日本軍は前線に淫売婦を必ず連れて行った。朝鮮の女は身体が強いと言って、朝鮮の淫売婦が多かった。ほとんどだまして連れ出したようである。日本の女もだまして南方へ連れて行った。酒保の事務員だとだまして、船に乗せ、現地に行くと「慰安所」の女になれと脅迫する。おどろいて自殺した者もあったと聞く。（中略）戦争の名の下にかかる残虐が行われていた」とした上で、「戦争は終った。しかしやはり「愛国」の名の下に、婦女子を駆り立てて進駐軍御用の淫売婦にしたてている。無垢の処女をだまして戦線へ連れ出し、淫売を強いたその残虐が、今日、形を変えて特殊慰安云々となっている[12]」と現在の官民挙げて卑屈な程に「新たな権力者」（＝占領軍）に迎合していく日本（人）の特異な性向を指弾していたのである。

こうした特性は新聞などマスメディアの場合においても同様にみられるものであった。高見は九月一九日の条で、戦争中は自由主義的だ、民主主義的だと睨まれていた『朝日新聞』が「愛国的」との理由でＧＨＱ（連合国最高司令官総司令部）の命令によって二日間発行を停止されたことが面白いとする記述と共に、「（戦争中は）政府の提灯を持って野卑な煽動記事を書いていた新聞が米軍が来るとまた迎合的な記事を掲げて、発行停止処分などは受けないのである[13]」と皮肉たっぷりに記していたのである。また米国教育使節団のＧＨＱへの報告書（一九四六年三月）を先取りするかのように漢字が民主主義の妨げとなる封建意識の反映であるという見地から、戦前及び戦中、対米英「撃滅」の国策を担ってきた主力メディアの『読売報知新聞』が社説（一一月一二日）において「漢字の廃止」と「ローマ字採用論[14]」を展開した時、高見はこの「暴論」に対して「怒りの血のわき立つのを覚える。「民主主義」の名の下に、バカがいろいろ踊り出る[15]」と大憤慨するに至った。

これまで日記において俎上に上げられてきた役人、新聞、民衆などの敗戦という混乱の中で示したこの醜悪ともいえる「変わり身の早さ」、「新たな権力者」への迎合現象について、背景にある要因を考察するとするなら、日記の表現を借りれば、「権威への追従」、「便乗」[16]という言葉がふさわしいように思われる。さらに一一月六日の条において電車の中で乗客に威嚇的で不良染みた工員風の青年達が、遠くに座る黒人兵を陰では「黒ン坊と口汚く罵っていた」のに、最後はニヤニヤしながら近づき煙草を貰い、ピョコンと頭を下げて卑屈な笑いを浮かべていることを正視しがたいものと記し、その有様を高見は「尊大と卑屈が隣り合っている」と分析するエピソードが紹介されているが、この「尊大」と「卑屈」の相反する指標の併存も正に高見によって「この下品な、粗暴な、恥ずかしい二人の工員だけのことではない[17]」と指摘されるように、当時の日本社会や日本人全般の「権威・権力」に対する過度の「隷従」の構造を分析する際の指標となるものではないかと思われる。しかもこの高見順の日記の事例で示される日本社会及び日本人の権威・権力への「自発的隷従」ともいうべき特性は、何も混乱した敗戦直後の特異な現象というだけではなく、現在の日本社会の様々な権威・権力への自発的隷従の問題、特に本稿において関心を寄せている米国への過度の従属の問題においても該当するものであるといえる。

ところで「自発的隷従」という現象について哲学者モンテーニュ（Michel Eyquem de Montaigne：一五三三～一五九二）の親友で弱冠三二歳の若さで夭折した司法官エティエンヌ・ド・ラ・ボエシ（Etienne de La Boetie：一五三〇～一五六三）が、執筆時期がまだ一六歳から一八歳にかけての頃ではないかと推定されている[18]小著『自発的隷従論』において示唆的な洞察をしていたことはよく知られるところである。

圧政が成立するには、圧政者（tyrant）と被治者の「支配・従属」の関係が成り立っていなければならないが、ラ・ボエシはこの点について、「これほど多くの人、村、町、そして国が、しばしばただひとりの圧政者を耐え忍ぶなどということがありうる」のは、人々がみずから（その者に）力を与えているからにほかならないのであり、「その者が人々を害することができるのは、みながそれを好んで耐え忍んでいるからにほかならない[19]」と述べて、圧政者に被治者の側が自ら進んで力（権力）を与えていることによって支配の構造が成り立っていると看破していた。すなわち圧政者と被治者の間においては、圧政者の正体が「目が二つ、腕が二本、からだはひとつしかない[20]」普通の人であり、しかも「ヘラクレスでもサムソンでもなく、たったひとりの小男、それもたいていの場合、国じゅうでもっとも臆病で、もっとも女々しいやつだ。そいつは戦場の火薬どころか、槍試合の砂さえ親しんだことがあるかどうか怪しいし、男たちに力づくで命令を下すことはおろか、まったく弱々しい小娘に卑屈に仕えることすらもかなわないのだ！」という実態であるにも拘わらず、被治者は圧政者の支配に甘んじてしまう。仮に被治者が数人だったらまだ相手に立ち向かう（抵抗する）ことをしなかったとしても「臆病」ということで理解できるとしても、「（被治者）百人が、千人が、ひとりの者のなすがままじっと我慢している」状況は、「彼らがその者をやっつける勇気がないのではなく、やっつけることを望んでいないからだ[21]」として支配の構造の主たる要因が被治者の側の「自発的隷従」にあるとラ・ボエシは分析したのであった。

ではどうしてこの自発的隷従が起こるのであろうか。それについて彼は自発的隷従の第一の原因は「習慣」であるとして、「どれほど手に負えないじゃじゃ馬も、はじめは轡を嚙んでいても、そのうちその轡を楽しむようになる。少し前までは鞍をのせられたら暴れていたのに、いまや馬具で身を飾り、鎧をかぶってたいそう得意げで、偉そうにしているのだ[22]」と例を挙げてみせる。また「教育（しつけ）」によって生まれながら「隷従の習慣」を身につけてしまうのだとも述べていた。かくしてこうした「習慣」を身につけた人々は、人間の自然、「原初のありかた」が、「自由であること、あるいは自由を望むことにある[23]」ことを自覚出来なくなってしまうのであった。さらに隷従する者たちが、臆病になりやすく、戦う勇気のみならず、他のあらゆることがらにおいても活力を喪失し、心は卑屈で無気力になってしまっていることをもラ・ボエシは指摘していた。そして圧政者はこのことをよく知っていて、彼らをますます惰弱にするために助力を惜しまないのだとした[24]。

さらにラ・ボエシが描く圧政者を頂点とした支配のピラミッド型構造における被治者群は、宗教的神秘性や芝居、賭博、笑劇、見世物といった遊戯、僅かな報酬など圧政者の様々な手管・詐術に嵌まって、いわば受動的な立ち位置で隷従している農民や職人などの一般民衆と、「おこぼれ」的利益を追求してより能動的に隷従していく圧政者の取り巻きやその配下・手下といった「小圧政者」の二つに分けられるとされたが、後者に該当する（しかも上位者から幾筋、幾系統もの下位者に連鎖して生み出した）「何百万にものぼる小圧政者」の存在こそ圧政を堅固に維持して支配を安定化する大きな要因であるとしていた[25]。すなわちラ・ボエシは、「まず、五、六人の者が圧政者の信頼を得る。次に、みずから彼に近づくか、彼に誘われて、共謀して残虐な行いにふけり、逸楽の場に同伴し、淫行のお膳立てをする。また略奪したお宝のおこぼれにあずかる。（中略）この六人は、みずからのもとで甘い汁をすう六百人を従え、自分たちと圧政者との関係と同じような関係を、彼らとの間に築く。そしてこの六百人は六千人を登用し（中略）欲深く残酷なままに任せ、必要とあればそのような資質を発揮させ、さらなる悪事を行わせるのだ」と述べ、圧政者とこのような絆によって結ばれている者が「自由を心地よく感じる者と、ほとんど同じ数だけ存在するようになる」[26]と指摘すると共に、圧政者はこのつながりを利用しているのだと断じたのである。

ラ・ボエシが提示している「自発的隷従」の構造は、正に高見順が観察していた敗戦直後の日本社会の状況に容易に当てはまるものといえる。日記にみられるように日本人にとっての「新たな権力者」である米国占領軍がまだ占領統治を本格化する以前から卑屈な程にその意図を「先読み」、「忖度」して慰安施設を準備しようとする官民を問わない一群の人々などは、ラ・ボエシのいう「小圧政者」に匹敵する存在であった。また「小圧政者」の範疇には入らないような一般の民衆すらこれまでの軍国主義的な体制への反動とはいえ、新たな権力者に隷従して行こうとしていることは、高見の日記でも十分に窺えるものであった。さらにその後の米国の推し進めた日本社会の「民主化」の進展の中で日本人の自発的隷従が深化していったことについても、ラ・ボエシの考察は示唆的であった。すなわち彼は民衆の選挙によって権力を与えられた圧政者は、「武力」や「家系の相続」によって権力を手にした圧政者たちよりも、「ありとあらゆる悪徳において――残酷さにおいてすらも――どこまでも凌駕してしまう」と述べ、そしてそこでは圧政を維持するために、隷従はきわめて強く押しつけられるとしていたからである。[27]つまりどのような政治支配の体制においても圧政や自発的隷従が起こり得ることは無論だが、取り分け民主制の下では「圧政」と「自発的隷従」の度合いが高くなる可能性があることを示したのである。このことは、米国による占領統治の期間はもちろん占領が解除され、形の上では民主主義国家の「体裁」を整えて以降も、米国と密接な関係を有する戦後の歴代保守政権を通じて我が国の対米従属が深化していったことを考察する際に大いに参考になるものといえよう。

さて第二次世界大戦後の対米従属の問題を考察・解明しようとする場合、一般に問題の所在をおよそ次の二つに分けられるのではないかと思う。第一は敗戦国日本の占領者として、また戦後世界の超大国として日本に対して圧倒的に優位に立っていた米国の問題である。それは米国側が冷戦期及びポスト冷戦期にまたがり、自らの世界戦略から日米安保条約、日米行政協定（一九六〇年以降は日米地位協定）そして様々な密約等によって日本を法的にしっかり拘束し制度化しているということ、また占領期以降の「民主化」を通じた様々なソフトパワーを駆使して日本国民を馴致する政策を採って来た経緯を指している。[28] 言うまでもなくこの米国による対日政策、法的拘束・制度化が圧倒的に日本の対米従属を継続させて来た大きな要因であったことは論を俟たないであろう。

第二は日本側の問題である。これについてはさらにいくつの観点から論じなければならないが、まず①冒頭から触れている日本人自身が権力（者）と直面した時に見せる特性、国民性などの見地からの考察である。つまり「お上意識」などと指摘されるように権力と対峙することを好まず、寧ろ権力・権威の前に追従、迎合する傾向がみられる国民の特性についてである。またこうした特性は日本人のアイデンティティの問題とも密接に関連しているものでもある。

②として戦後の時期だけに注目するならば、外発的であれ内発的であれ、冷戦構造下の「安全保障」における「米国依存」が何よりも日本の対米従属問題の支柱になっていたことである。そこでは、日本人の自前の安全保障に関するビジョンが占領政策によって出来上った仕組みと敗戦の体験から思考停止状況になっていて、そのことが一層対米従属を深化させている要因であったことである。すなわち在日米軍基地から仮に米軍が撤退した場合、さらには日米安保条約自体が解消された場合を想定した客観的な日本の安全保障についての具体的ビジョンが封印されていると思わせる程国民の間で全く議論されて来ておらず、また時に論者によって出されたとしても「自前の核武装論[29]」にみられるように極端に飛躍してしまうことである。これは米国の占領政策によって拘束されてきたとはいえ、基本的に戦後日本における安全保障論は最初から「米国への軍事力依存」を自明として出発しているといっても過言ではなく、「日米は一体」であり、「日米同盟は永遠」であるという「公理」から脱却出来ないことを示している。そしてこのことは①と同様、相も変わらず「日本（人）は何者であり、どこを目指しているのか」という日本のアイデンティティに関わる問題でもあったのである。

③として間接的な背景ではあるが、日本において内政同様「外交」においても国民に対して重大な責務を担っている政治権力つまり政府自身の在り方、体質の問題である。すなわち明治の足尾鉱毒事件以来の諸々の公害問題、官公庁や民間企業の不祥事への対応、また近くは東日本大震災時の原発事故と放射能被害の対応などの国内政治において示されて来たように、日本の政府が国民との関係において特に戦後民主主義体制下にあって、最終的に「民」の側に立っているのだろうかとい

う問題である。[30] つまり政府が対外関係においても果たして真に「国民の利益」を汲んで安全保障の政策に取り組んでいるのだろうかということである。全国の中でも過度に集中する沖縄の米軍基地問題における住民被害への対応などを見る限り、極めて疑問視せざるを得ないからである。

日本の対米従属は以上のような要因が複雑に絡み合った根の深いものと考えられ、従って「対米従属」研究は、これらの要因のそれぞれを丹念に考察して行かなければならない。本書では日本を縛る法的拘束である日米安保条約の運営上の細則である日米地位協定について比屋定論文が詳細に論じているので、本稿ではとりあえず米国側による法的拘束、制度化以前の基礎的な考察として、近代以降の日本の置かれた国際環境と日本(人)の「ナショナル・アイデンティティ」の動揺、不安定性という観点から一瞥してみたい。アイデンティティの動揺、不安定さこそ他者、殊に権力者への「依存」すなわち「従属」をもたらすからである。

第2節 「開国」と「欧化」に揺れる日本のアイデンティティ

現在の対米関係における不平等性を示す代表的な内容の一つとして在日米軍基地に駐留する米兵に対する裁判権の大幅な制限の問題があるが、そもそも近代日本の出発点であったペリー提督(Matthew Calbraith Perry：一七九四～一八五八)による開国(一八五四年)後に結ばれた日米修好通商条約(一八五八年)においても日本は「関税自主権」の喪失を承認すると共に「治外法権」を米国側に与え、日本の米国人に対する裁判権を失っていた。改めて説くまでもなく、近代日本は政治学で定義するところの「国家」を成立させる「領土」、「国民」、「主権」という三要素の内、「主権」を制限する不平等条約（安政の五カ国条約）を米国を含む西欧列強と締結することから始まったのである。これは西欧諸国からすれば、日本が欧米の「文明国標準」に到達していない、正に福澤諭吉（一八三五〜一九〇一）がいう「半開」[31]国であるという認識に基づく当然の待遇であった。

一方ペリーによる開国は同時にそれ自体が軍事力の威嚇を背景とする「砲艦外交」に基づく強制的なものであったことから、当時の知識人達に、共通して「堪え難い屈辱」感を与えることになった。[32]それは条約締結の当事者の老中阿部正弘（一八一九〜一八五七）から朱子学者で攘夷論者の大橋訥庵[33]（一八一六〜一八六二）、啓蒙思想家の福澤諭吉[34]に至るまで一様であり、このような屈辱感は日本人の「ナショナル・アイデンティティ」にとって大きな精神的傷痕（トラウマ）、負の記憶を遺すことになり、その後の日本のアイデンティティの不安定性、動揺の最大原因となったのである。また同時に一方でそれは近代国家建設と条約改正への主要な動力となる「雪辱への意欲」をも呼び起こすことになった。[35]但しペリー・ショックについては他方で金子堅太郎（一八五三〜一九四二）を発起人に久里浜に顕彰碑を建立した事例から分かるようにペリーや米国を「開国の恩人」、日本近代化の「先導者」視する親近感情が、例えば先ほどの屈辱感を抱いていたとする福澤の中においてさえ見られたということも事実である。[36]こうして一方で「憎」、他方で「愛」の相反・矛盾する対米感情が併存（アンビバレンス＝愛憎併存）するところに日本人の深層に共通する「複雑で屈折した対米意識」の特徴をみることが出来るのである。[37]

さて兎も角も開国して近代国家建設に邁進した明治日本は、欧米諸国に追いつくべく、また何よりも欧米諸国による「非文明国」との日本認識を変換させる必要性からも極端な程の「欧化」主義を追求することになる。条約改正のため西欧スタイルの社交の場として建設されたのが鹿鳴館であったが、その鹿鳴館が完成した一八八三（明治一六）年の翌年に出版された高橋義雄（一八六一～一九三七）著『日本人種改良論』は、そのような当時の極端な欧化主義的風潮を反映した典型的な論策であったといえる。

福澤諭吉の門下生で『時事新報』の記者であった高橋の主張は、いわば西欧列強に伍するために人種的な面で「西欧との一体化」を計るというものであり、そのための方策として日本人と欧米人との「雑婚」による「人種改良」策を説くものであった。これまでも明治初期の「文明開化」の過程において風俗、生活、国語、食事、宗教、美術、文学などの分野で改良の議論が叫ばれて来たが、遂に「人種改良」までも提起されることになったのである。

高橋は、まず「抑モ宇宙ハ戦場ナリ其中ニ生息スル有機物ハ常ニ生存ヲ競争シテ其攻防ヲ止ムルコトナシ[38]」とした上で、この原理は今日の文明社会にも当てはまるとしていた。すなわち「大ハ一州一国小ハ一村一家ノ間ニ至ルマデ此競争ノ範囲ヲ脱スルモノナキガ如シ（中略）斯カル修羅場中ニ在テ身心ノ働キ活潑ナラズ能ク其競争ノ衝ニ耐エザルガ如キコトアラバ他ニ対シテ忽チ劣等ノ地位ニ下リ優等人種ト共ニ其鋒ヲ争フ能ハズシテ優存劣滅遂ニ此競争場外ニ淘汰シ去ラレ漸ク滅絶シテ其孑遺ヲ留メザルニ至ラン是ニ由テ之ヲ観レバ優存劣滅ハ有機世界自然ノ趨向ニシテ人類トテモ獨リ此理法外ニ立ツコト能ハス故ニ今日ノ世界ニ於テハ直ニ劣種鏖殺ノ説ヲ実行スルモノナシト雖モ自然ノ趨向ハ自カラ優存劣滅ノ実相ヲ呈シテ長日月間ニ此説ヲ実行セシムルモノト云フ可シ[39]」との認識を示したのである。高橋の主張には「優存劣滅」の語が頻出していることから分かるように、劣等な存在は競争において滅亡していくというスペンサー流の社会的進化論の傾向や優生学的な思想の影響を見ることが出来る。

高橋によれば「文明生活」にとって「体格強壮ニシテ気力活発ナル[40]」ことが必須であったが、日本人はこの点で欧米人に劣るというものであった。また「古来我日本人ノ気性ヲ見ルニ清淡余アルテ頑硬足ラズ浮疎ニ過キテ密実ニ乏シキ所アルガ如シ[41]」と日本人の特性について述べ、権利をめぐる闘争、訴訟、交渉などの面で余りにも淡泊で何としても勝ち取る気力に乏しいとしていたのである。こうした観点から高橋は欧米人と肩を並べるためには、まず矮小なる日本人の体格を改良し、さらに進んで欧米人との結婚を奨励し根本的に人種を改良すべきことを主張したのであった。

高橋のこのような主張は、欧米に対する強い「劣等意識（コンプレックス）」に根ざすものであることは云うまでもない。鹿鳴館時代とも称されるこの時代では如何に日本が欧米の「文明国標準」に忠実な模範生であるかを示すことが課題であり、そのためにこうした極端な「欧化」論も唱えられたのである。先に触れた高見順の日本人社会の権力観に関する指標である「尊大」と「卑屈」、さらにペリー・ショックというトラウマを起源とする日本社会の分裂症（統合失調症）的自閉症状における「向こう見ず（無用）の勇猛」とその正反対の「卑屈」の表裏一体性[42]を解明した精神分析学者岸田秀の分析に照らし合わせるなら、正にそれは「卑屈さ」を表現する論策であったといえる。

だが日本が上記のような欧米の「文明国標準」を強く意識して国家建設の道程を歩んだのは主として日露戦争位迄である。幕末に締結した不平等条約の中で最後に残った関税自主権の完全回復は明治のほぼ終わりの一九一一（明治四四）年のことであったが、それ以前の日露戦争終結によりロシアの南満洲における権益を継承したあたりから、卑屈なまでの「欧化」は少なくとも表面的には日本社会の中には見られなくなっていた。

日露戦争で日本が大陸に橋頭堡を確保し、朝鮮半島を植民地化して漸く列強の仲間入りを果たして「大国意識」が芽生え始めた頃、米国は米西戦争の勝利によりフィリピンを獲得しアジア太平洋地域への進出を本格化していた。明治期後半に至るまで安定した状態を保持し、また日露戦争の講和の仲介の労をとってくれた米国との関係はこの頃から次第に緊張し始めることになったのである。そうした中、日本社会はこれまでの「卑屈」に替わり「大国意識」に伴う「尊大」の道程を歩み始めたのである。もちろん真に「卑屈さ」が解消したのではなく、それと表裏一体の関係になっている「尊大さ」が表面に現れただけに過ぎなかった。だからこそ日本と緊張・対抗関係になりつつあった米国による日本人移民排斥問題が「大国」を自負している日本人の「自尊」意識に痛烈な打撃を与えることになったのである。米国西海岸における日本人移民排斥運動は、基本的に黄色人種に対する人種的偏見を主な要因としていただけに日本人自身の劣等意識を大いに刺激すると共に欧米列強の中で大国化を図ろうとするナショナル・アイデンティティにも再び大きなダメージをもたらした。

こうした移民問題による軋轢は日本人の対米観の転換を必然的に促した。そしてそれは対米関係の原点にあった「ペリーによる屈辱」を再び想起させると共にその後の反米論、対米強硬論議を展開する際の心理的基盤となっていったのである。そうした対米強硬論的主張をした代表的イデオローグとしては一九一一（明治四四）年に太平洋会を組織した長谷川芳之助（一八五五〜一九一二）や明治から昭和に至るまで言論人として国内世論に影響を与え続けた徳富蘇峰（一八六三〜一九五七）らを挙げることができる。彼らに共通した主張は「ペリー強姦論」であった。

長谷川芳之助が明治末に米国による満鉄の中立の提議や日本人移民問題の深刻化を背景に、幕末の米国がロシアとの太平洋における支配権をめぐる国際政治上の競争の中で日本へ強圧、無法の行為を仕掛けたと捉えていたのに対して[43]、徳富蘇峰はすでに日清戦争中という比較的早い時期から「我の外国の強迫によりて、開国せしめられたるは、屈辱也。（中略）例せば合意の結婚は、人の大倫也。然れども不合意の結婚は強姦に近しと謂はざるを得ず[44]」と論じるなどペリーの行為自体を「強姦」に近い行為として厳しく批判していた。さらに明治一〇年代末に出版した『将来の日本』及び『新日本之青年』を改作して大正五年に著した『大正の青年と帝国の前途』においては、より一層「強姦」による開国の事実を指摘、強調したのである[45]。これ以降も蘇峰は対米認識として事あるごとにペリーの行為を引き合いに出し、ペリーや日本開国の有様に拘り続けた。大正末の一九二四（大正一三）年の米国連邦レベルでの日本人移民の全面的排斥を内容とするいわゆる「排日移民法（米国一九二四年移民法）」が成立した時にも、「元来七十年前、軍艦と大砲とも齎して、我に開国を強ひたる米国が、今更ら我が日本移民に向て、殆んど絶対的鎖国を励行せんとするが如きは正義公道の観念に反する」として、米国の排日政策をペリーの行動に引き寄せて激しく批判したのであった[46]。言うまでもなくこの米国における排日移民法の成立は、蘇峰に限らず当時の多くの知識人をも含めた日本国民にこれまでの「自由」と「正義人道」の国という米国像を転換させる多大の衝撃を与えた出来事であった。

これ以降思想史的に観るならば明治前期から日本が追求してきた「欧化」、「脱亜入欧」の路線が完全に逆転することになる。アイデンティティの依るべき場として「アジア」や「日本」への回帰が叫ばれ、明治期から在野の思想として主唱されていたアジアモンロー主義やアジア主義の言説が再び大きな存在感を示すことになったのである。

第3節 「境界国家」とアイデンティティ

近現代日本のアイデンティティの不安定さは、その一因として前述のように砲艦外交による強制的開国をもたらした米国との「不幸な出会い」に由来するものであったが、日本の置かれた地理的な国際環境の故に、いわゆる「境界国家」的位置に置かれていたこともう一つの大きな原因であったと思われる。

「境界国家」とはある国家グループから排除されていないが、その中心の構成員とは見做されず周辺的な位置に置かれていると同時に、別の国家グループにおいてもやはり中心にはなく周辺的位置の構成員でもあるという国家を指す。例えば戦後の国際政治において日本は欧米などの先進国の一員でありながら、その周辺的な位置に置かれる一方、元来地理的に密接なアジアにおいてもその歴史的経緯や経済力などから完全な仲間とは見做されて来なかった。[47] こうしてどちらのグループの中核にも位置することが出来なかったことにより、そのアイデンティティは「欧米先進国のメンバー」なのか「アジアの仲間」なのかという帰属意識の面で曖昧性を帯びることになった。しかしこうした日本の特性は何も戦後世界において始まったものではなく、実は近代において西欧世界と接触した時から同様の構造であったということを想起すべきである。つまり一七世紀半ばに成立し世界的に拡張し続けて来た主権国家体系である西欧国際秩序（ウエストファリア国際システム）と幕末に接触して以降は、古代以来歴史的に影響を受け、時には組み込まれて来た伝統的な東アジアの国際秩序である華夷秩序（中華システム、華夷システム）との間においてやはり「境界国家」的なポジションに位置してしまい、そのアイデンティティを揺るがせることになってしまったからである。

古代漢王朝に始まる華夷秩序は、天命を受けた有徳者である天子（皇帝）の威徳が普遍的であるとした上で、それが中心（中華）から同心円的に辺疆に向けて無限に拡大していくという徳治主義の理念によって構成されていた。中国の周辺にあり野蛮、非文明の「夷」とされる地域や諸国家はこの天子の威徳に感化され、その統治の恩恵に浴することによって自分たちの領域が安堵されるという形態になっていた。従って東アジアにおいて圧倒的に文明的に優位に立つ中国と周辺地域、国家との関係は君臣関係になぞらえた縦の関係として成立していたのであり、そしてこれを制度化したのが、中国の天子に臣従し朝貢してくる周辺地域の国家の首長を冊封して臣下として位置づけ、その首長の治める地域の支配の正統性を認証する「朝貢・冊封制」であった。[48]

日本はこのような華夷秩序の東の縁辺に位置していたという地理的状況の中、古代以来奴国や邪馬台国の卑弥呼などが冊封を受けていたが、その後朝廷による遣隋使、遣唐使派遣の時期は華夷秩序に完全に組み込まれないものの緩やかな形でこの秩序との関係を保っていた。こうした中国との直接的な関係は勘合貿易を推進した室町幕府による明朝への冊封が最後になるが、鎖国下の江戸期においても華夷システムの思想を取り入れた日本型華夷秩序観を保持して、華夷秩序の外縁に自律した「日本中華」の小秩序を見立てていたのである。すなわち日本型華夷秩序においては琉球や蝦夷を朝貢国と見做して、それらが「日本中華」に臣従しているという形を取っていた。これは本家の「中国中華」に対抗したものであったが、日本は実態的には中国から自律していたものの、意識の上では依然として華夷秩序における秩序意識の影響を受けていたのである。[49]

開国以降日本が、西欧列強に追いつくべく対外関係を律する規範としての国際法の原則を始めとして、西欧国際秩序の原理の習得に励み「文明」国の仲間入りを果たそうとしたことは先述したところである。改めて述べるまでもなくそこでは「(西欧)文明」は圧倒的な「善」であり「正義」であった。それは例えば清国との戦争を「野蛮」に対する「文明」の戦いとして戦争を正当化した福澤諭吉や内村鑑三(一八六一〜一九三〇)の認識からも窺えるものであった。[50] 従って西欧列強に伍して日本が国際場裡における生存競争に生き残るためにも「遅れたアジア」から脱しなければならないという当時の「脱亜入欧」の方向性は至上課題であったといえる。

こうして基本的には近代日本が「文明開化」のスローガンの許、西欧国際秩序の原理に則って国家経営をしていた訳であるが、その一方で同時に本来排除されてしかるべき華夷秩序の原理を対外関係特に隣接する東アジアとの関係において併用していたことも事実である。それはこれまで清国と日本の両方に朝貢(両属)していた琉球王朝に対する一八七四(明治七)年の冊封の例や、一九一〇(明治四三)年の日韓併合の際の韓国に対する冊封の例などを見れば明らかであった。殊に韓国併合時においては、日本は西欧国際秩序の原理に倣って併合条約という国際条約を締結しているにも拘わらず、他方で伝統的な東アジアの秩序の朝貢・冊封制度に則り、明治天皇（一八五二〜一九一二）が「朕天壌無窮の丕基を弘くし国家非常の礼数を備へむと欲し、前韓国皇帝を冊して王と為す」との冊封詔書を韓国皇帝純宗（一八七四〜一九二六）に与えていたのである。[51] このような制度的手続きはこれまでの華夷秩序の原理に従うならば、清朝に替わり日本が韓国の宗主国の位置に立つということを意味していることに他ならなかった。すなわち華と夷の君臣関係を新たに再構築したということも出来るのであった。

明治期の日本は正にシステムとしての「欧米」と「アジア」を使い分けることによって東アジアにおける地位の向上をはかると共に幕末の列強との不平等条約の改正を成功させたのである。こうした「欧米」と「アジア」という二項対立の図式の中で対外意識の面においても相反する思想、主張、イデオロギーが登場することになる。「欧化主義、親英米思想」に対する「アジア主義」の生成である。アジア主義は欧米列強のアジア進出による日本の危機的状況に直面して、欧米の侵略に対抗して「アジアの連帯」を主張する一種の対抗思想として生み出されたものであるが、初期の日清提携論や樽井藤吉（一八五〇〜一九二二）の「大東合邦論」（最初の草稿は一八八五年）に見られる「対等の立場でのアジア連帯論」的アジア主義から、日露戦争以降になると次第に台頭しつつある日本を「盟主」としてアジアを指導して結束させるとする「日本盟主論」的大アジア主義に変容していったことはよく知られるところである。

しかしこの「日本盟主論」的大アジア主義が明治後半になって日本の地域大国化を背景に膨張主

義的な性格を帯びた対外思想として登場したという面は確かにあるものの、一方で江戸期において伝統的な「中国中華」の華夷秩序を組み替えて構想した日本型華夷秩序の延長線上にある「日本中華」的地域主義と捉える見方も可能である。[52] それはすでに述べたように明治期に入っても華夷秩序の原理を併用して周辺地域との関係を再編・構築していたことからも頷けるものであった。

華夷秩序においては、元来「小中華」の存在や「中華」の奪取の契機がシステム的にありうるものであった。[53] こうした点からすると、江戸期においては「日本中華」(一種の小中華)は「中国中華」と並立した状態にあったと言って良いが、明治期以降の日本の大陸への膨張政策の進展は、「中国中華」を徐々に呑み込み、遂に中国から「中華」の奪取を図ろうとした過程であったということが出来るのではないだろうか。アジア主義は欧米のアジア進出に対抗するイデオロギーであると同時に、伝統的な東アジアの国際秩序観を使って「中華」の奪取を目指すイデオロギーの役割をも担ったといえよう。

かくして近代日本においてアジア主義は「アジアの中の日本」を強調し、欧化主義は「西欧世界の仲間入り」を主張して対峙し合うことになった。それに伴い日本(人)のアイデンティティもアジアへ帰属すべきなのか、それとも西欧へ属すべきなのかを巡って葛藤、混迷し続け現在に至っている。しかも欧化主義・親英米思想とアジア主義が日本人の中で表裏一体の関係になっていることにも着目して置かなければならない。例えば福澤諭吉は、当時のアジアの状況から「悪友を親しむ者は共に悪友を免かるべからず。われは心において亜細亜東方の悪友を謝絶するものなり」[54]と「脱亜論」において断じ西欧化の方向性を示したが、彼にとって「(西欧)文明」は飽くまで「手段」

であった。「脱亜論」執筆の契機となった朝鮮の国家改造を図った甲申事変（一八八四年）への積極的関与が西欧列強に対峙するアジアの強化を目指したものであったとするなら、寧ろ福澤をアジア主義者と捉えることも可能であった。このような福澤のある種の二重性は西欧列強のアジア蚕食という危機的状況を目の当たりにし、アジアと西欧の間でアイデンティティを動揺させている日本人に共通した特性であった。また「欧化主義・親英米思想」と「アジア主義」が二項対立的関係にあることから分かるように現在に至るまで例えば対米意識と対中意識が両立して共に良好もしくは共に悪化するという事態になったことはない。片方が悪ければもう一方が良好な関係という「表」と「裏」の構造になっている。従って対米従属が深化すれば、それに伴い対中関係は悪化するということになる。戦後の対中関係は冷戦という背景もあるが、上記のような近代以降の日本の対欧米―対中（対アジア）という構造によって規定されているものといえる。

第4節　戦後日本における再びの「欧化（＝アメリカ化）」とアイデンティティの行方

二〇一六（平成二八）年二月一七日に開かれた第一九〇回国会参議院憲法審査会において委員の一人である自由民主党所属の丸山和也参議院議員（一九四六〜）は、「これは憲法上の問題でもありますけれども、ややユートピア的かもしれませんけれども、例えば日本がアメリカの第五十一番目の州になるということについて、例えば憲法上どのような問題があるのかないのか[55]」という問いを突然提起した。世論的には丸山議員によるアメリカ建国当初の時代に奴隷であった黒人の血を引く者（バラク・オバマ）が現在大統領になったという後段の発言が注目を浴び、また対米関係を考慮して批判されることになったが、実は前段で言及している日本の「米国の五十一番目の州」化論の方が丸山の主張のポイントであった。丸山によれば、米国への統合によって国内で争点となる「集団的自衛権、安全、安保条約」などが全く問題とならなくなるばかりか、人口比に応じて選出される下院議員において恐らく日本州が最大の下院議員選出数を持ち、また上院においても十数人の上院議員が予想され、日本州出身者が大統領になる可能性さえ出てくるというもので、そうなれば日本人が世界の中心で活躍できるとの主張であった[56]。丸山の主張の意図がどのへんにあるかは不明だが、戦略的な議論であるかどうかは別にしても日本と「米国との一体化」論であることは明白であった。

こうした「米国との一体化」論（これを明治前期の「欧化」論に倣って「アメリカ化」論と呼ぶことも出来る）は、冷戦終結にも拘わらず、或いは冷戦終結になったからこそ米国に見捨てられるのを恐れて逆に対米従属の度合いを深めていった二一世紀に入って以降の現在的状況においてはそれほど奇異なことではないが、つい昨日まで「鬼畜米英」さらには「一億玉砕」までも呼号していた敗戦直後に湧き出した「アメリカ化」論は、正に日本人のアイデンティティの面からも奇異な感じを与えるものであったといえる。敗戦直後における民衆の意識の変化、特に対米関係におけるそれについての研究はすでに袖井林二郎や川島高峰などの元帥ダグラス・マッカーサー（一八八〇～一九六四）及び占領軍宛ての日本国民の投書・書簡の分析研究によって明らかにされているが、これらの研究の中でも少なからざる「米国との一体化」論、「アメリカ化」論の投書が紹介されているのは、日本人の権力者への追従、隷従を考える際興味深いものである。
川島論文の「日本米州論」の項目で紹介されている投書について著者は占領軍民間情報教育局の報告として、一九四五（昭和二〇）年一一月一五日から一二月末までの一ヶ月半の間に出された二八二通の投書の内、占領軍並びに占領政策に関するものが六九通ある中で、最も頻繁な要望として何と一二通が米国の日本に対する「長期にわたる占領」を求めていた事実を紹介していた。[57] 例えば典型的な投書として、既に崩壊消滅しているのに日本国が今なお存在するかのように心得るのは錯誤とした上で、連合軍である米国の占領後は「准米国国民」と考えられ、そうである以上一切を挙げて米国化するのが当然という趣旨の書簡（一〇月一〇日付、K・Y氏）、また「大体国民の八五％以上は貴国（米国）政府の支配下に入ることをどれほど待望しているか判りません」（一〇月二三日付、Y・S氏）、「元帥さんは日本をアメリカの国にしてよく治めて下さい。天皇もいりません。アメリカ人の手で日本の国が治められたら私共は幸福です」（一〇月二四日付、大阪、豊臣秀吉）などと述べられている書簡が紹介されていた。無邪気な程の「アメリカ化」待望の内容であったといえる。こうした内容が述べられる動機の一つとしては、戦争中の日本政府に対する不信、不満に基づくものであったことは、「日本国民は最早自国政府の官僚共のやることにはつくづく飽き飽きして居ります」（前掲Y・S）、「私共は日本の古い官吏、現在の官吏の基に働く事は嫌いです」[58]（前掲豊臣秀吉）と述べられていることからも明らかであり、連合軍の占領が終わった時の日本の軍官の反動に対する恐怖から長期占領ないし米国との一体化を望んでいたと見られる。[59]
またそこでは実質的に日本の新たな支配者としてのマッカーサーへの「すり寄り」現象が当然の

ことながら見られた。すなわち「君主マッカーサー大元帥陛下を君としたことこそ国民の一糸みだれぬ明るい清らかな身体となり生まれ変わって米国民と日本国民を手結して[60]（後略）」（一一月一〇日、埼玉県自由党員）という投書が示すようにマッカーサーを君主、陛下と見立てて、新たな権力者として仰ぐことになる。さらにこの分野の研究の先駆けである袖井林二郎も、まだ降伏文書調印式直後の時点から翌年初めにかけてのマッカーサー宛ての書簡を示しながら、マッカーサーへの「すり寄り」や「米国との一体化論」を紹介しているが、それらの投書の主は、意外なことに地方の指導層に属する人物で、教養程度の高い人々であった。

袖井の分析事例の中で興味深いのは、降伏文書調印式から五日しか経ておらずＧＨＱが未だ東京に進駐していない段階で出された書簡である。これは戦時下での国策を担う地方における重要な指導的地位にある県会議長（岐阜県）からの書簡であったが、その冒頭では「謹テマッカーサー元帥ノ万歳ヲ三唱シ併テ貴国将兵各位ノ無事御進駐ヲ御祝ヒ申し上ゲマス[61]」（九月七日付）という文章で始まっていた。書簡の本文ではこじつけ的な姓名判断を用いて新しい日本の支配者米国とマッカーサーを賞めたたえるものに過ぎなかったが、「マッカーサー元帥ノ万歳三唱」や「無事御進駐を御祝ヒ」といった言辞は、大部収まって来ていたとは言え、つい三週間ほど前までなお国内に充ちていた米国への敵愾心の中、恐らく地方の指導層として戦争遂行を唱え続けていたであろう姿が何であったのかと思わざるを得ない変身ぶりであった。袖井は地方とはいえ日本の戦時の権力機構の中枢近くに位置していたこの人物の心理について「敗北という事実をできるだけ早く忘れ去り、新しい秩序を合理化したいという意識がある[62]」と分析しているが、旧来の日本の「国体」の中で自身を支えて来たアイデンティティとどのような折り合いをつけるのか理解しがたいものがある。

さらに一歩進んで米国の属国化や日米合邦論を展開する投書者達の書簡について見て行きたい。六二歳で長男が軍医少尉としてビルマ戦線で生死不明になっている塩見季太郎なる人物の書簡では、マッカーサーに対して「日本之将来及ビ子孫の為め日本を属国となし被下度御願申上候[63]」(一九四六年二月一八日付)と請願していたが、その理由としては日本においては「私しの考へでは如何なる人物が大臣となり何人が政府を定めましても国民の事考へ呉れず　日本人は全部自己の為のみ考へます」との見解を示すと共に、戦争中に流された噂と違い進駐した米兵は親切であり、自分たち国民が政府によって騙されたことを知ったというものであった。そして彼は書簡において「私は日本全国民及子孫のため米国の支配を受ける方将来の日本の幸福と存じます[64]」と結んでいた。ここでは川島が紹介した書簡の場合のように日本の指導層を形成した官僚などに対する反発、批判、警戒などだけでなく、ある種日本人全体に対する不信といったものをも認めることが出来る。

また早稲田大学政治経済科を卒業後、地方の産業組合長を一〇ヶ年、同時に信用組合連合会の監事をも務めていたことのある八木長三郎なる人物の書簡(一九四六年二月一五日付け)でも属国論と同系統の日米合邦論が提示されていた。八木は先ず自分を含めた日本国民が言語に絶する辛酸を嘗め死の一歩手前を彷徨している今日の状況について、当時の一般国民の認識とはやや異にして「国民の愚かなりしためと軍閥に勇敢に抵抗せざりし自業自得の罪[65]」によるものとの自己反省的な認識を示す。その上でマッカーサーの出す指令や指導が人道的であり、かつ「到底日本の政治家共には及ばざる善政」であるとして「将来真に信頼して日本の国を託することの出来るのは貴国(米国)

あるのみであることを確信」すると述べていた。八木にとって「天皇制」如きはどうなってもよいものであり、それよりも一日も早く復興が出来て生活が安定することが重要であるとしていたのである。[66] 彼の周囲の人々ももし事情が許されるなら「米日合併をして頂いてこのおぼれる日本国を救って戴けることが出来たなら日本国民は如何程幸福であろうかと皆異句（ママ）同音に切なる望みを懐いて」いることを紹介しながら、現在の日本国民の誰もが日米合併により米国の慈悲にすがって日本を再びの「繁栄」に導く他ないと考えていることに疑いの余地はないと断じた上で、彼自身としても「貴国と合併し貴国の命のままに動くことに於いてのみ日本は救はれるのみならず世界の平和を維持することが出来る」のであり、「これはどうしてものがれることの出来ない日本の運命です。想へば明治維新の折さうあるべき筈であったのが今日まで延びただけであります」とまで述べていた。[67]

この八木の書簡において特徴的なことは、先述の塩見書簡と同様根底において日本という国家や日本人に対する根深い不信感があったことである。例えば今回の戦争の結果において仮に日本と米国の立場が逆であったら、米国のような「慈悲あふるる指導」や「寛大さ」を日本が示せたかについて八木は大いに疑問視する。何故なら彼によれば「日本人は実に野蛮人」[68]だからであった。この点について八木は詳しく言及していないが、冒頭紹介したいち早く特殊慰安施設を準備する日本人に対する高見順の見解を想起させられる。恐らく八木のそのような認識がペリーによる開国以来、米国と合併し指導してもらうべきであったという先の表現となったのではないかと思われる。

敗戦による自信喪失とこれまでの日本という国家のシステムや日本人自身に対する不信や絶望は

地続きの現象であると思われるが、属国論や日米合邦論の背景には、そのような心理構造が存在したものといえる。すなわち戦争の勝者であると同時に新たな権力者である米国へすり寄り、合体化することで何とか自らのアイデンティティを保とうするという構造である。(69)またこうした構造や傾向は直接的な属国論や日米合邦論の論者だけではなく、新たな権力者である米国に隷従しなければならなくなった国民に広く共有されていたものと思われる。

ところで敗戦直後に見られるこのような極端な「米国との一体化論」は既に見た人種改良論などの明治前期の文明開化期の欧化論を彷彿させる。初代文部大臣森有礼（一八四七〜一八八九）に代表される「英語国語化論」、「漢字廃止論」に対比される『読売報知新聞』の「漢字廃止→ローマ字採用論」は先述したところであるが、この時期言語のような自国の歴史的文化的遺産の安易なる放棄論はメディアに限らず、それこそ「小説の神様」と称された志賀直哉（一八八三〜一九七一）のような代表的日本文化の担い手によっても主張されたのである。

一九四六（昭和二一）年四月に志賀は雑誌『改造』に発表した「国語問題」と題する論説において、日本が当面直面する食糧問題の深刻さなどの外に将来にわたっての重要な課題として国語の問題を挙げていた。志賀は日本の国語程不完全で不便なものはなく、その結果文化の進展が阻害されていたかを考えると将来の日本が本当の文化国になるためには国語問題を解決しなければならないとした上で、森有礼文部大臣が採用しようとした国語・英語化策がもし実現されていたら「日本の文化が今よりも遙かに進んでいたであらう事は想像出来る。そして、恐らく今度のやうな戦争は起っていなかったらう」「六十年前にそれが切換へられていた場合を想像すると、その方が遙かによかったと思はないではいられない[70]」と述べ、国語の外国語化、具体的には英語ではなく、彼が主観的に世界で一番美しいとするフランス語を採用すべきことを提言していたのであった。[71] この志賀の論は正に敗戦による自信喪失の結果もたらされた新たな「文明開化の論理」ともいうべきもので、敗戦によって日本が文化的に極めて遅れていることが立証されたが故に今後同じ轍を踏まないためにも国語として外国語であるフランス語の採用を説いたものであるが、そもそも志賀自身がフランス語を解さなかったことを考えると、この論が如何に倒錯したものであったのかが理解出来よう。

日本人のアイデンティティが敗戦によって大きな痛手を負い揺らいだことによる米国への自発的従属については冒頭紹介した高見順の日記の記述からも十分窺えるものであったが、何より占領統治した側のGHQの最高司令官マッカーサー自身が、日本国民が「勝者」にこびへつらう性癖があることを指摘していたし、元外相有田八郎（一八八四〜一九六五）も「どうも癪にさわるけれどもそういわれても仕方がないかもしれない[72]」とマッカーサーの指摘を認めていたのであった。

日本社会は、例えば比較社会学者鶴見和子の多重構造社会論において指摘された如く、全般的に「対立」を好まず、「対立」を回避するメカニズムが働く独特な社会である。[73] 従ってそこでは自らの主張は明確に表出されない傾向にある。さらに「官尊民卑」といわれるように日本社会は元来「お上」意識が強いのも特徴であった。[74] そのような社会において育まれてきた日本人のアイデンティティは、これまで見て来たように近世以降の国際環境において異なるシステムの狭間に位置してしまった「境界国家」的特異性と近代の対外関係特に開国の契機となった米国との関係、そして根底にある欧米との対置の中で生まれた人種的劣等意識によって不安定さを引きずってきたと言えるが、さらに国家としての初めての敗戦経験に直面することによってその動揺ぶり、不安定さは頂点に達した。そうした動揺、不安定が不可避的に勝者であり新たな権力者である米国への自発的な依存・隷従をもたらすことになったのはある意味当然の帰結であったと考えられる。

また高見順が指摘した卑屈な程の従属ぶりが敗戦直後のみならず戦後復興期以降において継続深化したのは、米国が占領期に構築した日本支配のシステムを引き続きポスト占領期においても冷戦を背景とする自らの東アジア戦略や国益の観点から持続して維持するために日米安保条約、日米行政協定（後の日米地位協定）や数々の密約群といった制度的仕組みを構築していったためであった。その過程では正にラ・ボエシが指摘したように支配側による自発的隷従の「習慣化」と「教育（しつけ）」が効果的に行われたのである。すなわち土屋由香の研究が示すように新聞、ラジオ、雑誌、講演会などを通した米国側の情報が、民主主義の国＝米国と米国の生活様式に憧れるよう日本人を誘導し馴致して行ったのである。(75)

そしてその馴致の成果は時間の経過と共に次第に対米従属の心理的基盤を堅固なものにしていったといえる。例えば「同盟のディレンマ」とされる「巻き込まれる不安」と「捨てられる不安」との間の変化である。日米安保条約締結以来これまで日本側においては日米同盟について米国の戦争に「巻き込まれる不安」の方が強かったといえるが、一九七〇年代に入って以降の日米の貿易摩擦の進展、米中和解、米ソのデタント、サイゴン政権の陥落、在韓米陸軍の韓国からの撤退の動きという新たな状況の中、米国から「捨てられるのではないかという不安」の方が高まっていったのであった。[76]これにより米国はそれを対日優越の交渉カードとして利用できることになり、日本の対米従属の度合いは否応なくさらに進むことになった。それを担っていったのは主として政権与党の政治家や外務官僚であった。彼らは戦後の初期にはそれなりに自主的な立場をとっていたものの、時間の経過と共に次第に米国追随に変化していったのである。[77]或る外務官僚は外務省入省当初から「日米友好関係は日本外交の基軸」ということが、疑問の余地のない「公理」として受け入れられていたことを証言しているが、さらに「このテーゼに「なぜ?」と疑問を発することはほとんど許されなかった。しいて疑問を発すると、「日米安保条約があるから当然」との答えが返ってきた」[78]と述べていた。このように対外関係を管掌する外務省が既存の日米関係の状態を当然の前提と捉え何の疑問も差し挟まないところまで馴致は成功し、対米従属は深化してしまったのである。

こうした外務官僚を始めとする官僚組織が、先述のラ・ボエシによる自発的隷従の構造の中で重要な役割を果たしていると指摘される「小圧政者」に相当しているのは明らかであろう。日本における対米従属は近代以降の日本(人)のアイデンティティの揺らぎを背景にして、元来日本人が有する権力者への迎合・追随という国民性ともいうべき特質と「小圧政者」として権力機構を担う官僚によって成り立っているものといえる。

註

(1) 木村一信「解説」高見順『敗戦日記』中公文庫、二〇〇五年、四六五頁。
(2) 同右『敗戦日記』、二七八頁。

（3）同右、二九五頁。
（4）同右、二九六頁。
（5）同右、二九七頁。
（6）同右、三一二頁。
（7）同右、三一六～三一七頁。但し高見自身も国民の一人として「日本の敗北を喜ぶものではない。日本に、なんといっても勝って欲しかった。そのため私なりに微力をつくした。いま私の胸は痛恨でいっぱいだ。日本及び日本人への愛情でいっぱいだ」と心情を吐露した上で、敗戦後の自分を立て直すために、「自分に帰ろう。自分をまず立派にすること。立派な仕事をすること」と誓うのであった（同右、三一七頁）。
（8）同右、三二九頁。
（9）同右、三三八頁。
（10）同右、三四〇頁。
（11）同右、四二六頁。なお実際、特殊慰安事業においては笹川良一が率いる国粋同盟（敗戦直後に新組織「日本勤労者同盟」に再編）などのような右翼団体が政府の資金援助を得て重要な役割を果たしたことはよく知られるところである（川島高峰「被占領心理――肉体の戦士R・A・Aと官僚的「合理性」」河原宏編『日本思想の地平と水脈』ぺりかん社、一九九八年、二八三頁参照）。
（12）前掲『敗戦日記』、四二七頁。内務省は天皇による終戦の詔書から僅か三日後の八月一八日、警保局長名で全国の警察管区に秘密無電を送り占領軍向けの慰安施設設営の命令を発していた。八月二六日に「特殊慰安施設協会（RAA）」が発足し、東京では一三六〇人の女性が登録したという。またこれらの女性の大半は赤線地帯で「水商売」をやったこともない者たちであったという（磯田光一『戦後史の空間』新潮社、一九八三年、五一頁、ジョン・ダワー『敗北を抱きしめて』上巻、岩波書店、二〇〇一年、一五〇～一五三頁）。
（13）前掲『敗戦日記』、三六三頁。
（14）『読売報知新聞』での社説では、「漢字がいかにわが国民の知能発達を阻害しているか」、「日本の軍国主義と反動とはこの知能阻害作用を巧みに利用した」、「漢字には封建的な特徴が濃厚だ」と批判した上で、「漢字を廃止するとき、われわれの脳中に存在する封建意識の掃討が促進され、あのてきぱきしたアメリカ式能率にはじめて追随しうるのである。文化国家の建設も民主政治の確立も漢字の廃止と簡単な音標文字（ローマ字）の採用に基く国民知的水準の昂揚によって促進されねばならぬ」と主張していた（一九四五年一一月一二日付け）。

(15) 前掲『敗戦日記』、四二三頁。

(16) 同右、三九八頁。

(17) 同右、四一五頁。

(18) 山上浩嗣「解説」エティエンヌ・ド・ラ・ボエシ『自発的隷従論』ちくま学芸文庫、二〇一三年、一三七頁。但し執筆年代については諸説あるという（大中一彌「自発的隷従とは何か――ラ・ボエシー『反一者論（コントラン）』をめぐって」細井保編著『20世紀の思想経験』法政大学出版会、二〇一三年、六五頁）。

(19) 同右『自発的隷従論』、一一頁。

(20) 同右、二二頁。

(21) 同右、一四頁。

(22) 同右、四三～四四頁。

(23) 同右、四三頁。

(24) 同右、四八～五〇頁。

(25) 同右、六六～六八頁、山上前掲稿、一五一頁、大中前掲稿、五四～五七頁参照。

(26) 同右『自発的隷従論』六六～六七頁。

(27) 同右、三一～三二頁。

(28) 土屋由香は、米国保守系シンクタンクのランド・コーポレーションによる報告（二〇〇三年六月一三日付け『ニューヨーク・タイムス』）にみられるように、今日に至るまで米国は、対日占領政策を米国による国家建設の成功例と認識しているが、これは政治・経済などの公的領域だけでなく、「意識」や「心」にかかわる領域においても、西洋近代的システムと相容れない要素を払拭し、米国の指し示す民主主義・資本主義に適応するように日本国民を「方向づけた」という自負によるものではないかとして、占領期において日本人の意識や心の構築に向けて新聞、雑誌、ラジオ、講演会、展示会などを通して大量に流された米国側からの「情報」は、米国的生活様式にあこがれ、米国を目標に経済再建に努め、米国を鑑に民主主義や消費資本主義を信奉するように日本人を誘導しようと試みたのであると論じている（土屋由香『親米日本の構築――アメリカの対日情報・教育政策と日本占領』明石書店、二〇〇九年、七～八頁）。また松田武『対米依存の起源――アメリカのソフト・パワー戦略』岩波書店、二〇一五年、第一章も参照。

(29) 生田目学文「戦後日本における安全保障政策とアイデンティティ」長谷川雄一編『日本外交のアイデンティティ』南窓社、二〇〇四年、二七二頁。

(30) こうした視点については、大庭健『民を殺す国・日本』筑摩書房、二〇一五年、が参考になる。

(31) 福澤諭吉『文明論之概略』岩波文庫、一九九五年、二五～二六頁。

(32) 佐藤誠三郎「幕末における政治的対立の特質」『「死の跳躍」を越えて――西欧の衝撃と日本』都市出版社、一九九二年、七九頁。

(33) 大橋は「他処より参り候者、玄関にて案内も致さず、ずかずか座敷迄罷通り、夫より庭前へ下り立候て庭の樹木を折り庭石を動し、又は戸障子へ楽書など致候と同様の事」とペリーについて述べている（平泉澄・寺田剛編『大橋訥庵先生全集』上巻、至文堂、一九三八年、二六九頁）。

(34) 福澤は「他人の家に病人歟火事の騒ぎある其混雑に付け込て、無理を言ひ掛けるものに異ならず」と指摘している（福澤諭吉「通俗国権論」『福澤諭吉全集』第四巻、岩波書店、一九五九年、六一二頁）。

(35) 前掲「幕末における政治的対立の特質」、七九～八〇頁。

(36) 福澤は、開国以来米国が「常に日本の側に立ちて親友の態度を取り維新以前国事紛難の際に陰に陽に我国を扶掖したるは我々の親しく目撃せし処にして其厚意謝する所を知らず」と述べていた（雨夜物語附録・福澤先生の演説）芝山隠士（津田出）『雨夜物語』上田書店、一九〇一年、一四頁）。

(37) 精神分析学者の岸田秀は、こうした近代日本の精神的状況についてペリー・ショックを外因とする精神分裂病（統合失調症）的であると分析している（岸田秀「日本近代を精神分析する」『ものぐさ精神分析』中公文庫、一九八二年、一一～三六頁）。

(38) 高橋義雄『日本人種改良論』石川半次郎（出版者）、一八八四年、七～八頁。

(39) 同右、九～一〇頁。

(40) 同右、二〇頁。
(41) 同右、二四頁。
(42) 岸田前掲書、二七～三一頁。
(43) 長谷川芳之助「ペルリ渡来の理由」山口正一郎『博士長谷川芳之助』政教社、一九一三年、六二～六八頁、及び満川亀太郎（長谷川雄一編・解説）『三国干渉以後【増補新版】』論創社、二〇一三年、一〇二頁参照。
(44) 徳富蘇峰「征清の真意義」『徳富蘇峰集』（明治文学全集二四）筑摩書房、一九七四年、二六一頁。
(45) 徳富猪一郎『大正の青年と帝国の前途』民友社、一九一六年、三八頁。
(46) 三輪公忠「徳富蘇峰の歴史像と日米戦争の原理的開始――大正一三年七月一日、排日移民法の実施をめぐって」芳賀徹他編『西欧の衝撃と日本』東京大学出版会、一九七三年、一九七頁。
(47) 大庭三枝『アジア太平洋地域形成への道程――境界国家日豪のアイデンティティ模索と地域主義』ミネルヴァ書房、二〇〇四年、一五～一六頁。
(48) 茂木敏夫『変容する近代東アジアの国際秩序』山川出版社、一九九七年、四～五頁。
(49) 「中華」は中国が独占し続けるものではなく、例えば元や清などのような周辺の異民族によって奪取されることはしばしばであったが、この「中華」の奪取や「中華」観の共有の仕組みについては、浜下武志「近代東アジア国際体系」平野健一郎編『地域システムと国際関係』（講座現代アジア4）東京大学出版会、一九九四年、二九四頁、参照。
(50) 福澤諭吉「日清の戦争は文野の戦争なり」『福澤諭吉全集』第一四巻、岩波書店、一九六一年、四九一～四九二頁。
(51) 『朝鮮総督府官報』第一号、一九一〇年、一頁。
(52) 長谷川雄一「アジア主義の歴史的考察」萩野浩基編『高齢社会の課題とアジア共同体』芦書房、二〇一四年、二三～二四頁。
(53) 浜下武志『朝貢システムと近代アジア』東京大学出版会、一九九七年、五頁。
(54) 福澤諭吉「脱亜論」『時事新報』一八八五年三月一六日付け。
(55) 「第百九十回国会・参議院憲法審査会議事録第一号」一七頁。

(56)同右、一七～一八頁。また丸山議員は、こうした問題提起を簑原俊洋神戸大学助教授（当時）らが日米問題研究会の名称で著わした『日本がもしアメリカの51番目の州になったら』（現代書林、二〇〇五年）の内容にヒントを得たことが議事録から窺える。なお同書は、対米従属により属国以下との世評が高まる中、これに対応する方策として企画された皮相なシュミレーションである（同書、四～五頁）。
(57)川島高峰『敗戦――占領軍への五〇万通の手紙』読売新聞社、一九九八年、一七頁。
(58)同右、一七頁（初出は、川島高峰「マッカーサーへの投書に見る敗戦後の民衆意識」『明治大学社会科学研究所紀要』第三一巻第二号、二一頁）。
(59)同右、一八頁。
(60)同右、一八頁。
(61)袖井林二郎『拝啓マッカーサー元帥様――占領下の日本人の手紙』岩波現代文庫、二〇〇二年、一四頁。
(62)同右、二二頁。
(63)同右、二二頁。
(64)同右、二三頁。
(65)同右、二五頁。袖井は他の多くの占領軍宛の書簡が戦争責任を軍閥などの他者に一切を負わせている中、本書簡は特異であるとしている。
(66)同右、二六～二七頁。
(67)同右、二八頁。
(68)同右、三〇頁。
(69)同右、三二頁。
(70)志賀直哉「国語問題」『改造』一九四五年四月号、九四～九五頁。
(71)同右、九六頁。
(72)「「日本外交の過誤」に関連する有田大臣の所見（第二）」小倉和夫『吉田茂の自問――敗戦、そして報告書「日本外交の過誤」』藤原書店、二〇〇三年、二五二頁。
(73)鶴見和子「多重構造社会と好奇心」『好奇心と日本人』講談社現代新書、一九七二年、一一四～一五五頁。

(74) 神島二郎「日本の近代化——馴成単一社会の理論」神島二郎編『日本近代化の特質』アジア経済研究所、一九七三年、三六頁。
(75) 土屋前掲書、七頁。
(76) また土山實男によれば、鈴木善幸内閣における日本の一〇〇〇海里・シーレーン防衛のコミットや、中曽根康弘政権における米国への軍事技術移転のために武器輸出三原則の緩和によるSDI(戦略防衛構想)研究への参加、防衛費GNP一%枠の撤廃と対日防衛の米艦船の防衛を可能とする国会答弁、さらにイージス艦やP3C対潜哨戒機一〇〇機の購入を含む中期防衛力整備計画の作成などは、「捨てられる不安」へとシフトしたことを背景として可能になったと論じている(土山實男『安全保障の国際政治学——焦りと傲り』(第二版)有斐閣、二〇一四年、二九八〜二九九頁)。
(77) 松竹伸幸『対米従属の謎——どうしたら自立できるのか』平凡社新書、二〇一七年、一五六頁。
(78) 近藤誠一『米国報道にみる日本』サイマル出版会、一九九四年、六頁。

編者あとがき

日本がそして世界があてどなく「漂流」し続けているともいうべき今日の危機的状況において社会科学を生業にしている者は如何にこの状況を分析解明しそれに立ち向かうべきなのかというのが、本書のテーマである。ところで重層的で複雑多岐にわたる領域においてその病状を進行させて来ていた「危機」の存在について我々国民一般が明白に意識するようになったのは、やはり二〇一一年三月一一日以降であったといってよいであろう。震度七の大地震、大津波、そして「想定外」とされた未曾有の原発事故が起き甚大な被害者が出たにも拘わらず、その後の国の政策が国民多数の願う「脱原発」の方向を裏切るものであったあたりから我々は何か全てのことが「おかしい」と急速に感じるようになったのである。

その中には原発事故の被害者への国の対応に見られるように弱者に対する救済が極めて貧弱であり冷淡なものであったことももちろん含まれる。思えば自己責任や自力救済という流れは大部以前からのトレンドになっていたのである。いわゆる経済における弱肉強食の論理を是とする新自由主義型資本主義が潮流となって世界を席巻した結果、経済格差の深刻さが世界的規模となっていたのであった。かつて「一億総中流」とまで呼称された日本社会でさえも分断の危機に瀕するほど格差問題は今や重要な課題となってしまったのである。

一方そうした国民間の貧富の格差という「隙間」に忍び込んで来たのが「ナショナリズムの仮面」を被った「反知性主義」であった。誰もが匿名で情報（しばしば無責任なフェイク（fake）情報さえ）を発信出来るＳＮＳの発展により、「反知性主義」の極みである排外主義的風潮が日本のみならず世界各国で猖獗を極める事態が生まれてしまった。言うまでもなくこの背景には既存の主力メディアが全般的にその果たすべき機能を衰退させて来たことが要因の一つとしてあると思われる。特に日本では以前から外部の圧力に弱いという特徴を有していたが、昨今では本来の任務である政治権力に対する批判力が殆ど封じられてしまったのではと感じさせるほど独立性・自立性は失われ、「劣化」の度合いは進んでしまった。そして既存のメディアの衰退と政府批判の野党勢力の低迷等と並行するように政治権力はこれまで踏襲されて来た民主制度における手続きを省略し、一線を越えてしまっているのではないかと思うほど強引な「力ずくの政治」を行うこととなったのである。

もちろんその「力ずくの政治」が反知性主義的基盤に支えられていることは、日本だけでなく米国や欧州各国の現況を見れば明白であるといえる。この「力ずくの政治」とさらには政治権力による「国家の私物化」とさえいえるような事象の現出がどこに向かうのか、国民の多くは少なからざる不安を抱えた状況にある。現在の日本について識者の中からは「長い戦後」が終わり「新たな戦前」が始まったと指摘する向きがあるが、確かにそうかも知れない。戦後七〇年を経る中で、いつしか日本という国家は国民の認識とは別に「戦争もいとわない」国になったのかもしれないからである。

本書は二〇一五年に企画され、北は北海道から南は沖縄まで全国の社会科学を専門とする大学及び大学院の研究者に呼びかけて執筆されたものである。二度ほど打ち合わせを兼ねた中間発表会のため東京に集合したが、わざわざそのために遠隔地からご参加頂いた執筆者の方々には厚くお礼申し上げたいと思う。一九名という大所帯の方々の原稿がここに揃って何よりである。なおこれらの方々の論説を便宜的に上下二巻に分けたが、この上下の区別は必ずしも明確ではない。主に日本国内の問題とされる内容を上巻に、国際問題に分類される内容は下巻としたが、本のボリュームの関係でその原則から外れる論説もあることをお断りしておきたい。

最後に採算が取れるかどうかも分からない本書の出版を引き受けて下さった論創社の森下紀夫社長には深甚の謝意を表すると共に、当初の予定より大幅に刊行が遅れる中、辛抱強く執筆者を励まして頂いた編集の松永裕衣子氏には心からお礼申し上げたい。

長谷川雄一

二〇一八年二月一日

教授。主な著書に『近代日本の国際認識』（芦書房、2016 年）、『現代の国際政治［第 3 版］』（共編著、ミネルヴァ書房、2016 年）、『アジア主義思想と現代』（編著、慶應義塾大学出版会、2014 年）、『満川亀太郎書簡集——北一輝・大川周明・西田税らの書簡』（共編著、論創社、2012 年）、『満川亀太郎日記』（共編著、論創社、2011 年）。

本の行政と地方自治』（共著、法律文化社、2006年）、『新しい公共と自治の現場』（共著、コモンズ、2011年）。

＊スヴェン・サーラ（Sven Saaler）
1968年、ドイツ生まれ。1999年、ボン大学文学部博士号取得（日本研究、歴史学、政治学）。ドイツ - 日本研究所人文科学研究部部長、東京大学大学院総合文化研究科・教養学部准教授、上智大学国際教養学部准教授を経て、2016年より上智大学国際教養学部教授（日本近現代史）。主著に、Politics, Memory and Public Opinion (2005), Pan-Asianism in Modern Japanese History (2007), The Power of Memory in Modern Japan (2008), Pan-Asianism: A Documentary History (2011), プロイセン——ドイツが観た幕末日本 (2011), Mutual Perceptions and Images in Japanese-German Relations, 1860-2010 (2017) and Routledge Handbook of Modern Japanese History (2018) がある。

浅野一弘（あさの・かずひろ）
1969年、大阪市生まれ。1997年、明治大学大学院博士後期課程退学。財団法人行政管理研究センター研究員を経て、札幌大学法学部教授。主な著書に『日米首脳会談と「現代政治」』（同文舘出版、2000年）、『危機管理の行政学』（同文舘出版、2010年）、『民主党政権下の日本政治（増補版）－鳩山・菅・野田の対米観－』（同文舘出版、2016年）など。

生田目学文（なまため・のりふみ）
1963年生まれ。米国デンバー大学ジョセフ・コーベル国際学大学院博士課程修了、博士（国際政治学）。東北福祉大学総合マネジメント学部教授。専門分野は国際安全保障・人間の安全保障。主要著作『アジア主義思想と現代』（共著、慶應義塾大学出版会、2014年）、『高齢社会をめぐる諸課題とアジア共同体』（共著、芦書房、2014年）など。訳書『日米の衝突』（ウォルター・ラフィーバー著、彩流社、2017年）。

＊長谷川雄一（はせがわ・ゆういち）
1948年、仙台市生まれ。慶應義塾大学大学院法学研究科博士課程単位取得退学。八千代国際大学助教授、駒沢女子大学教授を経て、現在東北福祉大学教育学部

†執筆者紹介（執筆順）

＊印は編者

＊吉次公介（よしつぐ・こうすけ）
1972年、長崎県生まれ。2000年、立教大学博士課程退学。博士（政治学）。沖縄国際大学教授、東西センター（ハワイ州）客員研究員などを経て、立命館大学法学部教授。主な著書に『池田政権期の日本外交と冷戦』（岩波書店、2009年）、『日米同盟はいかに作られたか』（講談社、2011年）。

菊池英博（きくち・ひでひろ）
1936年、東京都生まれ。東京大学教養学部卒教養学科（国際関係論）卒業。旧東京銀行を経て1995年、文京女子大学（現文京学院大学）経営学部・同大学院教授。2007年日本金融財政研究所所長。1998年8月の金融危機に際しては大手行に公的資金の注入と銀行本体での株式保有の制限を提案して法制化された。主要著書に『実感なき景気回復に潜む金融恐慌の罠』（ダイヤモンド社、2007年）、『新自由主義の自滅』（文藝春秋、2015年）等。

比屋定泰治（ひやじょう・やすはる）
1974年、沖縄県生まれ。2001年、名古屋大学大学院法学研究科博士後期課程退学。沖縄国際大学法学部講師、同助教授、同准教授を経て、同教授。主な著作に「国際機構の裁判権免除」（松田他編代『現代国際法の思想と構造Ⅰ』東信堂、2012年）、山形英郎編『国際法入門　逆から学ぶ』（共著、法律文化社、2014年）。

若月秀和（わかつき・ひでかず）
1970年、大阪府生まれ。2002年、立教大学大学院法学研究科博士後期課程修了。博士（政治学）。現在北海学園大学法学部教授。主な著書に『「全方位外交」の時代――冷戦変容期の日本とアジア・1971～80年』（日本経済評論社、2006年）、『大国日本の政治指導――1972～89』（吉川弘文館、2012年）、『冷戦の終焉と日本外交―鈴木・中曽根・竹下政権の外政1980～1989年』（千倉書房、2017年）。

李　憲模（イ・ホンモ）
1963年、韓国京畿道生まれ。2000年、早稲田大学大学院政治学研究科博士後期課程修了。博士（政治学）。中央学院大学法学部教授。主な著書に『比較地方自治論――日本と韓国の大都市制度を中心に』（敬文堂、2004年）、『現代日

危機の時代と「知」の挑戦（下）

2018年 5 月10日　　初版第 1 刷印刷
2018年 5 月20日　　初版第 1 刷発行

編著者　　長谷川雄一　吉次公介　スヴェン・サーラ
発行者　　森下紀夫
発行所　　論 創 社
東京都千代田区神田神保町 2-23　北井ビル
tel. 03 (3264) 5254　fax. 03 (3264) 5232
振替口座 00160-1-155266
http://www.ronso.co.jp/
装　幀　　奥定泰之
印刷・製本　中央精版印刷

ISBN978-4-8460-1709-5